전정 4판

일반기업회계기준에 따른

특수회계

김창수 · 이현주 공저

SPECIAL TOPICS IN ACCOUNTING

한국금융연수원
KOREA BANKING INSTITUTE

책을 열면서

지난 천년의 세계사에 가장 큰 영향력을 미친 인물은 누구일까? 21세기를 열면서 미국의 워싱톤포스트지는 '징기스칸'이라고 하여 세인의 주목을 받았다. 콧대 센 백인 우월주의를 극복하고 동양인을 지목하였다는 데에도 놀랍지만 더욱 놀라운 것은 워싱톤포스트지의 예리한 분석력이다. 징기스칸은 당시 기독교, 이슬람 및 중국의 문명이 쌓아 올린 거대한 울타리를 허물고 동서 문명을 하나로 연결시킨 주인공이라는 것은 세상이 다 아는 이야기이다. 아직도 해결되지 않은 의문은 징기스칸은 어떻게 보이지 않는 세상을 보고, 이들 나라를 정복할 수 있었을 까이다. 알려진 것과는 달리 징기스칸은 거대한 동서의 울타리를 거친 말발굽과 강한 활로 넘은 것이 아니라 상대 지역을 넘나드는 상인으로부터 수집한 정보를 통하여 넘은 것이다. 기마술이 아니라 정보전에서 승리한 것이다. 동서고금을 막론하고 지피지기라야 백전백승한다는 것은 군사전투에서 뿐만 아니라 경제전쟁에서도 통한다.

그렇다면 조직을 넘나들면서 정보를 건네주는 현대판 정보의 대상은 누구이며, 그들로부터 어떻게 정보를 입수할 수 있을까? 징기스칸과 같은 투자분석가나 신용분석가가 되려면 상대기업을 잘 알고 전략을 세워야 한다. 그럴 때 투자나 신용제공은 지속가능한 성공으로 나타난다. 투자분석가나 신용분석가는 일차적으로 회계정보를 통하여 기업의 정보를 수집하고 분석하여 투자와 신용의사결정을 한다. 회계는 기업의 전반적인 운영상태를 알려주는 계기판이다. 기업이 커질수록 경영자가 기업의 운영상태를 제대로 파악하고 운전하기 위해서는 회계라는 계기판을 잘 설계하고, 이를 올바르게 읽고 해석하여 올바른 판단을 해야 한다. 외부의 투자자나 신용제공자도 계기판인 회계정보를 획득하고 이를 올바로 읽어야 합리적인 투자 혹은 신용제공 의사결정을 할 수 있다. 회계를 아는 사람이 조직을 지배하고 세계를 지배한다. 회계는 현대 경제항로의 나침판과 같은 존재이다. 그러기에 수많은 지표가 있지만 그 중에 제일은 회계이다.

이 책은 바로 회계라는 기업의 계기판이 어떻게 설계되었고, 이를 이용자 입장에서 어떻게 해석할 것인지를 설명하는데 주안점을 두고 쓰여 졌다. 책의 제목을 보면 이 책은 회계 문제 중에서도 특수한 분야를 다루고 있음을 알 수 있다. 그렇다고 특수한 회계 기술 서적은 아니다. 기술에 우선하는 것이 철학이다. 그러기에 첫 장은 구체적인 회계문제를 다루기 전에 회계의 개념체계를 설명하는 것으로 출발한다. 이는 회계 계기판의 전반적인 설계 철학에 해당된다. 회계 계기판 설계철학은 회계 계기판 이해에 있어 첫걸음이다. 이어지는 장에서 설명하는 회계문제는 최근 50년 내에 문제가 제기되어 새로 도입되었거나, 경제여건의 변화로 기존 회계처리방법의 타당성에 의문이 제기되어 쟁점이 된 문제들이다.

과연 투자분석가나 신용분석가, 특히 금융기관의 신용분석 담당자들이 특수한 회계문제까지 알아야 하는가라는 질문을 많이 받는 것이 사실이다. 정작 이 책에서 다룬 특수한 회계제도들은 자본시장이 발달한 외국에서 투자자나 신용제공자의 적극적인 요구에 의하여 도입되었다는 사실로 그러한 질문에 답하고자 한다. 이런 특수한 경제 현상들이 회계보고서에 어떻게 측정되어 반영되는지와 그런 방법의 장단점을 같이 설명함으로써, 투자자와 신용제공자들이 최근의 복잡한 경제 현상을 올바르게 이해하고 해석하여 합리적인 의사결정을 내리는데 도움을 주고자 하였다.

기본적으로 이 책은 회계정보의 이용자를 위한 것이다. 생산자를 위한 것이 아니기 때문에 회계정보의 측정이나 생산방법은 원리만 간략히 설명하고 투자자나 신용분석가 입장에서 이미 생산된 정보를 어떻게 해석하고 수정하여 이용할 것인지에 주안점을 두었다. 이 책이 다른 회계학 교재와 다른 점이 여기에 있다. 따라서 이 책은 기업의 회계부서 담당자보다는 펀드매니저, 투자분석가, 금융기관의 신용분석가를 위하여 쓰여 졌다.

돌이켜보면 이 책은 한국금융연수원 강의로부터 발아해서 결실을 맺게 되었다는 점에서 한국금융연수원 관계자 및 강의에 참여하신 교수님께 감사드린다. 이 책을 관통하는 현장성도 한국금융연수원의 강의에 있다. 이 책은 연수원 관계자와 수강생들의 격려로부터 첫 걸음을 내딛었으며, 제·개정된 기업회계기준과 변화하는 신용분석 실무를 반영하여 기존 '신용분석을 위한 특수회계' 교재를 전면적으로 개편하여 「일반기업회계기준에 따른 특수회계」로 새로 발간하기에 이르렀다. 특히 이번 전정1판은 일반기업회계기준에 따른 회계처리를 결론도출근거와 사례를 통하여 보다 상세히 제시하였다. 또한 일반기업회계기준과 관련된 K-IFRS의 현황 및 중요한 차이를 주석이나 보론에 별도로 제시하여 서로 비교할 수 있도록 하였다.

앞으로도 일반기업회계기준과 K-IFRS의 최근 개정내용을 지속적으로 반영하여 더욱 더 유용한 내용으로 독자들에게 다가갈 것을 약속드린다. 지금까지 출간에 도움을 주었던 청주대학교 천미림 교수 외 많은 분들에게 고마운 마음을 전하며, 본 서의 출간에 힘써주신 한국금융연수원 도서출판부 이지현 팀장님과 직원 여러분께도 깊이 감사드린다. 끝으로 가장 가까운 사이라고 이해해주겠거니 하면서 가장 많은 시간을 책과 함께 한 점에 대해 가족들에게 미안함과 고마운 마음을 담는다. 이 모든 분들의 헌신이 있었기에 훗날 새 천년에 가장 큰 영향력을 미치는 사람이 누가 될지는 모르지만 적어도 가장 큰 영향력이 있는 사람에게 가장 큰 영향력을 미친 사람은 회계를 아는 사람이었다는 사가를 기다리는 것으로 이 책을 연다.

2017년 새봄을 맞으며
김창수·이현주

목차

제1장 재무회계의 개념체계

목차

제2장 리스

목차

제3장 환율변동효과

목차

제4장 법인세회계

목차

제5장 건설형 공사계약

제 I 장 재무회계의 개념체계

학습목표

• 회계처리기준의 기본적인 제·개정 방향을 제시하는 회계이론의 필요성을 이해할 수 있다.
• 회계이론의 통일된 기본체계인 재무회계개념체계에 대한 주요 내용을 이해할 수 있다.
• 재무회계개념체계 하에서 작성된 재무제표의 한계점을 이해하고 신용분석 시 이를 극복하기 위한 고려 사항을 이해할 수 있다.

학습개요

본 장에서는 회계이론의 통일된 기본체계인 재무회계개념체계의 주요 내용과 이러한 개념체계 하에서 작성된 재무제표의 한계점을 설명하여 신용분석 시 고려할 사항을 제시한다. 이를 위해

첫째, 회계이론의 필요성과 개념체계의 제·개정 과정을 설명하고,

둘째, 재무보고의 주된 목적과 재무정보의 질적특성 등 재무회계개념체계의 주요 내용을 제시한다.

셋째, 재무회계개념체계의 주요 내용으로부터 재무제표의 한계점을 파악하고 이러한 한계점을 극복하기 위해 신용분석가가 기울여야 할 노력을 설명한다.

제1절 회계이론의 필요성과 개념체계

1.1 회계이론의 필요성

회계문제의 처리절차나 방법을 다루고 있는 '일반적으로 인정된 회계원칙(GAAP: Generally Accepted Accounting Principles)'을 보면 회계는 단순한 일종의 기술로 인식될 수 있다. 그러나 수많은 회계처리방법들 중에서 특정한 방법만을 회계원칙으로 선택하게 된 데에는 다른 학문 못지않은 이론적인 틀이 있음을 간과해서는 안 된다. 이러한 이론적 틀은 대체적인 회계처리방법 중 어느 것을 회계처리기준으로 선택할 것인지 결정할 때나 새로운 회계현상에 대한 회계처리가 필요할 때 또는 회계처리기준에 대한 해석이 필요할 때 등 여러 가지 회계문제를 해결하는 데 사용된다. 뿐만 아니라 회계처리 시 회계담당자의 주관적 판단을 요구하는 경우에도 논리적인 판단의 근거를 제공하며 투자자나 채권자와 같은 회계정보이용자들도 회계문제와 관련된 제반현상들을 이해하고 예측할 수 있게 해준다.

따라서 회계이론이란 회계문제에 대한 현상을 설명하고 회계실무에 관한 환경이 변화되었을 때 회계현상이 어떻게 변화될 것인가를 예측할 수 있는 논리적 원칙을 말한다. 이러한 이론은 회계정보제공자나 회계정보이용자들이 회계실무, 즉 기업회계기준, 실무지침, 해석 등을 좀 더 쉽게 이해할 수 있게 해주며 현행 회계실무를 평가할 수 있는 개념적 틀(conceptual framework)의 역할을 한다. 또한 성문화되거나 관습화된 회계처리기준 등은 모든 상황을 적절히 고려하지 못하므로 늘 새로운 회계문제에 봉착할 수 있는데 회계이론은 이러한 문제를 이해하고 해결하고자 할 때 사용되는 지침이나 판단기준이 된다.

1.2 회계이론과 회계 투명성

최근 전 세계적으로 회계 투명성(accounting transparency)이 중요한 이슈로 등장하고 있다. 회계 투명성이란 회계정보를 통하여 기업의 재무상태와 경영성과를 투명하게 들여다 볼 수 있는 상태를 의미한다. 〈그림 Ⅰ-1〉에서 보여주는 바와 같이 회계 투명성은 기업회계기준 등 여러 가지 회계제도와 밀접한 관련이 있다.

1997년 외환위기 이후부터 우리나라는 기업의 경영 투명성을 높이기 위하여 여러 가지 회계제도를 개혁하였다. 우선 회계 투명성을 높이기 위하여 '국제회계기준(IFRS: International Financial Reporting Standards)'을 도입하였다.[1)] 또한 재무정보 공시의 적정성을 유지하기 위하여 외부감사의 책임을 배가시키고 부실감사에 대한 처벌을 강화하였다. 사외이사제도, 감사위원회 및 감사인선임위원회 등을 운영하게 함으로써 내부 감시기능을 강화하는 제도적인 장치를 마련하였다. 그리고 소액주주들에게 정보이용의 편의를 제공하기 위한 장부열람권 등에 대한 소액주주권 발동의 요건도 완화하였다.

이처럼 회계의 투명성 제고를 위해서는 여러 가지 회계제도와 이들의 개혁이 필요한데 이러한 개혁은 이론적 사고의 틀 안에서 가능하며 이 틀을 제공하는 것이 바로 회계이론이다. 즉, 회계이론은 새로운 회계처리기준을 만드는 데 필요한 이론적 틀로서의 기능을 수행한다. 재무제표 작성 책임자인 경영자가 재무제표를 작성 및 공표하기 위해서는 성문화된 기업회계기준을 따르지만, 성문화된 기준이 미비한 경우에는 회계이론을 활용해야 한다. 결국 회계이론은 재무제표 작성자에게는 재무제표 작성 및 공표의 기초개념과 통일성을 제시하고, 감사인에게는 기업이 만든 재무제표가 기업회계기준에 따라 작성되었는지에 대한 감사의견을 형성하는 데 필요한 포괄적 지침을 제공한다. 따라서 정보이용자가 회계실무를 평가하고 재무제표에 포함된 정보를 이해하며 활용함에 있어서도 회계정보 생산의 포괄적 지침인 회계이론의 틀 속에서 정보를 해석하고 이를 의사결정에 활용해야 할 것이다.

---

1) 우리나라는 독자적인 회계기준의 유지에 따른 회계정보의 대외 신뢰도가 저하될 것을 고려하여 글로벌 스탠더드(standards)로 정착되고 있는 국제회계기준을 도입하였다. 이에 2009년부터 기업에 따라 '한국채택국제회계기준(Korean International Financial Reporting Standards, K-IFRS)'의 자발적인 선택적용이 허용되었으며, 2011년부터는 모든 상장기업이 의무적으로 도입하도록 하였다. 다만, K-IFRS를 적용하지 않는 비상장기업은 '일반기업회계기준'을 적용하도록 하였다.

그림 I-1 회계의 투명성과 회계제도

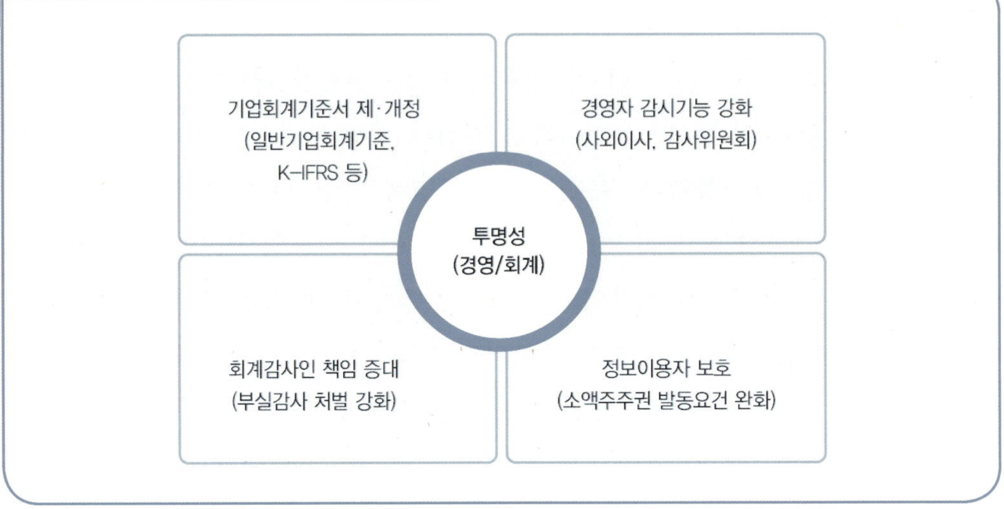

1.3 재무회계의 개념체계 및 기본내용

회계의 개념체계(conceptual framework)는 회계현상과 관련된 논리적인 원칙들이 모여진 중요한 틀을 의미하며 혹자는 이를 회계의 이론체계라고 부른다. 앞에 언급한 것처럼 회계이론은 현행 회계실무를 좀 더 쉽게 이해할 수 있도록 해주는 준거기준이며 향후 회계실무를 개발하는 데 지침이 되는 이정표 역할을 한다. 그러나 회계이론은 학자의 성향에 따라서 달라질 수 있으며, 이에 따라 회계의 이론체계도 학자에 따라 또는 보는 관점에 따라 달라질 수 있다. 이렇게 회계처리방법과 절차를 결정하는 이론이 너무 다양하면 회계담당자 입장에서는 혼란을 초래할 것이다. 이에 해당 회계분야에서는 다양한 회계이론을 하나의 통일된 이론체계로 만들기 위한 노력이 지속되어 왔다.

그러나 회계이론이 다각화되어 있는 만큼 통일된 이론체계를 만들어 내는 것이 그리 쉬운 일은 아니다. 1970년대부터 미국의 재무회계기준심의위원회(FASB: Financial Accounting Standards Board)에서는 몇 개의 재무회계개념서(SFAC: Statement of Financial Accounting Concepts)를 발표하여 재무보고의 목적이나 회계정보의 질적 기준 등에 대하여 다양한 의견을 통합하여 하나의 통일된 개념체계를 만들기 위한 노력을 보였다. 한편, 국제회계기준위원회(IASB: International Accounting Standards Board)도 2001년에 미국의 재무회계개념체계와 유사한 '재무제표의 작성과 표시를 위한 개념체계(Framework for the Preparation and Presentation of Financial Statement)'를 제정하였고, 2010년에는 일반목적 재무보고의 목적과 유용한 재무정보의 질적특성에 관한 내용을 개정하여 '재무보고를 위한 개념체계(The Conceptual Framework for Financial Reporting)'을 발표하였다. 현재도 국제회계기준위원회는 개념체계를 갱신하는 절차를 계속 진행 중이며 이는 단계별로 수행되고 있다.

우리나라에서도 2003년에 한국회계기준원(KAI: Korea Accounting Institute)의 회계기준위원회(KASB: Korea Accounting Standards Board)에서 '재무회계개념체계'를 발표한 바 있으며, 일반기업회계기준에 따라 회계처리하는 기업들은 이 개념체계에 따르도록 하였다. 즉, K-IFRS를 적용하지 않는 기업들은 2003년 제정한 '재무회계개념체계'를 따르도록 하였으며 K-IFRS를 도입한 기업들은 국제회계기준위원회(IASB)의 개념체계를 준용한 '재무보고를 위한 개념체계'를 사용하도록 하였다. K-IFRS에서 채택한 '재무보고를 위한 개념체계'와 2003년 한국회계기준위원회(KASB)가 제정한 '재무회계개념체계'에 제시된 내용에는 큰 차이가 존재하지 않는다. 다만, 두 개념체계에 제시된 질적특성, 제약요인, 기본가정의 하부 구성요소들에서 조금씩 차이가 존재한다.[2] 비록 학자에 따라서 다양한 의견이 존재하지만 대부분의 이론가들은 회계의 이론체계 혹은 개념체계를 만들고자 할 때 거의 공통적으로 다음의 사항들을 포함시켜야 한다는 데 통일된 의견을 제시하고 있다.

2) K-IFRS의 '재무보고를 위한 개념체계'는 일반기업회계기준의 '재무회계개념체계'와 다음과 같은 차이가 존재한다. 우선 유용한 재무정보의 질적특성으로 제시된 근본적 질적특성에는 목적적합성과 표현충실성을 들고 있으며, 이들 간의 적용절차를 언급하여 일반기업회계기준에서 제시된 목적적합성과 신뢰성 간의 상충관계는 나타내고 있지 않다. 하지만 보강적 질적특성으로 비교가능성, 검증가능성, 적시성, 이해가능성을 제시하면서 때로는 하나의 보강적 질적특성이 다른 질적 특성의 극대화를 위해 감소될 수도 있다고 언급하고 있다. 이는 보강적 질적특성 간의 상충관계를 간접적으로 제시하고 있는 것이다. 한편 근본적 질적특성인 목적적합성의 하부 구성요소로는 예측가치와 확인가치를 갖추어야 하며, 표현충실성이 갖추어야 할 특성에는 완전한 서술, 중립적 서술, 오류 없는 서술의 3가지를 들고 있다. 또한 일반기업회계기준에서 재무정보의 제약요인으로 언급하고 있는 중요성을 K-IFRS에서는 기업 특유의 목적적합성으로 설명하고 있다. K-IFRS에서 제시한 기본가정은 계속기업의 가정 하나뿐이며 제약요인도 원가와 효익 간의 균형 한가지만을 제시하고 있다.

- 재무보고의 목적
- 재무정보의 유용성을 결정하는 질적특성
- 재무정보의 제약요인 및 재무제표의 기본가정
- 재무제표의 기본요소 및 정의
- 기본요소의 인식 및 측정의 기본원칙

이러한 사항들을 포괄하는 일반기업회계기준의 개념체계인 '재무회계개념체계'의 내용을 요약하여 제시하면 〈그림 Ⅰ-2〉와 같다. 따라서 본 서는 일반기업회계기준에 따른 특수한 회계처리기준을 설명하기에 앞서 〈그림 Ⅰ-2〉에 제시된 '재무회계개념체계'의 구체적인 내용과 그로 인한 한계점을 다음 절에서 설명한다.

그림 Ⅰ-2 재무회계개념체계

목적

유용한 정보 제공

1. 투자 및 신용의사결정
2. 미래 현금흐름 예측
3. 재무상태, 경영성과, 현금흐름 및 자본변동
4. 경영자의 수탁책임 평가

질적특성

〈중요한 질적특성〉

A. 목적적합성
- (1) 예측가치
- (2) 피드백가치
- (3) 적시성

B. 신뢰성
- (1) 표현충실성 (경제적 실질 반영)
- (2) 검증가능성
- (3) 중립성

– 질적특성간의 절충의 필요

〈추가적 질적특성〉

C. 비교가능성
– 기업 간 · 기간 간 비교

F/S의 기본요소

A. 재무상태표
- (1) 자산
- (2) 부채
- (3) 자본

B. 자본변동표
- (1) 소유주의 투자
- (2) 소유주에 분배
- (3) 포괄이익

C. 손익계산서
- (1) 포괄이익 (2) 수익
- (3) 비용 (4) 차익과 차손

D. 현금흐름표 요소
- (1) 영업활동 현금흐름
- (2) 투자활동 현금흐름
- (3) 재무활동 현금흐름

재무제표 기본요소의 인식 및 측정

제약요인

1. 비용 대 효익
2. 중요성

기본가정

1. 기업실체
2. 계속기업
3. 기간별 보고

기본원칙

기본요소의 인식

– 인식요건
(1) 기본요소의 정의에 충족
(2) 미래 경제적 효익의 유입 및 유출
(3) 측정의 신뢰성 확보
– 발생주의 회계
(수익 · 비용인식의 기본원리)

기본요소의 측정

– 측정속성의 종류
(1) 역사적원가(취득원가)
(2) 공정가치(현재가치)
(3) 기업특유가치
(4) 상각후가액
(5) 순실현가능가치(이행가액)
– 측정속성의 선택

제2절 재무보고의 목적 및 재무정보의 질적특성

2.1 재무보고의 목적

재무회계개념체계에서는 재무보고의 목적을 개념체계의 최상위 개념으로 다루고 있으며 재무정보이용자의 정보수요로부터 도출하였기에 그 목적을 '유용한 정보제공'으로 제시하고 있다. 특히 회계정보이용자 중 투자자와 채권자는 기업에 자원을 제공하는 대표적인 외부정보이용자이므로 투자자와 채권자의 의사결정에 유용한 정보를 제공하는 것을 재무보고의 궁극적인 목적으로 제시하며, 결국 유용한 정보는 기업실체의 미래 현금흐름을 예측하는 데 필요한 정보라고 정의하고 있다. 그러나 이러한 정의는 너무 포괄적이고 애매하며 투자자나 채권자가 아닌 기타 정보이용자(예: 경영자, 재무분석가, 신용평가기관, 신용분석가, 조세당국, 감독 및 규제기관, 일반대중)에게 유용한 정보는 이와 다를 수 있기 때문에 어떤 정보가 유용한지는 구체적으로 누구에게 정보를 제공하는지를 먼저 알고 이해할 필요가 있다.

유용한 정보란 정보이용자에게 합리적인 의사결정을 할 수 있도록 도움을 주는 정보라 할 수 있기에 특정한 정보의 유용성은 이용자들의 업무특성에 따라 다를 수 있다. 즉, 공학도에게 필요한 실험기기가 은행원에게는 아무 소용이 없는 경우와 마찬가지이다. 따라서 유용한 정보란 정보이용자가 행하는 일을 합리적으로 수행하기 위하여 필요한 정보라고 정의할 수 있다. 그렇다면 주요 정보이용자인 경영자, 투자자 및 채권자들이 하는 일은 무엇이며 어떠한 정보가 그들에게 유용한 정보인가를 파악할 필요가 있다.

경영자의 주된 업무는 조직의 목적을 달성하기 위한 의사결정, 특히 투자의사결정에 관한 업무이다. 이러한 투자의사결정에 가장 중요한 정보는 투자 대안에 대한 수익성 및 유동성에 관한 정보일 것이다. 투자자의 경우도 마찬가지이다. 투자자는 대부분 주식투자자를 의미하며 주식투자는 주가의 상승에 의하여 수익성이 보장되며 따라서 주가를 결정하는 요인인 수익성이나 미래의 현금흐름이 유용한 정보가 된다.

금융기관과 같은 채권자는 대부분 신용의사결정을 한다. 신용의사결정에 필요한 핵심적인 정보는 원리금 회수능력일 것이고 원리금 회수능력을 판단하는 가장 중요한 정보는 미래 현금흐름과 이를 결정하는 미래의 수익성에 관한 정보이다. 이러한 맥락에서 재무회계개념체계는 투자 및 신용의사결정에 유용한 정보를 제공하는 것을 재무보고의 주된 목적으로 제시하면서 이는 곧 미래 현금흐름 예측에 유용한 정보[3]를 제공하는 것으로 정의하고 있다. 따라서 기업실체의 미래 현금흐름을 예측하기 위해서는 기업실체의 재무상태, 경영성과, 현금흐름 및 자본변동에 관한 정보가 제공되어야 하고, 이러한 재무정보는 경영자의 수탁책임을 평가하는 측면에서도 활용될 수 있다고 기술하고 있다.

결국 재무회계개념체계는 이러한 유용한 정보제공의 핵심적인 수단으로 재무제표를 들고 있다. 즉, 기업의 경제적 자원과 그에 대한 청구권에 대한 재무상태정보는 재무상태표를 통하여 제공하고, 기업의 경영성과인 수익성에 관한 정보는 손익계산서를 통하여 파악할 수 있으며, 현금흐름과 경영성과를 포함한 청구권의 변동에 관한 정보는 각각 현금흐름표와 자본변동표를 통하여 제공하도록 하였다. 이 밖에도 재무제표이용자에게 충분한 회계정보를 제공하기 위하여 기업의 주요 회계정책이나 방침 등 필요한 사항에 대하여는 주석 및 부속명세서를 작성하도록 하였다. 이에 불특정한 다양한 정보이용자는 재무제표(재무상태표, 손익계산서, 자본변동표, 현금흐름표 및 주석)를 유용한 재무정보를 제공하는 대표적 수단으로 이용하고 있다.

한편 재무보고의 목적(회계의 목적)은 다음과 같은 두 가지 측면에서 과거에 중요시했던 목적과 차이를 보이고 있다. 첫째, 종전에 회계의 목적은 경영자의 수탁책임 이행성과와 회계책임에 관한 정보제공 등 과거 지향적이었고 기업의 경제활동에 관한 역사기록을 행하는 측면을 중요시하였다. 반면, 최근에 강조되는 회계의 목적은 투자 및 신용의사결정에 필요한 정보를 중시하는 의사결정 지향적이고, 미래 지향적이라는 점이 특징이다. 예를 들면, 리스회계기준에서 향후 연도에 지급할 리스료 공

3) 미래 현금흐름 예측에 관한 정보는 투자 및 신용의사결정에 관한 보다 구체적인 정보로서 투자나 여신 등의 의사결정에 현금흐름정보가 중요함을 강조하고 있다. 최근 재무관리 교과서나 재무제표분석 교과서에서 기업가치 평가나 채무상환능력 평가에 현금흐름분석을 중심으로 이론이나 기법이 설명되어 있는 점에 비추어 볼 때 당연한 것이다.

시의무나, 법인세회계기준에서 이연법인세자산과 이연법인세부채를 인식하거나, 파생상품에 대한 상세한 사항을 주석으로 공시하는 등 미래 지향적인 정보를 반영하도록 회계기준이 제·개정되는 것을 알 수 있다. 둘째, 과거에는 회계가 이익의 파악이나 재산상태 및 자금조달의 원천을 파악하는 것을 주된 목적으로 하였으나 최근에는 현금흐름에 관한 정보의 유용성이 보다 강조되어 이에 대한 유용한 정보제공에 관심을 두고 있다.[4)]

지금까지 전술한 내용처럼 재무보고의 목적인 유용한 정보를 제공하기 위하여 작성되는 재무제표는 투자자, 채권자 및 경영자 등 불특정 다수 이해관계자집단의 요구를 충족시킬 수 있는 일반 목적 재무보고서라는 점을 이해할 필요가 있다. 따라서 특수한 목적을 가진 이용자집단에서 재무제표를 이용하려면 자신의 목적에 맞게 재가공하거나 특수한 정보를 추가로 수집하여야 한다. 예를 들면, 금융기관에서 신용분석을 위하여 특정기업의 재무정보를 이용하기 위해서는 신용분석 목적에 맞도록 재무정보를 재가공한 후 사용해야 한다.

2.2 재무정보의 질적특성[5)]

재무제표를 통하여 제공되는 재무정보는 정보이용자들의 의사결정에 유용하여야 하므로 그 유용성을 판단할 수 있는 일정한 기준이 필요하다. 이에 재무회계개념체계는 '재무정보의 질적특성'이라는 재무정보의 유용성 판단기준을 발표하여 재무정보생산자가 재무정보의 질적특성에 합치되는 정보를 생산하고 제공할 때 재무보고의 목적에 부합하는 유용성 있는 정보가 제공되는 것으로 보았다. 재무정보의 질적특성과 재무정보생산자의 관계는 자동차의 예로서 쉽게 설명할 수 있다. 사람들은 자동차를

---

4) 이러한 관심은 2016년 5월 개정으로 K-IFRS 제1007호 현금흐름표의 강화된 공시내용 등에서 확인이 가능하다.
5) 회계를 정보이론 쪽에서 접근하기 시작한 것은 1960년대 전후이다. 그간 여러 단체와 학자가 재무정보의 기준에 대하여 견해를 발표하였다. 이러한 논의를 반영하여 미국의 재무회계기준위원회(FASB)에서도 1980년 5월 재무회계개념서 No. 2 「재무정보의 질적특성」을 통하여 재무정보기준에 관한 공식 견해를 밝히게 되었다. 우리나라도 2003년 12월에 제정·공표한 「재무회계개념체계」에서 재무정보의 질적특성을 발표하였다. 본 장에서는 신용분석 시 고려해야 할 내용을 중심으로 재무회계개념체계에서 제시한 3가지 재무정보(2020년부터 재무정보로 용어가 개정됨)의 질적특성을 개괄적으로 설명하므로 보다 구체적인 내용은 다른 회계학 교재를 활용하기 바란다.

살 때 좋은 차의 특성으로 경제성, 낮은 고장률, 수선의 편리성, 안전성, 멋진 디자인 등을 꼽을 것이다. 좋은 자동차의 특성이 앞에 열거한 것이라는 사실을 알면 자동차 제조회사는 그런 특성이 반영되도록 차를 설계하여 생산하려고 노력할 것이다. 즉, 어떤 특성을 가진 재무정보가 유용한 정보인가를 안다면 이런 특성을 가진 재무정보를 생산하기 위한 회계처리방법을 쉽게 정할 수 있을 것이며, 그러한 회계처리방법을 이용하여 생산 제공된 재무정보는 유용하다고 할 수 있을 것이다. 따라서 재무정보의 질적특성은 회계기준제정기구가 회계기준을 제정 또는 개정할 때 대체적 회계처리방법들을 비교 평가할 수 있는 판단기준이 되며, 경영자와 감사인이 회계정책을 선택 또는 평가하거나 재무정보이용자가 기업실체가 사용한 회계처리방법의 적절성 여부를 평가할 때 판단기준을 제공한다.

재무회계개념체계에서 제시한 중요한 재무정보의 질적특성은 목적적합성과 신뢰성이며 또한 이들이 각각 갖추어야 할 구성요소로 목적적합성에는 예측가치, 피드백(feedback)가치, 적시성을, 신뢰성에는 표현의 충실성, 검증가능성, 중립성을 들고 있다. 그리고 재무정보가 의사결정에 유용하기 위한 추가적인 질적특성으로 비교가능성을 언급하고 있다. 즉, 재무정보가 유용성을 갖추기 위해서는 재무정보를 이용하여 기업의 회계기간 간 비교가 가능하며 기업 간 비교가 가능하여야 한다는 의미이다. 결국 재무정보가 목적적합하고 신뢰성이 있으며 또한 비교가능하다면 의사결정에 유용한 것으로 판단한 것이다. 재무회계개념체계에서 재무정보의 유용성 판단기준으로 언급한 이러한 3가지 재무정보의 질적특성을 항목별로 좀 더 상세히 알아보면 다음과 같다.

1) 목적적합성

정보가 목적적합성(relevance)을 지녔다 함은 그 정보가 의사결정자의 관심대상인 문제와 직접 혹은 간접적으로 논리적 관련성이 있다는 것을 의미한다. 즉 특정정보에 입각하여 의사결정자가 미래를 예측하거나 또는 과거에 행한 의사결정행위를 평가하는 데 도움이 되었다면 그 정보는 의사결정 목적과 관련되어 있는 것이다. 이미 행한 의사결정결과에 대한 불확실성 정도가 특정정보로 인하여 확인 또는 수정되어 의사결정에 차이를 가져올 수 있는 경우에도 목적적합성이 있는 정보가 된다. 또한 이러한 목적적합성은 재무정보가 의사결정시점에 이용할 수 있도록 적시에 제공될 때 유효성이 확보될 수 있다. 따라서 재무정보이용자에게 목적적합한 정보가 되기 위해서는 예측가치와 피드백(feedback)가치, 그리고 정보제공의 적시성이라는 3가지 요건을 갖추어야 한다. 다만, 재무정보는 어떤 목적에는 아주 유용하지만 다른 목적에는 아무런 도움이 되지 못하는 수가 많으므로 어떤 정보가 이용자들에게 유용하기 위해서는 정보이용자들의 이용 목적을 파악하는 것이 선행되어야 한다.

① 예측가치와 피드백가치

재무정보가 예측가치 또는 피드백가치를 가져야 하는 것은 정보이용자의 투자 및 신용의사결정이 미래에 대한 예측에 근거하여 이루어지기 때문이다. 재무제표에 의해 제공되는 재무정보는 과거에 한 것임에도 불구하고 정보이용자에게 유용할 수 있는 근본 이유는 이 정보가 미래에 대한 예측의 근거로 활용될 수 있기 때문이다.

재무정보의 예측가치(predictive value)란 현재 고려하고 있는 여러 가지 의사결정 대안이 가져올 결과를 예측하는 데 재무정보가 도움이 된다는 것을 의미한다. 재무제표에 실린 수치가 투자자나 신용분석가들이 투자가 가져올 이익이나 여신결정이 가져올 결과를 미리 예측하는 데 쓰인다면 이는 예측가치가 있는 정보이다. 즉, 예측과정에서 예측모형의 투입물(input)로서 쓰이는가를 의미하는 것이지 그 정보가 미래의 사건에 대한 예측치 자체를 의미하는 것은 아니다. 따라서 현재의 상태를 묘사하는 정보라 하더라도 예측모형의 유형에 따라 그 예측가치는 달라지므로 예측가치 측면에서 여러 가지 회계처리방법을 평가하여 어느 하나를 선택하고자 할 때에는 의사결정자가 사용하는 예측모형의 특성을 알아야 한다. 예를 들면, 최근 투자자나 신용분석가는 현금흐름모형을 흔히 사용하므로 기존의 현금흐름정보를 보다 명확하고 상세하게 제공할 수 있도록 관련 회계기준을 개정하였다. 또한 신용분석에서 흔히 쓰이는 예측모형으로 각종 재무비율이 있다. 신용분석가 등이 대출신청기업의 원리금 상환능력을 평가하는 데 흔히 쓰는 재무비율에 나타나는 각종 수치는 일단 예측능력이 있는 것으로 판단된다. 때로는 예측모형의 예측능력을 높이기 위하여 그 투입물인 회계수치를 다소 개량해야 하는 경우도 있다. 예를 들면, 비교식 재무제표를 작성토록 하는 것이나, 리스회계, 법인세배분과 같은 새로운 회계제도를 도입하는 것은 회계수치의 예측가치를 향상시키려는 노력이다. 한편, 보다 나은 예측을 위하여 예측모형 자체를 개량하는 경우도 있다. 단순한 비율법에서 더 나아가 지수법, 판별분석법을 활용하여 신용평가를 행하는 것은 예측모형을 개량하려는 시도인 것이다.

재무정보는 의사결정자의 예측능력을 높여줄 뿐만 아니라 과거에 행한 예측결과를 평가하고 정정시켜 줌으로써 의사결정의 질을 향상시킬 수 있다. 즉, 목적적합한 재무정보는 보통 예측가치와 피드백가치라는 2가지 기능을 모두 가지고 있다. 피드백가치(feedback value)란 제공되는 재무정보가 기업실체의 재무상태, 경영성과, 순현금흐름, 자본변동 등에 대한 정보이용자의 당초 기대치(예측치)를 확인 또는 수정되게 함으로써 의사결정에 영향을 미칠 수 있는 능력을 말한다. 예를 들면, 은행이 특정기업에 신용대출 의사결정을 내릴 때 예측한 내용을 추후에 재무정보를 이용하여 확인할 수 있다면 이는 피드백가치가 있는 것이다. 따라서 피드백가치를 보유한 정보는 과거의 의사결정에서 비롯된 결과가 어떤 것인가를 확인시켜주며 또한 과거의 활동에 대한 정보는 일반적으로 이와 관련된 미래의 결과를 예측하는 데 출발점이 되기도 한다.

② 적시성

정보는 필요한 때에 제공되지 않거나 사건 발생 후 너무 늦게 제공되어서는 이용자에게 별 도움이 안 된다. 이는 재무정보가 의사결정자에게 유용하기 위해서는 그 정보가 의사결정에 반영될 수 있도록 적시에 제공되어야 한다는 것을 의미한다. 즉, 적시성(timeliness)이란 의사결정자의 의사결정에 영향을 미칠 수 있는 능력이 없어지기 전에 정보가 제공되어야 한다는 점을 강조한 것이다. 적시성이 있다는 사실만으로 어떤 정보가 목적적합하게 되는 것은 아니지만 목적적합한 정보라 하더라도 적시성이 결여되면 목적적합성은 소멸되는 것이다. 반면, 적시성 있는 정보가 제공되려면 신뢰성이 희생되는 경우도 있으므로 재무정보생산자는 이들 간의 균형을 잘 고려해야 하는데 이에 대한 상세한 설명은 이후에 별도로 언급한다.

2) 신뢰성

신뢰성(reliability)은 정보이용자의 입장에서 볼 때 제공된 정보가 믿을 만한 것이어야 함을 의미한다. 어떤 측정치가 신뢰할 수 있느냐는 그 측정치가 표현하고자 하는 것을 제대로 표현하고 있느냐의 여부, 그 측정치에 대한 검증을 통하여 확인할 수 있느냐의 여부, 이 밖에 해당 정보가 여러 당사자의 이해에 중립적이냐 하는 문제와 관계가 있다. 따라서 재무정보가 의사결정에 유용하기 위해서는 목적적합성과 더불어 신뢰할 수 있는 정보이여야 하며, 이러한 재무정보의 신뢰성은 다음과 같은 3가지 요건을 갖추어야 한다.

① 표현의 충실성

표현의 충실성은 재무제표상의 회계수치가 회계기간 말 현재 기업실체가 보유하는 자산과 부채의 크기를 충실히 나타내야 하며, 또한 자본의 변동을 충실히 나타내고 있어야 함을 의미한다. 만일 회계수치가 그 측정상의 크기를 잘못 나타내고 있으면 그러한 측정치는 신뢰할 수 없는 정보가 된다. 따라서 시장에서 매매되지 않는 물건의 증여, 물물교환거래, 기타 추정이나 배분이 필수적인 거래의 측정 시에는 표현의 충실성 문제가 대두된다. 만약 이때 지나치게 보수주의적인 입장에서 회계처리를 하면 결국 표현의 충실성을 낮추는 주요 원인이 된다. 한편 표현의 충실성은 측정하고자 하는 목적이나 속성이 명확히 표명되지 않고서는 이를 평가할 수 없다. 어떤 목적으로는 표현의 충실성이 있다 하더라도 다른 목적으로는 표현의 충실성이 없는 경우가 있기 때문이다. 예를 들면, 인플레이션 시기에는 역사적원가주의에 입각하여 작성한 재무상태표상의 자산가액은 투자자나 신용제공자가 관심을 갖는 투자가치나 담보가치를 제대로 표현하지 못할 것이다.

이처럼 극심한 인플레이션상황에 역사적원가로 회계수치를 제공하는 것은 마치 어떤 성인에게 현재의 키를 물었는데 중학교 3학년 때의 신체검사 시 키가 163cm였다고 답하는 것과 유사하며, 이런 정보는 표현의 충실성이 없다고 볼 수 있다. 따라서 재무정보는 측정하고자 하는 목적이나 속성에 맞게 표현되어야 그 표현의 충실성이 높아진다.

또한 표현의 충실성을 높이기 위해서는 회계처리 시 경제적 실질을 반영해야 한다. 그 이유는 거래나 경제적 사건의 실질적 내용은 법적 형식이나 외관상 드러나는 형식과 항상 일치하지는 않기 때문이다. 경제적 실질이 법적 형식과 다른 경우, 형식보다는 경제적 실질에 따라 회계처리하고 보고하여야 표현의 충실성이 확보된다. 예를 들면, 리스계약의 법적 형식은 임대차계약이지만 경제적 실질은 할부구입과 동일한 경우가 많다. 대부분의 경우 리스이용자가 리스자산에서 창출되는 경제적 효익의 대부분을 향유하고 그 대가로 당해 자산의 공정가치 상당액 및 관련 금융비용을 지급하는 의무를 부담한다. 이러한 리스계약의 경제적 실질은 사실상 할부금융을 이용하여 자산을 구입한 경우와 마찬가지 결과가 된다. 따라서 이와 같은 리스거래는 경제적 실질의 관점에서 자산과 부채의 정의를 충족하므로 리스이용자는 리스자산과 리스부채를 계상하여야 한다.

끝으로 수집가능한 중요한 정보가 누락될 경우에도 표현의 충실성은 저해될 수 있으므로 특정한 거래나 사건을 충실히 표현하기 위해서는 필요한 중요한 정보를 누락시키지 말아야 한다.

② 검증가능성

검증가능성(verifiability)은 객관성과 동일한 의미를 갖는다. 즉, 전문적인 소양을 갖춘 사람이라면 누가 회계담당자가 되어도 크게 달라지지 않는 회계수치를 얻을 수 있는 회계처리방법을 써야 함을 뜻한다. 검증가능성을 통계적인 개념을 빌려 설명하면 다수의 측정자가 같은 사안에 대하여 행한 측정치의 분산도가 밀집할수록 이 측정치의 검증가능성이 높음을 의미하는 것이다. 예를 들면, 거래 시의 가격으로 기록할 것을 요구하는 역사적원가주의는 객관성을 중시하는 회계처리방법이다. 그러나 검증가능성에 지나치게 집착하다 보면 표현의 충실성이 부족한 정보가 생산될 수 있다. 만약 물가변동이 심한 시기라면 객관적 수치인 역사적원가로 기록한 자산가치는 표현의 충실성이 결여된 정보이기 때문이다. 따라서 검증가능성이 높다고 해서 표현의 충실성이 보장되는 것은 아니며, 또한 고도의 검증가능성을 보유한 측정치라고 해서 반드시 목적적합한 정보는 아닌 것이다. 종전에는 회계처리방법이 검증가능성에 대하여 지나치게 중요성을 부여한 나머지 역사적원가에 지나치게 집착하였고, 그 결과 목적적합한 정보가 제공되지 못한다는 비판이 높았다. 예를 들면, 신기술이 주도하는 사회에서 기업경쟁력은 인적자원, 기술력, 디자인능력, 정보화능력, 마케팅능력 등 무형자산에서 나오는 경우가 많으며, 이러한 무형자산의 크기에 관한 정보가 미래의 현금흐름을 결정하는 중요한 목적적합한 정보라 할 수 있다. 그러나 무형자산에 관한 검증가능성이 높은 재무정보를 생산하는 것은 거의 불가능하므로 검증가능성이 낮다는 명분하에 목적적합한 정보가 생산 제공되지 못하는 경우가 많다. 따라서 투자자나 신용분석가의 입장에서는 검증가능성 등 신뢰성이 낮더라도 의사결정 목적에 부합하는 재무정보라면 추가로 산출하여 이를 의사결정에 활용할 필요가 있다.

③ 중립성

중립성(neutrality)은 회계처리방법을 적용하거나 회계기준을 제정함에 있어 재무정보이용자들 중 특정한 이용자 또는 특정한 이용자집단의 영향을 받아서 사전적으로 유리한 원칙이나 방법을 택해서는 안 된다는 것을 말한다. 즉, 재무정보의 측정이나 기술내용은 편의(偏倚, bias) 없이 중립적이어야 재무정보가 신뢰성을 갖는다는 의미이다. 편의현상은 회계담당자의 고의, 과실, 또는 측정방법의 잘못에서 기인한다. 회계에서는 만약 의도적이거나 과실에 의한 왜곡 문제가 존재하더라도 감사를 통하여 어느 정도 통제가 된다.

3) 비교가능성

비교가능성은 한 기업의 재무상태나 경영성과, 현금흐름 등의 추세분석을 위하여 기간별로 비교가 가능하며, 다른 기업과의 상대적 평가를 위하여 기업 간의 비교가능성도 있는 재무정보가 제공될 때 정보이용자에게 유용하다는 의미이다. 특정한 정보는 그 자체로서는 의미가 크지 않고 다른 정보와 비교됨으로써 정보의 가치가 커진다. 즉, 신용분석이나 투자분석에서는 한 기업의 재무비율을 다른 기업의 재무비율 또는 다른 기간의 재무비율과 비교함으로써 보다 높은 정보의 효용을 얻을 수 있다.

예를 들면, 한 기업의 금년도 당기순이익이 1조원이라 하자. 이러한 사실이 정보이용자의 의사결정에 무슨 의미가 있는지 생각해 보면 1조원이 많다 혹은 적다라는 생각 외에 다른 중요한 역할을 인식하지 못한다. 반면, 전년도 당기순이익은 1조 5,000억원이라는 정보가 함께 주어진다면 금년도 당기순이익이 주는 의미는 더 커질 것이다. 즉, 전년도에 비하여 당기순이익이 급감하였다는 것을 알 수 있다. 또한 해당 기업과 국내 및 세계시장에서 치열한 경쟁을 벌이고 있는 다른 기업의 전년도와 금년도 당기순이익이 2조원과 5,000억원이라는 정보를 동시에 제공할 때 해당 기업의 당기순이익은 더 유용한 정보가치를 지닐 것이다. 당기순이익은 감소하였지만 경쟁기업의 수익성에 비하면 나은 편이라는 긍정적인 평가를 할 수 있기 때문이다. 따라서 회계기준에 따라 작성된 재무제표는 기업 간 비교가능성이 높으며, 당해 연도와 직전 연도를 비교식으로 작성하므로 기간 간 비교도 가능하다.

2.3 질적특성간의 절충의 필요

재무정보의 질적특성은 이들 간의 상충관계로 인해 상대적인 중요성을 인정하는 것이 필요하다. 어떤 경우에는 목적적합성을 위해 신뢰성이 희생될 수 있으며, 다른 경우에는 신뢰성을 위해 목적적합성이 희생될 수도 있기 때문이다. 예를 들면, 유형자산을 역사적원가로 평가하면 일반적으로 검증가능성이 높아 측정의 신뢰성은 제고되는 반면, 목적적합성은 저하될 수 있다. 또한 기업실체의 재무상태에 중요한 영향을 미칠 것으로 예상되는 진행 중인 손해배상소송에 대한 정보는 목적적합성 있는 정보일 수 있으나, 소송결과를 확실히 예측할 수 없는 상황에서 손해배상청구액을 재무제표에 인식하는 것은 신뢰성을 저해할 수 있다. 이와 같이 질적특성간의 절충의 필요는 목적적합성과 신뢰성 간에 발생할 수 있으며, 또한 주요 질적특성의 구성요소 간에도 발생할 수 있다. 예를 들면, 시장성 없는 유가증권에 대해 역사적원가를 적용하면 자산가액 측정치의 검증가능성은 높으나, 유가증권의 실제 가치를 나타내지 못하여 표현의 충실성과 목적적합성은 저하될 수 있다. 또한 물가변동이 심한 시기에 역사적원가정보는 검증가능성은 있지만, 장부상 자산가액을 이용하여 담보가치를 알고자하는 신용분석가에게는 표현의 충실성이 떨어지는 정보가 된다. 즉, 검증가능성에 지나치게 집착하다 보면 표현이 충실하지 못한 정보가 생산될 수 있는 것이다.

주의할 것은 질적특성으로 제시된 3가지 특성은 다소 정도의 차이만 인정될 뿐 어떠한 경우라도 모두 고려하여야 하는 기준이므로 어느 하나를 완전히 희생하는 것은 생각할 수 없다. 또한 이들 특성 간의 절충의 필요를 인정하는 정도는 이용자집단 또는 그들의 정보이용 목적에 따라 다르며, 또한 그들의 이러한 대립관계를 인정하려는 태도 여하에 따라 다르다. 따라서 절충이 필요한 질적특성 간의 선택은 유용한 정보제공이라는 재무보고의 목적을 최대한 달성할 수 있는 방향에서 이루어져야 한다.

제3절 재무정보의 제약요인

도출된 회계이론을 적용하다 보면 모든 상황, 모든 경우에 똑같이 적용하는 것이 무리인 때가 있게 마련이다. 그러나 어느 경우에나 회계이론을 제멋대로 고쳐 적용하거나 적용을 배제해서는 안 될 것이다. 즉, 일정한 기준에 따라 예외를 허용하는 것이 바람직하다. 재무정보의 제약요인(constraint)이란 어떤 경우가 회계이론을 그대로 적용하는 것이 어려운 예외상황인가를 정하는 기준을 말한다. 이러한 예외상황에서는 이미 회계이론에 의해 도출된 규칙이나 방법 등을 수정하여 적용하거나, 같은 규칙이나 방법을 아예 적용하지 않는 것이 허용되기도 한다. 이런 예외처리 허용요인을 때로는 회계의 수정가정(修正假定) 혹은 회계관습(accounting conventions)이라고도 한다. 재무회계개념체계에서는 포괄적인 제약(pervasive constraint)요인으로 비용 대 효익의 문제를 고려하여야 하며, 추가적인 제약요인으로는 회계항목의 성격 및 크기의 중요성을 고려하도록 제시하였다. 그러나 예외처리 허용 여부를 판단하는 기준에는 재무회계개념체계에서 제시한 비용효율성과 중요성 이외에도 개별 회계기준에서는 보수주의 및 업계의 관행도 흔히 인정된다.

3.1 비용효율성

비용효율성(cost efficiency)은 경제의 일반원칙을 회계에 적용한 예이다. 이는 아무리 질적특성을 갖춘 정보라 하더라도 재무정보를 생산하는데 쓰는 비용(cost)보다 생산된 정보에서 얻는 혜택(benefit)이 더 큰 경우에만 해당 정보를 생산할 가치가 있다는 의미이다. 또한 여러 가지 회계처리방법 중에서 어느 하나를 선택할 때 회계정보의 생산에 드는 비용과 생산된 정보에서 이용자들이 얻을 혜택을 비교분석하여 가장 적은 비용으로 가장 높은 혜택을 얻는 방법을 택해야 함을 의미한다. 따라서 비용효율성은 지속적으로 높아지는 정보이용자들의 공시요구와 관련하여 어느 정도까지 공시할 것인가를 결정하는 중요한 지침이 된다.

비용으로는 정보의 수집, 처리, 감사공시 등 정보제공과 관련된 비용과 재무제표의 이해 및 분석과 관련된 비용이 있을 수 있다. 혜택으로는 이용자들에게 합리적 의사결정을 가능하게 하여 경제적 자원배분의 효율성을 높이는 효과를 들 수 있다. 그러나 회계실무에서 정보의 생산, 제공과 관련된 비용 활용으로부터의 혜택을 정확히 측정하기란 어렵기 때문에 이 원칙을 적용하여 재무정보의 생산 및 공시의 범위를 정하는 데는 실무적으로 여러 가지 어려움이 많다.

비용효율성이 실제 적용되는 예로는 외부감사대상기업은 일정 규모 이상인 주식회사라는 관련 규정[6]에서 찾아 볼 수 있다. 공인회계사에 의한 외부감사는 재무정보의 품질관리수단인데 이러한 회계감사로 인하여 재무정보의 생산 유통에 드는 비용은 증가하게 마련이다. 그러나 외부감사의 대상에 해당하지 않는 일정 규모 이하인 주식회사의 경우에는 주주나 채권자가 숫자 면에서 적고, 또한 이들 기업의 이해당사자들은 재무정보를 통해서가 아니더라도 기업의 사정에 보다 정통한 경우가 많으므로 대기업에 비하여 재무정보의 이용 빈도가 그리 높지 않다. 따라서 일정 규모에 미달하는 주식회사를 외부감사대상에서 제외시킨 것이다. 또한 외부감사대상이 아닌 주식회사인 경우에 회사의 규모 등을 고려하여 K-IFRS나 일반기업회계기준이 아닌 2013년 2월 1일에 고시되어 2014년 1월 1일부터 적용되는 중소기업회계기준을 적용시킨 점도 이와 같은 맥락이다.

3.2 중요성

회계처리의 과정은 경제적 사건에 대해서 측정·분류하고 요약하는 과정이다. 이 과정에서 상대적으로 중요한 사항은 이를 측정·인식하고, 별도의 항목으로 분류·보고할 수 있으며, 중요하지 않은 것은 이를 무시하거나 다른 항목에 포함시켜 보고할 수 있다는 것이 중요성(materiality)의 원칙이다. 이러한 중요성원칙의 적용에 있어서 가장 핵심적인 사항은 중요성의 구분기준일 것이다. 개념적으로 중요성의 구분기준은 다음의 예시로 설명할 수 있다. 이용자가 특정의 정보를 입수하고 의사결정을 하였

6) 상세한 내용은 「주식회사의 외부감사에 관한 법률」 제2조 및 동법 시행령 제2조 참고

을 때와 이를 모르고 의사결정을 했을 때, 의사결정의 내용이 달라지거나 결정내용이 달라지지는 않았다 하더라도 결정에 대한 확신이 달라진다면 이 정보는 중요한 정보이다. 반면, 특정의 정보를 입수하고 행한 의사결정이나 이를 무시하고 행한 의사결정이나 그에 대한 확신에 차이가 나타나지 않는다면 이는 중요하지 않은 정보이다.[7]

중요성은 양적 중요성과 질적 중요성으로 구분된다. 양적 중요성은 크기, 금액, 수량, 비율 등의 양적인 개념에 입각하여 논의되는 중요성이다. 과거 회계기준에서는 양적 중요성에 관한 명문규정이 많이 있었다. 그러나 현재 회계기준은 구체적인 명문규정보다는 회계담당자의 판단에 맡겨 중요성을 판단하도록 하는 추세이다. 질적 중요성은 금액의 크기나 비율은 무시해도 좋은 정도이지만 그 사실이 있고 없음 그 자체가 이용자의 의사결정에 영향을 미칠 수 있는지를 의미하는 것으로 금액이 아닌 그 성격을 가지고 논의되는 개념이다. 회계기준에서 특수관계자와의 거래, 진행 중인 소송 등을 주석으로 공시하도록 한 것은 질적 중요성의 구체적인 예에 해당된다. 이처럼 중요성의 구체적 적용과 관련하여 일부 내용이 회계기준에 열거되고 있으나, 실제에 있어서는 중요성 여부 결정이 회계담당자의 주관적 판단에 의한 경우가 오히려 더 많기 때문에 중요성의 원칙은 그 적용에 신중을 기하여야 한다.

3.3 보수주의

보수주의(conservatism)는 경영성과나 재무상태를 과대평가하지 않도록 하기 위하여 도입된 개념이다. 보수주의에 따른 회계처리방법이란 수익은 확실한 것만 계상하는 반면, 비용은 빠짐없이 계상하는 방법을 의미한다. 또한 같은 맥락에서 자산은 과대평가하기보다 과소평가하는 반면, 부채는 빠짐없이 계상하는 방법을 적용하는 것을 의미한다. 그러나 합리적으로 추정이 가능한 경우까지 의도적으로 기업의 성과나 자산을 과소계상하라는 의미는 아니다.

이론적으로 볼 때 보수주의는 전술한 신뢰성, 특히 표현의 충실성에 어긋나는 부정적인

7) K-IFRS의 '재무보고를 위한 개념체계'에서는 이러한 중요성의 의미를 개별기업 재무보고서 관점에서 해당 정보와 관련된 항목의 성격이나 규모 또는 이 둘 모두에 근거하여 해당 기업에 특유한 측면의 목적적합성으로 언급하고 있다.

결과를 가져올 수 있다. 그 결과 보수주의에 근거한 회계처리방법에 대한 비판도 적지 않다. 그러나 지급능력의 확실성을 높이거나 이익 과대계상으로 인한 과다배당의 가능성을 줄여줌으로써 채권자를 보호하는 긍정적인 측면에서 보수주의에 의한 회계처리방법이 정당화되기도 한다. 또한 회계처리 시 회계담당자가 행하여야 하는 예측이나 추산에 대한 판단능력의 한계를 보완하는 측면에서 보수주의가 채택되기도 한다. 보수주의개념에 근거한 회계처리방법의 대표적인 적용사례에는 재고자산의 저가법에 따른 기말평가 회계처리가 있으며, 우발채권의 불인정과 달리 우발채무의 인정, 즉 우발이득은 인정하지 않으면서 우발손실은 충당금 설정을 통하여 인정하는 경우 등이 있다.

과거 개념체계에서는 이러한 보수주의개념을 제약요인으로 제시하였으나 현행 개념체계에서는 이를 제약요인에서 제외하였다. 그러나 상기와 같이 개별 회계기준에 따른 적용사례들은 여전히 존재하므로 신용분석 시 보수주의 개념을 이해하고 이를 주의해서 활용하여야 올바른 신용분석을 행할 수 있을 것이다.

3.4 업계관행

특정업계의 특이한 성격 또는 관행 때문에 일반적인 회계방법을 적용하지 못하고 별도의 회계처리방법을 적용해야 할 때가 있다. 금융업이나 특수분야 회계기준 등과 같이 산업별로 별도의 회계기준을 만드는 것은 이 같은 점을 고려한 것이다. 육가공업계에서 다른 제조업에서와 같이 재료비, 노무비, 제조경비를 추적 합산하여 제품의 원가를 계산하지 아니하고, 완제품의 시가에서 거슬러 올라가 원가를 배분하는 형식인 연산품 원가계산을 취하는 것도 이 업계의 특수성에 기인하는 것이다. 따라서 어떤 기업에 적용된 회계기준이 기본적인 회계이론에서 벗어났다고 판단되는 경우에는 그것이 해당 업계의 성격이나 관행에서 비롯된 것인지를 살펴볼 필요가 있다. 그러나 업계의 관행이나 특수성으로 인하여 특수한 회계처리방법을 인정할 때에는 진정으로 꼭 필요하고 합리적인 것만을 인정해야 하며, 또한 일반적인 회계기준의 한계를 보완하는 선에서만 인정해야 할 것이다.

제4절 재무제표의 기본가정

재무제표의 기본가정은 회계이론이나 회계실무의 바탕에 깔려 있는 묵시적인 전제를 의미한다. 이는 명문화되지는 않았지만 누구나 그 타당성을 의심하지 아니하는 기본전제이다. 혹자는 이를 회계의 기본전제 혹은 공준(公準)이라고도 한다. 이는 수학에서의 공리(axiom)와 같은 역할을 한다. 이러한 기본전제는 회계 그 자체에서 생겨난 것이 아니라 회계가 처한 정치·사회·경제·문화·역사적 배경에서 비롯하는 것이다.

재무제표의 기본가정은 오래 전부터 논의되어 왔으나 아직 학자들 간에 통일된 의견을 제시하지는 못하고 있다. 과거부터 많은 학자들은 재무제표의 기본가정으로 기업실체의 가정, 계속기업의 가정, 기간별 보고의 가정 및 화폐단위 측정의 가정을 들고 있다. 그러나 현재 재무회계개념체계[8]에서는 기업실체의 가정, 계속기업의 가정, 기간별 보고의 가정만을 제시하고 있으며, 화폐단위 측정의 가정은 기본가정이 아닌 재무제표의 특성과 한계라는 측면에서 설명하고 있다.

4.1 기업실체의 가정

기업실체(business entity)의 가정이란 기업을 소유주와는 독립적으로 존재하는 회계단위로 간주하고, 이러한 회계단위의 관점에서 그 경제활동에 대한 재무정보를 측정·보고해야 한다는 가정이다. 기업의 경제활동은 그 기업의 소유주와는 별개의 것이기 때문에 경제활동에 대한 재무정보는 기업의 입장에서 측정·보고되어야 한다는 것이다. 결국 이러한 가정으로부터 회계담당자가 관심을 가져야 할 범위는 소유주가 투자한 결과로서 당해 기업에 갖고 있는 청구권의 크기와 그 변동을 측정하기 위한 경제활동이라는 점을 강조하고 있다. 즉, 기업실체의 가정은 재무제표에 포함시켜야 할 사건이나 활동의 범위를 정해주는 역할을 하며, 동시에 소유주뿐만 아니라 시장에 존재하는 잠재적인 투자자에게 자본의 경제적 가치를 평가하는 데 유용한 정보를 제

8) K-IFRS의 '재무보고를 위한 개념체계'에서는 계속기업의 가정만을 재무제표 작성의 기본가정으로 제시하고 있다.

공해준다.

현대의 자본주의 사회에서는 경제활동을 행하는 기업은 대부분 법인격을 갖는다. 따라서 재무제표에서 회계의 실체는 경제활동을 영위하는 기업의 법적인 실체와 대부분 일치한다. 그러나 회계의 실체가 반드시 법적인 실체와 동일한 것은 아니다. 예를 들면, 연결재무제표나 결합재무제표는 법적으로 독립된 여러 기업을 하나의 경제실체로 파악하고 이들 그룹을 하나의 회계실체로 파악한다. 때로는 한 개의 법인이 두 개의 회계실체가 되는 경우도 있다. 은행에서 일반 은행부문과 신탁부문을 별개의 경제활동 단위로 보고 별도의 재무제표를 작성하는 것은 이러한 예이다. 결국 기업실체의 개념은 법적 실체와는 구별되는 개념으로 회계가 적용되는 대상은 법적 실체가 아닌 경제적 실체(economic entity)임을 알 수 있다.

4.2 계속기업의 가정

계속기업(going concern)의 가정은 기업실체는 그 목적과 의무를 이행하기에 충분할 정도로 장기간 존속한다고 가정하는 것을 말한다. 즉, 기업실체는 그 경영활동을 청산하거나 중대하게 축소시킬 의도가 없을 뿐 아니라 청산이 요구되는 상황도 없다고 가정한다. 이 가정은 여러 면에서 회계처리방법에 중요한 영향을 미치고 있다. 대표적인 예를 들면, 이 가정으로 인하여 역사적원가주의의 성립이 가능하다. 계속기업 가정이 없다면 자산평가에서 청산가치나 순실현가치가 보다 중요한 개념이 될 것이며, 역사적원가는 별 의미가 없게 된다. 기업이 곧 영업을 중지한다면 모든 자산은 팔 것으로 전제되기 때문이다. 그러나 계속기업을 가정한다면 건물이나 기계 등은 수명이 다할 때까지 사용될 것이라는 전제가 가능하다. 따라서 자산의 가치는 선급비용의 성격을 지닐 수도 있고 이에 따라 살 때의 가격인 역사적원가로 자산가액을 적는 것이 의미를 가지게 된다. 또한 유형자산의 기간별 감가상각은 계속기업의 가정과 후술하는 기간별 보고의 가정 하에서 정당화될 수 있는 개념이다. 즉 계속기업의 가정에서는 기계, 건물 등은 수명이 다할 때까지 기업이 이용할 자산이다. 이들 자산의 취득가액은 기계, 건물을 앞으로 이용하여 얻을 수 있는 이용가치의 총원가로서 선급비용적 성격이며, 따라서 기간이 지남에 따라 매 회계기간 중 이용가치의 소모분을 추정하여 비용화하는 감가상각행위가 타당성을 지니게 된다.

그러나 기업이 장기간 존속한다는 가정은 사실상 현실성이 떨어지는 것이다. 기업은 사실상 장기간 존속하기 어렵기 때문이다. 1997년에 발표된 삼성경제연구보고서에 따르면 국내 100대 기업의 30년간 생존율은 16%에 불과하며, 미국과 일본 기업의 경우도 각각 21%와 22%에 머무는 것으로 조사되었다. 또한 영국의 'Financial Times' 보도에 따르면 '포춘' 500대 기업이 5년간 500대 기업 리스트에 남아 있을 생존율은 28%에 불과하였다. 이처럼 기업의 순위는 변동이 매우 높으며, 기업이 장기간 존속하기 어렵다는 좋은 증거가 된다. 또한 최근에는 경영환경이 급변하여 기업의 순위변동과 퇴출은 더 빨리 이루어지고 있는 상황이다. 국내의 경우 2015년 5월 25일 한국무역협회에 따르면 창업 3년 후 생존율은 2013년 기준 41%에 불과했다. 이는 OECD 국가 중 가장 낮은 수치로, 룩셈부르크(66.8%), 호주(62.8%), 미국(57.6%), 이스라엘(55.4%), 이탈리아(54.8%) 보다 낮았다. 특히, 벤처 설립 후 10년 이상 사업을 지속하는 사업자는 오직 8.2% 뿐이었으며 신규 사업자의 75.2%는 설립된 지 평균 5년 안에 폐업했다.[9] 최근 관련 기사[10]에 따르면 여전히 국내 창업기업의 5년 차 생존율은 32.1%로 집계되면서 OECD 주요국 평균 생존율 44.1%에 크게 못 미치는 수치임이 확인되었었다. 따라서 투자자나 신용분석가들은 기업의 재무제표를 이용할 때 계속기업의 가정과 후술하는 기간별 보고의 가정 하에서 만들어진 재무제표의 한계점을 보완할 수 있는 방안을 마련할 필요가 있다.

4.3 기간별 보고의 가정

기간별 보고(periodicity)의 가정은 기업실체의 존속기간을 일정한 기간단위로 분할하여 각 기간별로 재무제표를 작성하는 것을 말한다. 기업실체의 이해관계자는 지속적으로 의사결정을 해야 하므로 적시성 있는 정보가 필요하고 이를 위해 분·반기

9) 국내 창업생존율 OECD 최하위…"3년 넘기기 힘들다", 2015.5.25. 조선비즈 전효진 기자
10) [창업, 안전망이 없다] 창업기업 줄도산 시작됐다, 2022.7.7. 서울경제 박진용 기자(출처 : https://www.sedaily.com/NewsView/267E94THAU)

그리고 회계연도별로 회계기간을 설정하여 매 회계기간마다 기업의 재무상태나 경영성과를 파악·보고하여야 한다는 가정이다. 기업의 경제활동 결과를 정확히 파악하려면 기업의 창설에서부터 해산 시까지의 전 기간을 한 회계연도로 보고 계산하는 것이 제일 좋은 방법이다. 차선책으로 기업의 경기순환(business cycle)이 회계기간과 일치한다면 경영성과와 재무상태를 파악하여 보고하기가 비교적 용이할 것이다.

그러나 현대 경제사회에서는 자본시장 활성화에 따라 주주들이 수시로 바뀌고 채권자들도 신용공여거래를 수시로 반복함에 따라 이들 이해관계자들이 기업경영에 관한 정보를 수시로 요구하게 되었다. 따라서 1년마다 또는 반·분기별로 중간보고서 성격의 손익계산서나 재무상태표 작성이 필요한데, 기업활동은 연속적인 활동이므로 이러한 기간별 회계보고서 작성에는 어느 정도 자의성이 개재되지 않을 수 없다. 즉, 기간별 보고의 가정은 기업 이해관계자에게 적시에 정보를 제공하게 함으로써 목적적합성은 높이지만 경영성과 평가의 자의성을 개재시키게 되어 재무정보의 신뢰성을 떨어뜨리는 결과를 초래할 수 있다. 또한, 최장 1년마다 보고하는 기간별 보고의 가정이 가지는 한계점은 본 서 제4장에서 배우게 될 법인세회계에서도 찾아 볼 수 있는데 이때 언급하는 이월결손금제도는 바로 이러한 기간별 보고의 한계점을 극복하기 위한 제도이다. 이 제도는 어느 기업이 특정연도에 결손이 생긴 경우 그 결손금을 차기로 이월시켜 법인세를 경감시켜 주는 제도이다. 이처럼 결손금을 차기로 이월시켜서 법인세납부액을 경감시켜 주는 근본적인 이유는 회계기간과 기업의 경기순환이 불일치하여 특정연도에 세금을 과다하게 징수하는 조세의 비형평성을 막기 위한 조치라 할 수 있다.

기간별 보고의 가정은 전술한 계속기업의 가정과 마찬가지로 여러 면에서 회계처리방법에 중요한 영향을 미치고 있다. 기간별 보고의 가정으로 인하여 각 회계연도에 귀속시킬 수익과 비용을 구분하는 기준으로 발생주의 회계가 등장한다. 이에 따라 수익은 실현주의에 따라 해당 기간에 귀속되며, 비용은 이러한 수익에 대응하여 해당 기간을 귀속시킨다는 수익비용대응의 원칙이 도입되어 유형자산의 감가상각방법 등이 필요하게 되었다. 발생주의 회계에 대한 상세한 설명은 이후에 제시되는 제6절 재무제표 기본요소의 인식 및 측정에서 설명한다.

4.4 화폐단위 측정의 가정

전술한 바와 같이 현재 재무회계개념체계에서는 화폐단위 측정의 개념을 기본가정이 아닌 재무제표의 특성과 한계로 표현하고 있다. 그러나 본 서는 화폐단위 측정의 가정이 과거 기본가정의 범주였던 점과 화폐단위로 측정이 가능해야만 재무제표 본문에 인식할 수 있다는 점을 감안하여 여기에 설명한다. 이 가정은 재무제표에 관한 정보는 원칙적으로 화폐단위로 측정하여 보고한다는 의미이다. 재무정보를 굳이 화폐단위로 할 이유는 없다. 그러나 현재의 자본주의사회는 화폐경제를 바탕으로 하고 있어서 모든 재화나 용역이 화폐를 매개로 거래가 이루어진다. 또한 기업의 모든 경제활동정보를 공통의 화폐단위로 표현함으로써 정보의 분류·요약·정리가 간편해지고, 또한 정보 상호간 비교가 간편해지기 때문에 이러한 가정을 둔 것이다.

과거에는 단순한 화폐단위 측정의 가정에서 한 걸음 더 나아가 화폐가치의 안정이라는 가정을 재무제표의 기본가정으로 설정했던 경우가 있었다. 화폐가치의 안정이 가정되어야만 재무정보의 요약·정리과정에서 필요한 수학적 조작(+, -, ×, ÷)이 가능하기 때문이다. 회계의 분개에서부터 재무제표 작성에는 정보의 분류와 요약이 필요한데, 특히 요약과정에는 더하기, 빼기, 곱하기, 나누기의 수학적 조작이 필요하다. 그런데 수학적 조작을 하기 위해서는 조작대상 숫자가 같은 속성을 가져야만 한다.

그러나 최근에는 화폐단위로 표현되지 않는 정보의 제공도 중요시되고 있다. 그 이유는 기업에 관한 정보를 수치화된 정보만으로 제공해서는 기업에 관한 모든 실상을 제대로 알릴 수 없기 때문이다. 수학적 조작을 통하여 정보를 요약·분류·정리하기 위해서는 가능한 한 모든 정보를 공통의 화폐단위로 표현하는 것이 필요하다. 하지만 수치화하기 어려운 정보가 그 자체로서 이용자에게 쓸모가 있는 한 이를 말로 된 설명으로라도 재무제표의 부속명세서, 주석사항, 기타 부속서류 등에 게재하여 전달하려 하고 있다. 특히, 전술한 바와 같이 신기술이 주도하는 사회에서 기업경쟁력은 무형자산에서 나오는 경우가 많으나 이러한 무형자산을 화폐가치로 정확히 측정하기에는 어려움이 많다. 따라서 이러한 무형자산에 대한 정보를 회계담당자가 주석 등에 게재하여 제공하면 정보이용자는 의사결정 시 이러한 정보를 고려할 필요가 있다.

제5절 재무제표의 기본요소

재무제표는 재무상태표, 자본변동표, 손익계산서, 현금흐름표 및 주석으로 구성된다. 따라서 재무제표의 기본요소는 주석을 제외한 4가지 재무제표인 재무상태표, 자본변동표, 손익계산서, 현금흐름표를 구성하는 요소들을 의미한다. 이러한 재무제표의 기본요소를 해당 재무제표에 구분하여 표시하는 것은 정보이용자의 경제적 의사결정에 더욱 유용한 정보를 제공하기 위한 것이다. 즉, 재무제표의 기본요소란 재무제표에 담겨지는 주요한 내용이므로 이후 개념체계 전개에 있어 필수적이고 기본적인 용어들이다. 이에 재무제표의 기본요소들에 대한 정의를 간단히 소개하면 다음과 같다.

첫째, 일정시점에 기업실체의 재무상태에 관한 정보를 제공할 목적으로 작성되는 재무상태표의 기본요소는 자산, 부채 및 자본이다. 자산이란 과거의 거래나 사건 발생으로 인해 현재 기업실체에 의해 지배되고 미래에 경제적 효익[11]을 창출할 것으로 기대되는 자원이다. 부채란 과거의 거래나 사건의 결과로 현재 기업실체가 부담하고 있고 미래에 자원의 유출 또는 사용이 예상되는 의무이다. 자본은 기업실체의 자산에 대한 소유주의 잔여청구권을 의미하며, 자산 총액에서 부채 총액을 차감한 순자산이다.

둘째, 일정기간 동안 발생한 자본의 변동에 대한 정보를 제공하기 위하여 작성되는 자본변동표의 기본요소는 소유주의 투자와 소유주에 대한 분배, 그리고 포괄이익[12]이다. 소유주의 투자는 기업실체에 대한 소유주로서의 권리를 취득 또는 증가시키기 위해 기업실체에 경제적 가치가 있는 유·무형의 자원을 이전하는 것을 의미하며 이에

---

11) 자산에 내재된 미래의 경제적 효익이란 직접 또는 간접적으로 기업실체의 미래 현금흐름 창출에 기여하는 잠재력을 말한다.

12) 포괄이익은 수익의 합계에서 비용의 합계를 차감하여 측정하지만 적용되는 회계기준에 따라 포괄이익의 정의를 만족하는 특정항목이 손익계산서상 당기순이익 계산에 반영되지 않을 경우, 회계기준에 의한 당기순이익과 포괄이익은 동일하지 않을 수 있다. 예를 들면, 매도가능증권평가손익, 해외사업환산손익 등이 당기순이익에 반영되지 않고 기타포괄손익누계액의 항목으로 자본에 표시되는 경우 포괄이익과 당기순이익은 일치하지 않는다. 이 경우 일반기업회계기준에서는 이러한 항목을 기타포괄손익으로 구분하여 당기순손익에 해당 기타포괄손익항목을 가감한 포괄손익의 내용으로 주석에 공시하도록 하였다. 반면, K-IFRS에서는 이러한 포괄손익의 내용을 손익계산서 본문에 제시하도록 하여 손익계산서가 아닌 포괄손익계산서라는 명칭을 사용하게 한다.

따라 자본이 증가하게 된다. 소유주에 대한 분배는 기업실체가 소유주에게 자산을 이전하거나 용역을 제공하거나 또는 부채를 부담하는 형태로 이루어진다. 주로 현금 배당, 자기주식의 취득, 감자 등이 이에 속하며 이에 따라 기업실체의 순자산은 감소한다. 포괄이익은 소유주와의 자본거래를 제외한 모든 거래에서 발생한 자본의 변동을 말하며 손익계산서의 기본요소에도 포함된다.

셋째, 일정기간 기업실체의 경영성과에 대한 재무정보를 제공하기 위하여 작성되는 손익계산서의 기본요소는 포괄이익, 수익 및 비용이다. 수익과 비용은 경제적 의사결정에 목적적합한 정보를 제공하기 위하여 손익계산서에 다양한 방법으로 표시할 수 있다. 광의의 수익개념에는 수익과 차익이 모두 포함된다. 수익은 기업의 정상영업활동의 일환으로 발생하며 매출액, 수수료수익, 이자수익, 배당수익, 로열티 수익 및 임대료수익 등 다양한 명칭으로 구분된다. 이득이라는 용어와 동일한 의미로 사용되어 온 차익은 광의의 수익개념을 충족하는 그 밖의 항목에서 발생할 수 있다. 차익도 경제적 효익의 증가를 나타내므로 본질적으로 수익과 차이가 없다. 따라서 개념체계에서는 차익을 별개의 요소로 보지 아니한다. 마찬가지로 광의의 비용 개념에는 비용뿐만 아니라 차손도 포함된다. 비용은 기업실체의 경영활동의 결과로서 발생하거나 발생할 현금유출액을 나타내며, 경영활동의 종류와 당해 비용이 인식되는 방법에 따라 매출원가, 급여, 감가상각비, 이자비용, 임차료 등과 같이 다양하게 구분될 수 있다. 손실이라는 용어와 동일한 의미로 사용되어온 차손은 기업실체의 주요 경영활동을 제외한 부수적인 거래나 사건으로서 소유주에 대한 분배가 아닌 거래나 사건의 결과로 발생하는 순자산의 감소로 정의된다.

한편 차손과 차익을 수익과 비용으로부터 분리하는가의 여부는 기업실체의 순자산에 아무런 영향을 주지 않지만, 차익과 차손을 구분하여 표시하게 되면 이익의 발생원천에 대해 보다 유용한 정보를 제공할 수 있다는 판단에 따라 현재까지 회계실무에서는 차익과 차손을 손익계산서에서 구분하여 표시하고 있다. 하지만 개념적으로, 실무에서 차익과 차손을 수익과 비용으로부터 구분하는 것은 명확하지 않은 문제이기 때문에 이에 대한 논란은 아직 있으며 국제적으로 그 구분을 폐지하려는 움직임이 있다.

넷째, 일정기간 기업의 현금흐름에 대한 정보를 제공하기 위하여 작성되는 현금흐름표의 기본요소는 영업활동 현금흐름, 투자활동 현금흐름 및 재무활동 현금흐름으로 구성된다. 영업활동 현금흐름은 사업활동의 지속, 차입금 상환, 배당금 지급 및 신규투자 등에 필요한 현금을 외부로부터 조달하지 않고 제품의 생산과 판매활동, 상품과 용역의 구매와 판매활동 및 관리활동 등 자체적인 영업활동으로부터 현금을 얼마나 창출하였는지에 대한 정보를 제공한다. 투자활동 현금흐름은 미래 영업활동 현금흐름을 창출할 자원의 확보와 처분에 관련된 현금흐름에 대한 정보를 제공하며, 투자부동산, 비유동자산에 속하는 지분증권, 유형자산 및 무형자산의 취득과 처분활동 등을 포함한다. 재무활동 현금흐름은 주주, 채권자 등이 미래 현금흐름에 대한 청구권을 예측하는 데 유용한 정보를 제공하며, 영업활동 및 투자활동의 결과 창출된 잉여현금흐름이 어떻게 배분되었는지를 나타내어 준다. 재무활동 현금흐름은 현금의 차입과 상환 및 금융비용 지급, 신주발행과 배당금의 지급, 재무자산의 취득과 처분, 재무자산의 보유수익에 따른 현금유입 등을 포함한다. 금융비용 지급은 일상적인 영업활동에 수반되어 빈번히 발생하는 경우도 있으므로 영업활동으로 분류하기도 하나 자금의 차입 등 기업의 재무활동과 더 직접적인 관련이 있다고 볼 수 있다. 신용분석가는 이러한 3가지 활동으로부터의 현금흐름에 관한 정보를 이용하여 기업의 미래 지급능력을 예측할 수 있다.

상기된 재무제표와 재무제표의 기본요소에 대한 정의를 요약하면 〈표 1-1〉과 같다.

표 1-1 재무제표 기본요소의 용어 정의

구분	정의
재무상태표 : 일정시점 현재 기업실체의 재무상태에 대한 정보를 제공하는 재무보고서	
자산	과거의 거래나 사건의 결과로서 현재 기업실체에 의해 지배되고 미래에 경제적 효익을 창출할 것으로 기대되는 자원
부채	과거의 거래나 사건의 결과로 현재 기업실체가 부담하고 있고 미래에 자원의 유출 또는 사용이 예상되는 의무
자본	기업실체의 자산 총액에서 부채 총액을 차감한 잔여액 또는 순자산으로서 기업실체의 자산에 대한 소유주의 잔여청구권
자본변동표 : 일정기간 동안 발생한 자본의 변동에 대한 정보를 제공하는 재무보고서	
소유주의 투자	기업실체에 대한 소유주로서의 권리를 취득 또는 증가시키기 위해 기업실체에 경제적 가치가 있는 유·무형의 자원을 이전하는 것
소유주에 대한 분배	기업실체가 소유주에게 자산을 이전하거나 용역을 제공하거나 또는 부채를 부담하는 형태이며, 현금배당, 자기주식의 취득, 감자 등이 이에 해당함
포괄이익	기업실체가 일정기간 동안 소유주와의 자본거래를 제외한 모든 거래나 사건에서 인식한 자본의 변동
손익계산서 : 일정기간 동안 기업실체의 경영성과에 대한 정보를 제공하는 재무보고서	
포괄이익	상동
수익	기업실체의 경영활동과 관련된 재화의 판매 또는 용역의 제공 등에 대한 대가로 발생하는 자산의 유입 또는 부채의 감소 (차익: 기업실체의 주요 경영활동을 제외한 부수적인 거래나 사건으로서 소유주의 투자가 아닌 거래나 사건의 결과로 발생하는 순자산의 증가)
비용	기업실체의 경영활동과 관련된 재화의 판매 또는 용역의 제공 등에 따라 발생하는 자산의 유출이나 사용 또는 부채의 증가 (차손: 기업실체의 주요 경영활동을 제외한 부수적인 거래나 사건으로서 소유주에 대한 분배가 아닌 거래나 사건의 결과로 발생하는 순자산의 감소)
현금흐름표 : 일정기간 동안 기업실체에 대한 현금유입과 현금유출에 대한 정보를 제공하는 재무보고서	
영업활동 현금흐름	사업활동의 지속, 차입금 상환, 배당금 지급 및 신규투자 등에 필요한 현금을 외부로부터 조달하지 않고 제품의 생산과 판매활동, 상품과 용역의 구매와 판매활동 및 관리활동 등 자체적인 영업활동으로부터 현금을 얼마나 창출하는지에 대한 정보
투자활동 현금흐름	미래 영업활동 현금흐름을 창출할 자원의 확보와 처분에 관련된 현금흐름에 대한 정보
재무활동 현금흐름	주주, 채권자 등이 미래 현금흐름에 대한 청구권을 예측하는 데 유용한 정보, 영업활동 및 투자활동의 결과 창출된 잉여현금흐름이 어떻게 배분되었는지에 대한 정보

제6절 재무제표 기본요소의 인식 및 측정

인식 및 측정이란 용어는 일반적으로 재무제표 기본요소에 대한 인식시점과 측정금액이란 표현으로 이해하면 된다. 인식이란 경제적 사건을 재무상태표 혹은 손익계산서에 자산, 부채, 수익, 비용 등으로 구분하여 기록하는 시점을 언제로 잡느냐의 문제와 관련이 있다. 이러한 인식은 거래와 사건의 경제적 효과를 최초로 기록하는 것뿐만 아니라 동일한 항목에 대한 후속적인 변화와 기록되었던 항목의 제거를 모두 포함한다. 측정이란 자산, 부채, 수익, 비용 등의 금액을 어떠한 방법으로 결정하느냐의 문제와 관련이 있다. 이러한 측정을 위해서는 그 측정대상이 되는 일정한 속성을 선택하여야 한다. 결국 인식 및 측정은 자산, 부채, 수익, 비용 등을 어느 시점에 얼마의 금액으로 재무상태표 혹은 손익계산서에 계상하는가를 결정하는 중요한 개념이다. 따라서 회계기준의 주요 내용은 모두 특정계정들을 어떻게 인식 및 측정하여 재무제표에 보고하는지에 대한 문제를 다루고 있다. 물론 이러한 인식 및 측정은 전술한 재무정보의 제약요인과 재무제표의 기본가정 하에서 적용되며, 그 결과는 재무정보의 질적특성을 충족시켜서 재무보고의 목적인 유용한 정보를 제공하게 된다.

6.1 인식기준

인식(recognition)이란 경제적 거래나 사건의 효과를 재무제표상의 자산, 부채, 수익, 비용 등으로 계상하는 것을 말한다. 재무제표의 구성요소로 인식하기 위해서는 다음 3가지 요건을 모두 충족시켜야 한다. 첫째, 당해 항목이 재무제표 기본요소의 정의를 충족시켜야 하며, 둘째, 해당 항목과 관련된 미래의 경제적 효익이 기업실체에 유입 혹은 유출될 가능성이 매우 높고(high probable), 셋째, 당해 항목에 대한 측정속성이 있으며 이 측정속성이 신뢰성 있게 측정될 수 있어야 한다. 즉, 어떤 항목이 재무제표에 인식되기 위해서는 비용 대 효익 그리고 중요성이라는 2가지 제약조건 하에서 상기된 3가지 조건을 모두 충족해야 한다. 다만, 어떤 항목이 신뢰성 있게 측정되기 위해서 그 측정속성의 금액이 반드시 확정되어 있다는 것을 의미하지는 않는다. 즉, 추정에 의한 측정치도 합리적인 근거가 있을 경우에는 당해 항목의 인식에 이용될 수 있다. 예를 들면, 제품의 보증수리에 소요될 비용을 과거의 보증수리 실적을 토대로 추정하면 합리적 추정치가 될 수 있다.

기업의 연속적인 경제활동을 인위적으로 회계기간별로 나누어 측정 보고하기 위해서는 발생주의 회계에 따른 인식기준이 요구된다.[13] 회계기간별로 경영성과를 평가하기 위해서는 어떤 방법으로든 수익과 비용을 특정기간에 귀속시켜 파악할 필요가 있다. 따라서 발생주의 회계의 기본적인 논리는 발생기준(accrual basis)에 따라 수익과 비용을 인식하는 것이다. 발생기준은 기업실체의 경제적 거래나 사건에 대해 관련된 수익과 비용을 그 현금유출입이 있는 기간에 인식하는 현금기준(cash basis)과 달리, 당해 거래나 사건이 발생한 기간에 인식하는 것을 말한다. 예를 들면, 미수수익과 같이 미래에 수취할 금액에 대한 자산을 관련된 수익과 함께 인식하거나, 미지급비용과 같이 미래에 지급할 금액에 대한 부채를 관련된 비용과 함께 인식하는 경우가 있다. 또한 선수수익과 같이 미래의 수익을 인식하기 위해 현재의 현금유입액을 부채로 인식하거나, 선급비용과 같이 미래의 비용을 인식하기 위해 현재의 현금유출액을 자산으로 인식하는 경우가 여기에 속한다. 따라서 이러한 발생기준과 상기에 제시한 3가지 인식조건을 고려하여 수익과 비용의 인식기준을 보다 상세히 살펴보면 다음과 같다.

수익은 경제적 효익이 유입됨으로써 자산이 증가하거나 부채가 감소하고 그 금액을 신뢰성 있게 측정할 수 있을 때 인식하며 이는 수익의 인식이 자산의 증가나 부채의 감소와 동시에 이루어짐을 의미한다. 이러한 인식시점을 발생기준에 근거하여 구체화하면, 수익은 실현기준과 가득기준이라는 2가지 요건을 모두 충족하는 시점에 인식된다. 실현기준이란 수익은 실현되었거나 또는 실현가능한 시점에서 인식한다는 의미이다. 즉, 수익은 재화나 용역이 현금을 수령하거나 또는 수령할 수 있는 청구권과 교환되는 시기에 실현된다는 것이다. 가득기준이란 수익은 그 가득과정이 완료되

13) 그러나 경영성과가 아니라 현금흐름 창출능력을 평가하고자 할 때에는 여전히 현금주의도 필요하다. 따라서 현금흐름표는 손익계산서로서 알 수 없는 기업의 현금흐름 창출능력을 평가하기 위한 것으로 현금기준에 의하여 작성된다.

어야 인식한다는 의미이다. 즉 기업이 재화의 생산 또는 인도, 용역의 제공 등 의무를 다했을 경우 해당 수익은 가득된 것으로 본다. 일반적으로 판매시점이 이에 해당된다. 그러나 귀금속, 광물, 채굴, 제련업의 경우나 시장이 아주 잘 발달된 농산물의 계약재배의 경우에는 생산완료시점에 이들 요건이 충족되므로 생산완료시점에 수익을 인식할 수도 있다. 건설업에서는 도급공사나 예약매출에 공사진행기준과 같은 발생주의를 수익실현시점으로 사용하는 경우도 있다.

비용은 경제적 효익이 사용 또는 유출됨으로써 자산이 감소하거나 부채가 증가하고 그 금액을 신뢰성 있게 측정할 수 있을 때 인식한다. 이는 비용의 인식이 자산의 감소나 부채의 증가와 동시에 이루어짐을 의미한다. 여기서 경제적 효익의 사용을 비용으로 인식하는 방법은 다음과 같다. 첫째, 수익과 직접 관련하여 발생한 비용은 동일한 거래나 사건에서 발생하는 수익을 인식할 때 대응하여 인식한다. 둘째, 수익과 직접 대응할 수 없는 비용은 재화 및 용역의 사용으로 현금이 지출되거나 부채가 발생하는 회계기간에 인식한다. 셋째, 자산으로부터의 효익이 여러 회계기간에 걸쳐 기대되는 경우 이와 관련하여 발생한 특정 성격의 비용은 체계적이고 합리적인 배분절차에 따라 각 회계기간에 배분하는 과정을 거쳐 인식한다.

한편 자산은 미래의 경제적 효익이 기업에 유입될 가능성이 매우 높고 그 측정속성에 대한 가액이 신뢰성 있게 측정될 수 있다면 재무상태표에 인식한다. 즉 어떤 거래로 인한 지출이 발생하였을 때 그에 관련된 미래 경제적 효익의 유입가능성이 낮은 경우에는 당해 지출은 자산으로 인식하지 않고 비용으로 인식해야 한다. 이는 당해 회계기간 이후 관련된 경제적 효익이 기업에 유입될 가능성의 정도가 자산의 인식을 정당화하기에는 불충분하다는 것을 의미한다. 또한 부채는 기업이 현재의 의무를 미래에 이행할 때 경제적 효익이 유출될 가능성이 매우 높고 그 측정속성에 대한 가액이 신뢰성 있게 측정할 수 있을 때 재무상태표에 인식한다. 그러나 일반적으로 미이행계약에 따른 의무는 부채로 인식하지 않는다. 다만, 계약이행이 법적으로 강제되어 있고 위약금과 같은 불이익의 조건이 있을 때에는 그러한 의무가 부채의 인식기준을 충족하면 부채로 인식되어야 한다.

6.2 측정기준

측정(measurement)이란 재무제표 구성요소의 금액을 결정하는 과정이다. 이러한 측정을 위해서는 그 측정대상이 되는 일정한 속성을 선택하여야 한다. 자산과 부채의 측정에 사용될 수 있는 측정속성(measurement attributes)에는 다음과 같은 5가지 종류가 있다.

• 취득원가(또는 역사적원가)와 역사적 현금수취액

: 자산의 취득원가는 자산을 취득하였을 때 그 대가로 지급한 현금, 현금등가액 또는 기타 지급수단의 공정가치를 말하며 역사적원가와 동일한 의미이다. 부채의 역사적 현금수취액은 그 부채를 부담하는 대가로 수취한 현금 또는 현금등가액이다.

• 공정가치(fair value) 또는 공정가액

: 독립 당사자 간의 현행거래에서 자산이 매각 또는 구입되거나 부채가 결제 또는 이전될 수 있는 교환가치이다. 기업실체가 보유하고 있는 자산에 대해 시장가격이 존재하면 이 시장가격은 당해 자산에 대한 공정가치의 측정치가 된다. 이러한 공정가치 측정방법은 부채에 대해서도 적용될 수 있다. 그러나 시장가격이 존재하지 않는 경우에는 시장참여자의 관점에서 당해 자산 또는 부채로부터의 미래 현금흐름을 추정하고 그 현재가치를 측정함으로써 공정가치를 추정할 수 있다. 한편 자산의 구입에 관한 공정가치는 현행원가라고도 하며 이는 당해 자산을 지금 취득한다고 할 때 지급해야 할 현금 또는 현금등가액으로 측정된다.

• 기업특유가치(firm specific value)

: 자산의 기업특유가치는 기업이 자산을 사용함에 따라 당해 기업의 입장에서 인식되는 현재의 가치를 말하며, 사용가치라고도 한다. 부채의 기업특유가치는 기업이 그 의무를 이행하는 데 예상되는 자원유출의 현재가치를 의미한다. 즉 자산과 부채에 대한 기업특유가치는 당해 기업실체가 그 자산 또는 부채를 계속 사용 또는 보유할 경우 이로부터 기대되는 미래 현금유입 또는 현금유출의 현재가치로 측정된다. 따라서 기업특유가치는 현재시점의 가치라는 점에서 공정가치와 유사한 개념이다. 그러나 공정가치가 시장거래에서의 교환가치인데 비해 기업특유가치는 당해 기업실체의 입장에서 인식되는 가치이다.

• 상각후가액

: 금융자산 취득 또는 금융부채 발생시점의 그 유입가격과 당해 자산 또는 부채로부터 발생하는 미래 명목현금흐름의 현재가치가 일치되게 하는 할인율인 유효이자율을 측정하고, 이 유효이자율을 이용하여 당해 자산 또는 부채에 대한 현재의 가액으로 측정한 금액을 의미한다. 따라서 상각후가액의 측정에 사용되는 이자율은 현재의 시장이자율이 아닌 역사적 이자율이다.

• 순실현가능가치(net realizable value)와 이행가액(settlement value)

: 자산의 순실현가능가치는 정상적 기업활동과정에서 미래에 당해 자산이 현금 또는 현금등가액으로 전환될 때 수취할 것으로 예상되는 금액에서 그러한 전환에 직접 소요될 비용을 차감한 가액으로 정의되며 유출가치(exit value)의 개념이다. 부채의 이행가액은 미래에 그 의무의 이행으로 지급될 현금 또는 현금등가액에서 그러한 지급에 직접 소요될 비용을 가산한 가액을 말한다. 순실현가능가치와 이행가액은 현재시점의 가치로 환산되지 않았다는 점에서 공정가치나 현재가치와 차이가 있다.

과거에는 재무상태표 작성의 기본원칙은 역사적원가주의였다. 이는 자산과 부채를 계상함에 있어 자산을 취득하거나 부채를 부담할 때 지급하거나 부담한 그 대가로 계상하라는 원칙으로 계속기업의 가정에 의해 합리화되는 개념이다. 예를 들면, 자산의 취득가액은 기업이 앞으로 사용할 물건에 대하여 선지급한 비용으로서 재무상태표에 이를 계상하는 것은 비용을 이연하기 위한 것이라는 입장이다. 재무상태표상의 금액은 아직 기간비용화되지 않은 선급비용을 가리키기 때문에 자산가액을 역사적원가로 적는 것은 타당하다고 보는 것이다. 역사적원가는 이 밖에도 재무정보의 질적특성인 검증가능성(객관성) 때문에 회계실무자들이 집착하는 개념이다. 그러나 최근에는 현재가치나 시장거래에 기초한 공정가치개념이 측정속성의 대부분을 차지하고 있다.

일반적으로 취득시점에서는 자산의 취득원가와 공정가치가 동일하다. 그러나 취득시점 이후에는 양자가 달라질 수 있으며, 또한 취득원가는 사용가치와도 동일하지 않다. 부채의 경우에도 유사한 문제가 있다. 따라서 자산과 부채를 측정함에 있어 어떠한 측정속성을 선택하는가는 재무보고의 목적 달성을 위한 재무정보의 유용성, 즉 목적적합성과 신뢰성의 관점에서 판단되어야 한다. 만일 측정 오차의 문제가 없다면 공정가치 또는 기업특유가치에 의한 측정이 여타의 측정속성보다 더 유용한 정보를 제공할 수 있다. 이러한 측정속성의 선택과 관련하여 자산과 부채의 대표적인 항목별 측정기준을 요약하면 〈표 1-2〉와 같다.

한편 역사적원가와 대응되는 개념은 현행원가이다. 자산의 현행원가는 재무상태표 작성시점의 공정가치를 의미한다. 예를 들면, 물건으로 갚아야 하는 부채 즉, 품질보증채무 또는 고정가격판매 약정에 의해 받은 선수금 등의 현행원가는 재무상태표 작성시점의 해당 물건의 공정가치이다. 반면, 현금, 예금, 매출채권, 대여금, 차입금, 매입채무와 같이 향후 화폐단위로 거래되는 화폐성항목의 경우에는 역사적원가가 항상 기말의 현행원가와 일치한다. 따라서 물가변동이 있는 경우에는 재고자산, 기계, 건물 등의 실물자산이나 품질보증채무, 고정가격공급조건의 선수금 등의 실물부채와 같은 비화폐성항목은 역사적원가와 현행원가가 불일치하게 된다. 물가변동이 기업의 자산 및 부채에 미치는 영향에 대한 처리방법은 2가지 자본유지개념(capital maintanance concept)[14]의 선택에 달려있다. 이러한 자본유지개념에는 화폐자본유지개념과 실물자본유지개념이 있으나 현재 회계기준은 화폐자본유지개념을 사용하고 있다. 만약 특정한 목적을 가진 이용자의 주된 관심에 따라 기업의 재무상태나 경영성과를 실물자본유지개념으로 파악하고자 한다면, 이용자는 실물생산능력에 대한 측정치와 그 변동으로 재무제표를 재작성한 후 이용해야 한다.

표 1-2 자산·부채의 측정기준

자산	측정기준	부채
선급비용, 재고자산(저가법 미적용)	취득원가(역사적원가)와 역사적 현금수취액	선수수익
시장성 있는 유가증권이나 금융상품, 재평가자산 등	공정가치	시장가격이 존재하는 장기채무 등
손상자산 등	기업특유가치	판매보증충당부채 등
시장이자율의 변동이 크지 않거나 시장가격이 관측되지 않는 장기채권	상각후가액	시장이자율의 변동이 크지 않거나 시장가격이 관측되지 않는 장기채무
매출채권(대손충당금), 재고자산(저가법 적용)	순실현가능가치와 이행가액	매입채무, 미지급비용

지금까지 설명한 구성요소의 인식 및 측정에 관한 내용을 정리하면 〈그림 Ⅰ-3〉과 같다.

14) 이에 대한 상세한 설명은 '재무회계개념체계'의 문단114부터 문단116까지를 참고하기 바란다.

그림 Ⅰ-3 재무제표 기본요소의 인식 및 측정 기준

■ **F/S 기본요소의 측정기준**

- 취득원가(역사적원가)
- 공정가치
- 기업특유가치
- 상각후가액
- 순실현가능가치 혹은 이행가치

■ **F/S 기본요소의 인식기준**

- 수익·비용인식의 기본원리 : 발생주의 회계
  → 실현주의, 수익비용대응의 원칙

- 인식조건 : 3가지 기준 모두 충족
  → 재무제표 기본요소의 정의 충족
  → 미래 경제적 효익의 유입·유출가능성 매우 높음
  → 해당 측정속성을 신뢰성 있게 측정 가능

제7절 재무제표의 한계점과 신용분석

기업의 신용상태를 확인하기 위한 일차적인 유용한 자료는 재무상태와 경영성과를 파악할 수 있는 재무제표라 할 수 있다. 이러한 이유 때문에 신용분석 시 재무제표를 제대로 이해하는 것은 올바른 신용의사결정의 지름길이다. 특히, 재무제표 작성의 기본이 되는 회계기준 제정의 논리적 틀인 개념체계를 이해하는 것은 재무제표를 제대로 활용하는 데 필요한 선행조건이다. 일반기업회계기준이 적용된 재무제표는 재무회계개념체계에서 제시하는 기본가정 하에서 작성된 것이다. 이러한 기본가정이 기업의 특성을 제대로 반영하지 못하는 경우에는 재무상태나 경영성과에 관한 정보는 신뢰할 수도 없을 뿐만 아니라 목적적합하지도 않을 것이다. 예를 들면, 계속기업의 가정 하에서 작성된 재무제표는 특정기업이 장기간 존속할 때 그 유용성이 인정된다. 만일 그 기업이 몇 년 내에 도산할 가능성이 있다면 계속기업의 가정 하에 인정되는 역사적원가로 표현된 자산가치는 아무런 의미가 없기 때문이다. 따라서 재무회계개념체계 하에서 작성된 재무제표의 특성과 그로 인한 한계점은 무엇이며, 이러한 한계점을 극복하기 위하여 신용분석가가 기울여야 할 노력에는 무엇이 있는지 몇 가지 살펴보면 다음과 같다.

첫째, 재무제표는 계속기업의 가정 하에서 작성되기 때문에 그 기업이 장기적으로 존속할 때만 재무제표의 유용성이 존재한다. 따라서 신용분석가는 해당 기업이 장기적으로 존속이 불가능하다고 판단되면 역사적원가보다는 공정가치, 현행원가나 청산가치를 이용하여 재무상태를 파악하여야 한다. 결국 투자자나 신용분석가들은 계속기업의 가정 하에서 작성된 재무제표의 한계점, 즉 역사적원가의 한계점을 보완할 방안을 마련할 필요가 있다. 회계기준에서는 이러한 한계를 극복하기 위하여 공정가치회계를 강제적으로 적용하거나 선택적으로 적용하도록 되어 있으며 실무에서 그 사용이 점차 증가추세에 있는데 이것은 신용분석가들에게는 고무적인 현상이라 할 수 있다.

둘째, 재무제표는 기간별 보고의 가정 하에서 작성된다. 이러한 기간별 보고는 경영성과의 평가에 자의성 개재를 가능하게 만든다. 소위 분식회계는 기간별 보고를 위한 기간귀속의 결정에서 발생하는 문제이다. 분식회계의 사례는 매출원가 축소 및 재고자산 과대평가, 수익의 조기 인식, 대손충당금의 축소 등 모두 기간귀속의 문제와 직결된다. 이러한 분식회계는 회계감사를 하는 과정에서 많은 부분이 발견되고 수정되지만 신용분석가들 또한 특별한 주의를 요하는 사항이다. 즉, 특정연도에 작성된 재무제표는 발생주의 회계에 따른 기간귀속에 따라 단기적인 수익성이 과대 혹은 과소평가될 수 있다. 따라서 신용분석가는 단기적인 경영성과나 재무상태만 기초로 하여 신용분석을 실시하기보다는 장기적인 성과에 기초하여 신용분석을 할 필요성이 있다. 또한 장기적인 경영성과나 재무상태와 밀접하게 연관되어 있는 현금흐름표에 제시된 영업활동 현금흐름, 투자활동 현금흐름과 재무활동 현금흐름 정보를 적극적으로 활용하는 것이 올바른 신용의사결정의 핵심이 될 것이다.

셋째, 재무제표는 화폐단위로 측정된 정보를 주로 제공하기에 화폐단위로 측정이 불가능한 것은 무시되거나 주석사항으로 공시된다. 또한 화폐단위로 측정이 가능하다 하여도 측정의 신뢰성이 높지 않은 경우 재무제표에 포함시키지 않는 사례가 많다. 그러나 이러한 정보들이 대부분 신용분석 목적에 적합한 정보인 경우가 많다. 예를 들면, 오늘날 기업경쟁력의 원천이라 할 수 있는 기술력이나 정보력 등 무형자산의 크기는 미래 현금흐름이나 수익성에 중대한 영향을 미치지만 화폐가치로 신뢰할 만하게 측정하기에는 어려움이 많다. 따라서 신용분석가는 화폐가치로 표현할 수 없으나 미래의 현금흐름이나 수익성에 중대한 영향을 미치는 정보를 고려하여 신용분석을 행해야 한다.

넷째, 기업에서 제공되는 재무제표에는 비용효율성 명목 하에 또는 측정의 신뢰성이 낮다는 명분 하에 생산 제공되지 않는 목적적합한 정보가 많다. 대표적인 예가 물가변동회계라 할 수 있다. 재무제표는 화폐가치가 안정되었을 때 정보의 유용성이 높다. 물가가 올라가는 경우에 역사적원가주의에 의한 경영성과는 과대평가되고 그 결과 세금 및 배당금이 증대되어 실물자본유지가 안 되는 경우가 발생한다. 이러한 경우 신용분석가는 물가변동회계를 이용하여 재무제표를 수정한 후 사용할 필요가 있다. 물론 K-IFRS에서는 재무정보의 유용성을 높이기 위하여 초인플레이션 경제 하에서는 재무제표를 수정 혹은 재작성을 요구하고 있는데 이는 신용분석 목적을 위해서는 보다 긍정적인 현상이라 할 수 있다.

다섯째, 기업에서 제공되는 재무제표에는 경제적 사건에 대한 법률형태만을 고려하고 경제적 실질을 제대로 반영하지 못하는 경우가 많다. 이러한 이유로 재무제표는 신용분석 목적에 맞게 수정한 후 사용하여야 한다. 대표적인 예가 리스회계이다. 더욱이 회계기준에 따라 운용리스로 분류되어도 사실상 금융리스인 경우가 많은데 이러한 경우에는 재무제표를 수정한 후 신용분석에 활용하여야 한다.

마지막으로 재무제표는 추정에 의한 측정치를 포함하고 있다. 대차의 금액을 끝전까지 맞추는 과정을 보면서 흔히 회계를 정확한 수치를 다루는 것으로 생각하는 사람이 많다. 그러나 재무정보는 앞에서 설명한 것처럼 그 생산과정에 편법에 의한 개산(概算)과 담당자의 판단이 개재되어 있다. 이러한 개산과 판단은 예외적이라기보다는 회계의 전 과정에 걸치는 필수적인 요소이다. 즉, 회계에서 측정이나 배분은 추정에 의하는 수밖에 없는 경우가 많은데 회계담당자는 이 같은 추정에 대해 회계이론에 입각한 식견 있는 판단력을 행사하여야 한다. 따라서 투자자나 신용분석가 등 정보이용자의 입장에서도 재무정보가 이러한 개산과 판단과정을 거쳐 생산되었다는 점을 인지하고 의사결정 시 그 한계점에 주의를 기울여야 한다.

지금까지 재무회계개념체계의 주요 내용과 이에 따라 작성되는 재무제표의 한계점, 그리고 신용분석 시 이에 대한 고려사항 및 그 대책을 살펴보았다. 투자자나 신용분석가들은 세부적인 회계처리지침인 회계기준이 회계이론의 틀인 재무회계의 개념체계 하에서 만들어진다는 사실을 알아야 한다. 또한 회계기준을 제대로 적용하여 만든 재무제표라 하더라도 기본가정이나 제약요건 등으로 인해 재무제표에는 항상 한계점이 존재한다는 사실을 인식하고 그 대책을 강구할 필요가 있다. 그리고 신용분석가는 항상 회계이론의 틀을 적용하여 재무제표 내용에 대한 비판적 사고능력을 키워나가는 것이 훌륭한 신용분석가가 갖추어야 할 자질이라는 것을 인식해야 한다.

연습문제 객관식

01 다음 중 재무회계개념체계에서 재무보고의 목적에 대한 설명으로 옳지 않은 것은?

① 투자 및 신용의사결정에 유용한 정보를 제공한다.

② 의사결정에 필요한 미래의 현금흐름정보를 제공한다.

③ 재무상태, 경영성과, 현금흐름 및 자본변동에 대한 정보를 제공한다.

④ 경영자의 경영능력을 검증하는 수탁책임을 평가하는 데 유용한 정보를 제공한다.

02 다음 중 재무정보의 주요 질적특성인 신뢰성과 거리가 먼 것은 ?

① 중립성 ② 예측가치

③ 표현의 충실성 ④ 검증가능성

03 다음 중 재무정보의 질적특성에 관한 설명으로 옳지 않은 것은?

① 목적적합성과 신뢰성을 갖춘 재무정보는 기업실체 간에 비교가능하거나 또는 기간별 비교가 가능할 때 그 유용성이 제고될 수 있다.

② 피드백가치는 재무정보가 기업실체의 재무상태, 경영성과, 순현금흐름 또는 자본변동에 대한 정보이용자의 당초 기대치를 확인 또는 수정되게 함으로써 의사결정에 영향을 미칠 수 있는 능력을 말한다.

③ 재무정보는 그 정보가 나타내고자 하는 대상을 충실하게 표현할 때 목적적합성이 제고된다.

④ 재무정보가 정보이용자에게 유용하기 위해서는 그 정보가 의사결정에 반영될 수 있도록 적시에 제공되어야 한다.

04 다음 중 재무정보의 질적특성에 관한 설명으로 옳지 않은 것은?

① 질적특성간에 절충이 필요하면 상대적 중요성을 상황에 따라 판단하여 재무정보의 유용성을 최대한 달성해야 한다.

② 정보이용자가 과거, 현재 또는 미래의 사건을 평가하거나 과거의 평가를 확인 또는 수정하는 데 도움을 줄 수 있는 재무정보는 목적적합성을 갖는다.

③ 중요한 질적특성 중 어느 하나가 완전히 상실된 경우라도 나머지 질적특성이 높으면 그 정보는 유용성을 갖는다.

④ 대체적인 회계처리방법 중 질적특성이 더 높은 방법을 선택할 때 재무정보의 유용성은 증대된다.

연습문제 객관식

05 다음 중 질적특성을 갖춘 재무정보에 관한 설명으로 옳지 않은 것은?

① 의사결정에 차이를 가져올 수 있는 정보

② 거래나 사건의 형식보다는 그 경제적 실질에 따라 회계처리한 정보

③ 기간별 비교가 가능하고 기업 간 비교도 가능한 정보

④ 그 정보제공에 소요될 비용보다 정보이용으로 얻게 될 효익이 큰 정보

06 다음 중 적시성으로 발생되는 목적적합성과 신뢰성 간의 절충이 필요한 항목으로 옳지 않은 것은?

① 공사진행기준 vs 완성기준

② 선입선출법 vs 후입선출법

③ 역사적원가 vs 현행원가

④ 발생주의 vs 현금주의

07 다음 중 재무정보의 제약요인과 관련된 개념으로 가장 거리가 먼 것은?

① 중요성

② 효익과 원가 간의 균형

③ 보수주의

④ 비교가능성

08 다음 중 보수주의에 의한 회계처리방법과 거리가 먼 것은?

① 물가상승 시 후입선출법에 의한 재고자산 단가결정

② 시장성 있는 유가증권의 기말 평가

③ 유형자산에 대한 감가상각방법으로 이중체감법 적용

④ 결산 시 저가법에 따른 재고자산 평가

09 다음 중 계속기업의 가정 때문에 그 정당성이 인정되는 개념에 가장 가까운 것은?

① 역사적원가를 이용한 재무제표의 기본요소 측정

② 재무제표이용자에게 재무정보를 적시에 제공

③ 각 회계기간의 수익과 비용을 적절하게 대응

④ 여러 회계기간에 동일한 정보가 공시되었는지의 여부를 확인 가능

연습문제 객관식

10 다음 중 재무제표에 대한 설명으로 옳은 것은 ?

① 재무상태에 관한 정보는 주로 재무상태표에 나타나고 재무상태의 변동에 관한 정보는 주로 손익계산서에 나타난다.

② 재무제표의 기본요소들은 동일한 거래나 그 밖의 사건을 대상으로 서로 다른 측면을 반영하고 있으며 상호관련성이 있다.

③ 재무제표의 이용자에 현재의 투자자는 포함되나 잠재적 투자자는 포함되지 않는다.

④ 기업은 그 경영활동을 청산하거나 중요하게 축소할 의도와 필요성을 갖고 있더라도 계속기업의 가정 하에서 재무제표를 작성해야 한다.

11 다음 중 재무제표의 기본요소에 대한 설명으로 옳지 않은 것은?

① 재무제표의 구성요소를 구분하여 표시하는 것은 정보이용자의 경제적 의사결정에 더 유용한 정보를 제공하기 위한 것이다.

② 포괄이익은 자본변동표의 기본요소이나 손익계산서의 기본요소는 아니다.

③ 현금흐름표의 기본요소는 영업활동 현금흐름, 투자활동 현금흐름 및 재무활동 현금흐름이다.

④ 수익과 비용으로부터 차익과 차손의 구분은 기업실체의 성격에 따라 달라질 수 있다.

12 다음 중 지급기일이 도래하지 않았음에도 불구하고 당해 미지급비용을 인식하는 근거로 옳은 것은?

① 형식보다 실질의 우선　② 실현주의

③ 검증가능성　④ 발생주의

13 다음 중 기업의 회계장부에 어떤 경제적 사건에 대한 거래내용을 기록하거나 혹은 재무제표에 보고하는 과정을 가장 잘 설명하는 개념은?

① 인식　② 실현

③ 배분　④ 대응

연습문제 객관식

14 다음 중 수익과 비용의 인식에 대한 설명으로 옳지 않은 것은?

① 회계실무에서 수익의 경우 가득되어야 인식한다는 요건은 수익인식기준에 부합한다.

② 제품보증에 따라 부채가 발생하는 경우와 같이 자산의 인식을 동반하지 않는 부채가 발생한 경우에는 비용으로 인식한다.

③ 수익·비용 대응개념을 적용하면 자산이나 부채의 정의를 충족하지 못한 항목을 재무상태표에 인식하는 것을 허용한다.

④ 유형자산이나 무형자산과 같이 자산의 사용과 관련된 비용은 체계적이고 합리적인 배분절차를 기준으로 손익계산서에 인식한다.

15 제조업은 원재료를 구매하여 제품을 제조하면 이를 판매하고 대금을 회수하는 과정에서 수익이 실현된다. 다음 중 일반적인 수익의 인식시점으로 옳은 것은?

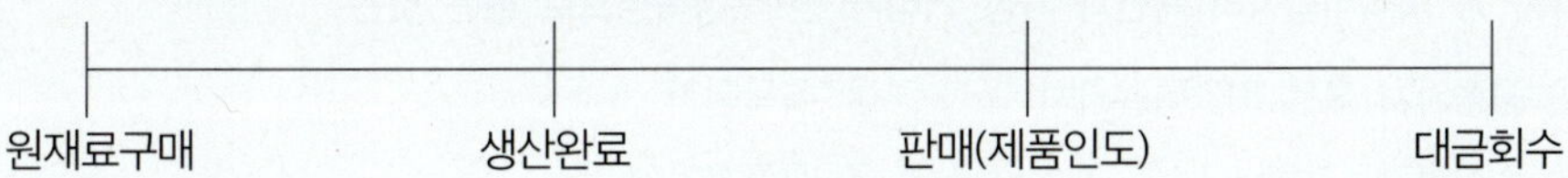

① 원재료 구매시점 ② 생산 완료시점

③ 제품 판매시점(인도) ④ 대금 회수시점

16 다음 중 자산, 부채, 수익, 비용 등으로 재무제표에 표시하기 위해서 충족해야 할 기준으로 옳지 않은 것은?

① 당해 항목이 재무제표 기본요소의 정의를 충족시켜야 한다.

② 당해 항목과 관련된 미래 경제적 효익의 유입 또는 유출될 가능성이 매우 높아야 한다.

③ 수익과 비용 항목은 현금유출입을 동시에 수반해야 한다.

④ 당해 항목에 대한 측정속성이 있으며 이 측정속성이 신뢰성 있게 측정될 수 있어야 한다.

17 다음 중 어떤 거래나 사건에서 발생한 수익을 인식할 때 이와 직접 관련하여 발생한 비용을 대응하여 인식한 항목으로 옳은 것은?

① 감가상각비 ② 매출원가

③ 이자비용 ④ 광고선전비

연습문제 객관식

18 다음 중 보유 중인 자산의 측정시기가 보고기간말과 거리가 먼 측정속성으로 옳은 것은?

① 역사적원가　　② 공정가치
③ 상각후가액　　④ 순실현가능가치

19 다음 중 공정가치에 대한 측정치로 보기 어려운 것은?

① 시장성 있는 금융상품의 시장가격
② 금융리스부채의 상각후가액
③ 단기채권의 순실현가능가치
④ 기말재고자산의 취득원가

20 다음 중 목적적합성의 측면과 가장 거리가 먼 측정속성으로 옳은 것은?

① 공정가치 혹은 기업특유가치　　② 취득원가
③ 순실현가능가치　　④ 상각후가액

21 다음 중 재무제표의 특성이나 기본가정, 재무정보의 제약요인 때문에 신용분석 시 발생할 수 있는 문제점으로 옳지 않은 것은?

① 재무제표는 화폐단위로 측정된 정보를 주로 제공하기에 측정의 신뢰성이 높지 않으면 재무제표에 포함시키지 않는 경우가 많다. 따라서 신용분석 시 기업의 미래 현금흐름을 정확히 파악하기 위해서는 기술력지표 등 무형자산의 규모를 활용할 필요가 있다.
② 계속기업의 가정을 전제로 재무제표를 만들기 때문에 기업이 장기적으로 존속이 불가능하다고 판단되면 역사적원가보다는 시가나 청산가치를 이용하여 기업의 재무상태를 평가할 필요가 있다.
③ 기간별 보고의 가정 때문에 기간귀속의 문제와 직결된 분식회계가 존재할 수 있다. 이러한 문제는 외부감사를 받은 재무제표를 이용하면 많은 부분이 해결되겠지만 신용분석가 또한 특별한 주의를 요하는 사항이다.
④ 기업이 제공하는 재무제표에는 비용효율성이라는 제약요인으로 신용분석 시에는 목적적합한 정보가 제공되지 않는 경우가 있다. 따라서 신용분석가는 이러한 정보를 신용의사결정에 반영할 수 없다.

연습문제 객관식

22 **다음 중 기간별 보고의 가정에 대한 설명으로 옳지 않은 것은?**

① 인위적으로 회계기간을 설정하고 매 회계기간마다 기업의 재무보고를 해야 한다는 가정이다.

② 인식기준인 수익·비용대응의 원칙 및 실현주의가 필요하게 된다.

③ 기업의 영업사이클과 회계기간이 일치하지 않으면 경영성과 평가에 자의성이 존재한다.

④ 재무정보의 질적특성인 적시성의 원칙이 유지될 수 있다.

23 **다음 중 재무제표 기본요소의 인식 및 측정에 관한 설명으로 옳지 않은 것은?**

① 수익을 인식하기 위해서는 가치창출활동이 존재해야 한다.

② 수익을 인식하기 위해서는 개산과 판단의 원칙을 적용할 수 있어야 한다.

③ 실현기준 혹은 가득기준을 적용하여 수익을 인식할 수 있다.

④ 자산의 감소 혹은 부채의 증가가 발생하는 미래의 경제적 효익이 감소하는 활동이 존재하고 금액 측정의 신뢰성이 존재하면 비용으로 인식한다.

24 **다음 중 재무정보의 질적특성에 관한 설명으로 옳지 않은 것은?**

① 비교가능성은 이용자가 그 정보를 쉽게 이해할 수 있는 형태로 제공해야 한다는 것이다.

② 피드백가치(feedback value)는 재무정보가 기업실체의 재무상태, 성과, 현금흐름 또는 자본변동에 대한 정보이용자의 당초 기대치 또는 예측치를 확인 내지 수정함으로써 정보이용자의 의사결정에 영향을 미칠 수 있는 능력을 말한다.

③ 충실한 표현이란 측정대상인 속성과 측정치의 일치도를 의미하여, 표현의 충실성이 확보될 때 재무정보의 신뢰성이 제고된다.

④ 서로 다른 회사들의 회계처리방법과 보고서가 유사할 경우 재무정보의 기업 간 비교가능성은 제고된다.

25 **다음 중 수탁책임의 이행 여부를 평가할 수 있는 정보를 포함하게 해주며, 재무정보의 범위를 규정해 주는 기본적 회계가정으로 옳은 것은?**

① 계속기업의 가정 ② 기업실체의 가정

③ 기간별 보고의 가정 ④ 화폐단위 측정의 가정

연습문제 주관식

01 재무제표 기본요소의 인식기준을 설명하라.

힌트

본 교재의 재무제표 기본요소의 인식에 관한 부분을 참조하기 바람.

02 다음 사항을 간단히 설명하라.

1) 계속기업의 가정과 기간별 보고의 가정
2) 질적특성간의 절충의 필요
3) 효익과 원가 간의 균형(비용효율성)
4) 목적적합성(예측가치, 피드백가치, 적시성)
5) 비교가능성(기업 간 및 기간 간)
6) 신뢰성(표현의 충실성, 중립성, 검증가능성)
7) 발생주의
8) 보수주의
9) 재무제표 기본요소의 5가지 측정속성
10) 포괄이익

힌트

위에 제시된 각종 개념은 제1장에서 다루어진 다양한 용어들이다. 특히 용어의 대부분은 재무제표의 기본가정, 재무정보의 인식과 측정에 관한 내용들이다. 본 교재의 각 절을 참조하기 바람.

정답 및 해설

01 ②

≫ 재무회계개념체계에 제시된 재무보고의 주된 목적은 유용한 정보제공에 있고 유용한 정보는 다음 4가지와 관련되어 있다. ① 투자 및 신용의사결정, ② 미래 현금흐름을 예측, ③ 재무상태, 경영성과, 현금흐름 및 자본변동, ④ 경영자의 수탁책임 평가. 따라서 ②번에 제시된 미래 현금흐름에 대한 정보가 아니라 미래 현금흐름을 예측하는 데 유용한 정보를 제공하는 것이 맞다.

02 ②

≫ 재무정보의 주요 질적특성으로 목적적합성과 신뢰성을 들 수 있다. 신뢰성 있는 정보란 표현의 충실성, 중립성, 검증가능성이 있는 정보를 의미한다. 여기서 예측가치는 목적적합성 있는 정보를 말한다.

03 ③

≫ 표현의 충실성이 확보될 때 재무정보의 신뢰성이 제고된다.

04 ③

≫ 중요한 질적특성 중에서 어느 하나가 완전히 상실된 경우라면 그 정보는 유용한 정보가 될 수 없다.

05 ④

≫ ① 목적적합성, ② 신뢰성 중 표현의 충실성, ③ 비교가능성은 질적특성에 대한 설명이지만, ④ 비용 대 효익의 개념은 재무정보의 제약요인에 대한 설명이다.

06 ②

≫ 목적적합성은 적시성을 중시하고 있다. 그러나 적시성을 강조하다 보면 정확하지 않은 정보를 제공할 수 있으므로 신뢰성을 위반할 가능성이 존재한다. 재고자산의 단가결정을 선입선출법에 의하든 후입선출법에 의하든 적시성 측면에서 차이는 없다.

정답 및 해설

07 ④

≫ 비교가능성은 재무정보의 제약요인이 아니라 질적특성에 해당한다.

08 ②

≫ 시장성 있는 유가증권의 기말 평가는 공정가치 또는 상각후가액으로 평가된다.

09 ①

≫ 만일 계속기업의 가정이 위배된다면 기업은 곧 영업을 중지한다는 의미이며, 이 경우 모든 자산은 청산가치로 평가되어야 한다.

10 ②

≫ ① 손익계산서는 경영성과에 대한 정보를 제공한다. ③ 재무정보이용자는 현재 투자자와 잠재적 투자자를 모두 포함한다. ④ 기업이 경영활동을 청산할 계획이 있는 경우는 계속기업의 가정과 다른 기준을 적용하여 작성하는 것이 타당하며, 이때 적용한 기준은 별도로 공시해야 한다.

11 ②

≫ 포괄이익은 소유주와의 자본거래를 제외한 모든 원천에서 인식된 자본의 변동을 의미하며 손익계산서의 기본요소이기도 하다.

12 ④

≫ 발생주의에 따라 기업의 경제적 거래나 사건에 관련된 수익과 비용은 그 현금유출입이 있는 기간이 아니라 당해 거래나 사건이 발생한 기간에 인식해야 한다.

13 ①

≫ 인식은 재무제표에 기입하는 시점과 중점적으로 관련되어 있고, 측정은 금액을 결정하는 기준과 관련되어 있다. 따라서 장부에 기록하거나 재무제표에 보고하는 과정은 인식의 과정에 가까운 것이지 금액을 결정하는 과정은 아니다. 실현, 배분 및 대응은 인식의 하부개념에 속한다고 볼 수 있다.

정답 및 해설

14 ③

≫ 수익·비용대응의 개념을 적용한다 하더라도 자산이나 부채의 정의를 충족하지 못하는 항목은 재무상태표에 인식할 수 없다.

15 ③

≫ 수익의 인식요건인 실현기준과 가득기준은 일반적으로 재화의 판매 즉 인도시점에 충족된다.

16 ③

≫ 재무제표에 어떠한 항목을 인식하기 위해서는 다음 3가지 기준들이 모두 충족되어야 한다. 첫째, 당해 항목이 재무제표 기본요소의 정의에 부합해야 하고, 둘째, 미래 경제적 효익이 기업실체에 유입 혹은 유출될 가능성이 매우 높고, 셋째, 측정속성이 존재하며 이 측정속성이 신뢰성 있게 측정될 수 있어야 한다.

17 ②

≫ 매출원가는 수익비용대응의 원칙에 따라 매출이 인식되는 시점에 인식된다. 그 외의 사항은 직접적인 대응이라기보다는 간접적 대응의 성격이 강하다.

18 ①

≫ ① 역사적원가는 자산의 취득시점에 지급한 대가를 의미하므로 보고기간말의 측정치는 아니다. 반면 ② 공정가치는 독립된 당사자 간의 현행거래에서 자산이 매각 또는 구입될 수 있는 교환가치를 의미한다. 따라서 자산의 취득시점과 매각시점, 교환시점, 보고기말시점 등 측정시기가 다양하다. ③ 보유 중인 자산의 취득시점에 측정된 유효이자율을 이용하여 당해 자산의 보고기간말 현재의 가액으로 측정한 것을 상각후가액이라 한다. ④ 보유 중인 자산의 순실현가능가치는 정상적 기업활동과정에서 미래에 당해 자산이 현금으로 전환될 때 수취할 것으로 예상되는 금액에서 그러한 전환에 직접 소요될 비용을 차감한 가액으로 정의된다. 따라서 보고기간말 현재가 측정시기가 된다.

정답 및 해설

19 ④

≫ 공정가치란 독립된 당사자 간의 현행거래에서 자산이 매각 또는 구입되거나 부채가 결제 또는 이전될 수 있는 교환가치를 의미한다. 따라서 ① 시장성 있는 유가증권이나 금융상품과 같은 자산의 경우 공정가치는 시장가격에 의해 측정될 수 있다. 또한 ② 시장가격이 관측되지 않는 경우 상각후가액은 공정가치에 대한 대용치가 될 수 있다. ③ 단기채권과 단기채무의 경우 순실현가능가치나 이행가액에 의해 측정하여도 공정가치에 의한 측정과 비교하여 그 차이가 크지 않을 수 있다. 그러나 ④ 만약 재고자산을 공정가치로 평가한다면 판매되지 않은 재고자산에 대한 이익이 인식되는 문제가 발생하므로 기말 재고자산은 저가법이 적용되는 경우를 제외하고는 전통적으로 검증가능성이 높은 역사적원가인 취득원가로 측정한다.

20 ②

≫ 목적적합성의 하부구성요소인 예측가치를 높이기 위해서는 취득원가 이외의 측정기준이 더 합당하다.

21 ④

≫ 신용분석가는 비용효율성으로 생산 제공되지 않는 목적적합한 정보가 있다면 재무제표를 수정 혹은 재작성하여 사용할 필요가 있다.

22 ①

≫ 기간별 보고의 가정이라 해서 인위적으로 회계기간을 설정하는 것은 아니다. 대부분 회계기간을 설정하고 분기, 반기 그리고 회계연도별로 기간별 보고를 시행한다.

23 ②

≫ 수익을 인식하기 위해서는 개산과 판단의 원칙이 아닌 측정의 신뢰성이 있어야 한다.

정답 및 해설

24 ①

≫ 비교가능성은 기간 간 비교뿐만 아니라 기업 간 비교가 가능한 정보를 제공해야 한다는 것이다.

25 ②

≫ 수탁책임의 이행 여부는 경제적 실체의 단위에서 이루어지므로 재무정보를 생산, 제공하는 범위도 경제적 실체에 한정되어야 할 것이다.

제 II 장 리스

학습목표

- 리스회계기준의 필요성을 이해하고 리스거래의 경제적 실질을 파악할 수 있다.
- 리스회계기준에 따른 리스의 분류기준과 금융리스의 회계처리를 이해할 수 있다.
- 신용분석 시 운용리스의 자본화를 통해 재작성된 재무제표를 이용하여 기업을 평가할 수 있다.

학습개요

본 장에서는 리스회계기준의 필요성과 경제적 실질이 다른 리스의 구분을 설명하고 신용분석 시 리스의 구분이 경제적 실질과 다른 경우 이를 극복하기 위한 방안을 제시한다. 이를 위해

첫째, 리스회계기준의 필요성을 제시하고 경제적 실질에 따른 리스의 분류기준을 설명한다.

둘째, 리스의 분류기준에 따른 운용리스와 금융리스의 회계처리를 설명하고,

셋째, 신용분석 시 경제적 실질이 다른 운용리스 회계처리를 자본화하여 재무제표를 재해석하는 방법에 대하여 설명한다.

제1절 리스[1]의 기초개념

1.1 리스의 의의

리스(lease)란 리스제공자(lessor)가 기계설비, 공장, 건물 등 특정자산의 사용권을 합의된 기간 동안 리스이용자(lessee)에게 이전하고, 리스이용자는 그 대가로 사용료를 리스제공자에게 지급하는 계약을 말한다. 리스제공자는 리스대상 자산을 취득하고 그 자산에 대한 소유권을 획득하는 반면, 리스이용자는 해당 자산의 사용권을 확보하고 그 대가로 일정금액의 리스료를 리스제공자에게 지급하게 된다. 따라서 리스자산의 소유권은 리스제공자에게 있으며 해당 자산을 사용할 권리인 사용권은 리스이용자가 갖게 된다. 이러한 리스거래의 일반적인 일련의 행위를 그림으로 제시하면 〈그림 Ⅱ-1〉과 같다.

그림 Ⅱ-1 리스거래의 기본구조

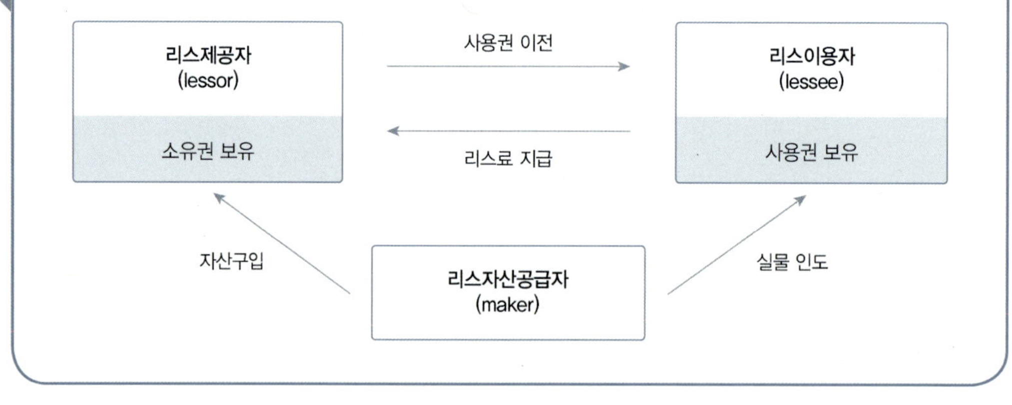

일반적으로 리스거래는 〈그림 Ⅱ-1〉과 같이 리스이용자가 리스자산을 선정하고 구매조건을 확정하면 리스제공자와 리스계약을 체결하고, 리스제공자가 리스물건을 발주하면 리스이용자가 리스자산공급자로부터 해당 리스자산을 인수한다. 결국 리스거

1) 『여신담당자를 위한 리스실무 기초 2』(김창수외 2인 공저, 한국금융연수원, 2017) 참고

래는 거래의 대상이 주로 기업의 설비투자와 직결되는 물적 금융(physical finance)이라는 점을 알 수 있다.[2] 이때 경제적 사건, 즉 회계처리상 거래는 리스료를 지급한 행위뿐이다. 리스계약을 체결하면 리스자산의 사용권이 리스제공자에서 리스이용자에게로 전달되지만 그 자체는 재무상태의 변화를 가져오지 않기 때문이다. 그러나 제1장 재무회계의 개념체계에서 설명한 내용과 같이 재무정보는 경제적 실질을 반영하도록 되어 있다. 리스계약의 체결 자체가 전통적 의미의 거래는 아니지만, 경제적 실질 면에서는 할부금융을 이용하여 자산을 구입한 것과 동일한 경우가 있을 수 있는 것이다. 따라서 이러한 리스계약은 후술하는 금융리스(financial lease)로 분류하여 할부구입과 유사한 회계처리를 하도록 되어 있다.

그러나 과거에는 회계학에서 말하는 경제적 사건은 리스료를 지급한 행위뿐이므로 리스이용자의 입장에서 리스자산에 대한 법적 소유권이 없는 상태로 재무상태표에 리스자산을 자산항목으로 계상할 수 있는가는 찬반논란이 있었다. 즉, 이러한 리스의 자본화를 반대하는 학자들의 주장은 바로 전통적인 거래의 개념을 중시하는 입장이다. 리스자산에 대한 법적 소유권은 리스제공자에 있기 때문에 리스이용자가 리스자산을 재무상태표에 자산으로 계상해서는 안 된다는 주장이다. 따라서 리스계약은 단순한 계약 그 자체이므로 리스를 자본화하지 않고 리스료 지급과 관련해서만 회계처리가 이루어져야 한다는 주장이다. 이와 같이 자본화하지 않는 리스를 운용리스(operating lease)라고 한다. 반면, 리스의 자본화를 찬성하는 학자들의 주장은 경제적 실질을 강조하는 입장이다. 리스거래가 단순한 임대차인 경우에는 리스의 자본화를 반대하지만 리스자산으로부터 창출될 수 있는 대부분의 경제적 효익을 리스이용자가 향유하는 경우에는 사실상 할부구입과 동일한 거래라는 주장이다. 즉, 리스계약이 다른 미이행계약과 달리 조건에 따라 대부분의 보상과 위험이 리스계약시점에 리스제공자로부터 리스이용자에게 이전됨에 따라, 리스자산에 대한 법적 소유권은 없어도 경제적 실질을 반영하여 할부구입과 유사하게 회계처리해야 한다는 입장이다. 따라서 리스이용자는 리스계약대상을 자산으로 기록하고, 앞으로 리스제공자에게 지급할 리스

2) 리스의 대상은 주로 기업의 설비자산이지만 최근에는 개인에 대한 자동차리스 등의 소비자금융과 기관차, 항공기 등의 군수물자, 발전설비 등으로 확대되는 추세이다.

료를 부채로 기록해 자본화해야 한다는 주장이다. 이러한 리스를 금융리스(finance lease)라고 한다.

이처럼 과거 리스거래의 회계처리방식에 대한 학자들의 주장은 양분되어 있었으나 최근 학자들은 리스거래의 경제적 실질이 할부구입과 유사한 거래인가 아닌가에 따라 회계처리방식이 달라져야 한다는 일치된 의견을 제시하고 있다. 이에 따라 현행 회계기준에서는 리스거래의 본질이 할부구입과 유사한 경우에는 향후 지급할 리스료를 자본화하는 금융리스로 처리하고, 그렇지 않은 단순한 임대차거래의 경우에는 리스료가 발생한 시점에서 비용화하는 운용리스로 처리하도록 하였다.[3)]

1.2 리스회계의 필요성

리스회계제도가 없는 상황에서 특정자산을 내용연수 전체기간 동안 리스하여 사용하는 A기업과 할부로 구입하거나 혹은 은행융자로 구입하여 사용하는 B기업의 경우를 비교하여 보자. 리스이용자 A기업은 자산에 대한 소유권이 없기 때문에 재무상태표에 자산이나 부채를 계상할 필요가 없고, 임차료만 손익계산서에 비용으로 계상하면 된다. 반면, 할부구입자 B기업의 경우 기계장치 등 자산과 차입금이나 장기할부미지급금 등 부채가 재무상태표에 계상되고 감가상각비와 이자비용이 손익계산서에 계상된다. 이 경우 A기업 및 B기업 모두가 특정자산을 내용연수 전체기간 동안 사용하였음에도 불구하고 재무제표에 표시되는 내용은 각기 다르다. A기업은 임차료만 비용으로 계상하는 반면, B기업은 자산, 부채 그리고 감가상각비 및 이자비용을 계상한다. 이처럼 A, B 두 기업이 특정자산을 내용연수 전체기간 동안 사용하였다는 실제적인 내용은 같지만 법적 형식이 다르기 때문에 두 기업의 재무제표에 표시된 내용이 달라진다. 재무제표의 내용이 다르기 때문에 이에 근거해서 구한 재무비율도 달라진다. 즉, B기업은 A기업에 비하여 자산과 부채, 그리고 비용이 재무제표에 더 크게

3) IAS 17 Leases에서는 일반기업회계기준과 동일한 입장이었으나 운용리스로 처리되는 경우에 나타나는 여러 가지 문제점들을 해결하고자 금융리스와 운용리스의 구분을 없앤 새로운 리스회계 기준서를 제정하여 2016년 1월에 공표하고 2019년 1월 1일에 시행하기로 하였다. 이 기준서와 관련된 자세한 내용은 보론에서 설명한다.

반영되므로 B기업의 재무비율이 상대적으로 나쁜 것처럼 보인다. 예를 들면, 자본의 유동성을 나타내는 고정비율(= 유형자산/자본), 자본의 건전성을 나타내는 부채비율(= 총부채/총자본), 이자지급능력을 나타내는 이자보상률(= EBIT/이자비용), 수익성을 나타내는 ROA(= 당기순이익/총자산) 등은 A기업의 재무비율보다 B기업의 재무비율이 더 나쁜 것처럼 보인다. 이에 따라 기업들은 A기업과 같이 회계처리하여 부외금융효과를 얻으려는 인센티브를 가진다. 이는 결국 재무제표의 비교가능성 결여나 표현의 충실성 결여와 같은 신뢰성 문제로 이어진다. 따라서 거래의 법적 형식에 관계없이 실질적인 내용에 충실한 회계처리를 함으로써 부외금융효과를 제한하고 재무정보의 비교가능성과 신뢰성을 높일 필요성이 대두되어 등장한 것이 리스회계기준이다. 즉, 리스회계의 필요성은 경제적 실질이 할부구입과 동일한 임대차거래에 대한 회계처리제도를 마련하기 위함인 것이다.

리스회계가 다루는 가장 기본적인 내용은 특정리스거래의 경제적 실질이 할부구입과 같은지 아니면 순수한 임대차거래와 같은지를 구분하는 일이다. 리스계약의 경제적 실질이 사실상의 할부구입 또는 융자받아 자산을 매입한 거래와 동일한 경우에는 금융리스로 구분하며, 금융리스 이외의 리스계약은 운용리스로 구분한다. 이때 경제적 실질은 리스자산의 소유에 따른 위험과 보상이 리스제공자와 리스이용자에게 귀속되는 정도에 따라 분류한다. 즉, 리스자산의 소유에 따른 위험과 보상의 대부분이 리스제공자에서 리스이용자에게 이전되는 리스계약은 금융리스로 분류되고, 그 이외 리스계약은 운용리스로 분류된다. 이때 하나의 리스가 리스제공자와 리스이용자의 각 입장에서 서로 다른 경제적 실질을 갖는다면 리스의 분류가 비대칭적으로 이루어지는 것이 타당하다. 그러나 실무상 리스가 비대칭적으로 분류되는 상황과 그 경우의 구체적인 회계처리에 대하여 리스제공자와 리스이용자 입장에 따라 자의적으로 해석될 여지가 있다. 따라서 원칙적으로 리스제공자와 리스이용자 입장에서 리스는 동일하게 분류된다고 규정하고 있다.

금융리스로 분류되는 일반적인 예시적 기준은 다음 절에서 상세히 다루기로 하고, 이하에서 후술하는 리스회계처리를 이해하는 데 도움이 되는 관련 용어를 제시하면 〈표 2-1〉과 같다.

표 2-1 리스 용어의 정의

용어	정의
리스	리스제공자가 특정자산의 사용권을 일정기간 동안 리스이용자에게 이전하고 리스이용자는 그 대가로 사용료를 리스제공자에게 지급하는 계약
금융리스	리스자산의 소유에 따른 대부분의 위험과 보상이 리스제공자에서 리스이용자에게 이전되는 리스이며, 리스자산의 법적 소유권은 이전될 수도 있고 이전되지 않을 수도 있다.
운용리스	금융리스 이외의 리스
해지불능리스	다음 각각의 경우를 제외하고는 해지할 수 없는 리스 (가) 발생할 가능성이 아주 낮은 우발상황이 나타나는 경우 (나) 리스제공자가 허락하는 경우 (다) 리스이용자가 동일한 리스제공자와 동일한 자산 또는 유사한 자산에 대하여 새로운 리스를 체결하는 경우 (라) 리스이용자가 리스를 계속하는 것이 더 유리하다고 판단할 정도의 추가적인 금액을 지급해야 하는 경우(예: 리스이용자가 잔여리스료의 현재가치 상당액을 해지 시 지급해야 하는 경우)
리스실행일	리스계약에 따라 리스료가 최초로 발생되는 날
리스기간	리스이용자가 특정자산을 리스하기로 약정을 맺은 해지불가능한 기간. 리스기간에는 추가적인 대가의 지급 여부에 관계없이 리스이용자가 그 자산에 대하여 리스를 계속할 수 있는 선택권을 가지고 있으며, 리스실행일 현재 리스이용자가 이 선택권을 행사할 것이 확실시되는 경우 당해 추가기간을 포함한다.
최소리스료	리스기간에 리스이용자가 리스제공자에게 지급해야 하는 금액을 말하며 추가적으로 다음의 금액을 포함한다. 다만, 조정리스료와 리스제공자가 지급하고 리스이용자에게 청구할 수 있는 용역에 대한 비용 및 세금 등은 제외한다. (가) 리스이용자의 경우, 리스이용자 또는 리스이용자의 특수관계자가 보증한 잔존가치 (나) 리스제공자의 경우, 리스이용자, 리스이용자의 특수관계자, 또는 리스제공자와 특수관계가 없고 재무적으로 이행능력이 있는 제3자가 보증한 잔존가치 그러나 리스실행일 현재 행사될 것이 확실시되는 염가매수선택권을 리스이용자가 가지고 있는 경우, 최소리스료는 염가매수선택권 기대행사일까지 리스기간 동안 지급될 최소한의 지급액과 그 염가매수선택권의 행사가격으로 구성된다.
조정리스료	금액이 확정되지는 않았지만 기간경과 이외의 요소(예: 매출액의 일정비율, 사용량, 물가지수, 시장이자율)의 미래 발생분을 기초로 결정되는 리스료 부분
염가매수선택권	리스이용자의 선택에 따라 리스이용자가 당해 자산을 매수선택권 행사가능일 현재의 공정가치보다 현저하게 낮은 가격으로 매수할 수 있는 권리
염가갱신선택권	리스이용자의 선택에 따라 리스이용자가 당해 자산에 대한 리스계약을 갱신선택권 행사가능일 현재의 공정가치보다 현저하게 낮은 리스료로 갱신할 수 있는 권리

용어	정의
공정가치	합리적인 판단력과 거래의사가 있는 독립된 당사자 사이의 거래에서 자산이 교환되거나 부채가 결제될 수 있는 금액
내용연수	리스실행일 현재 자산을 경제적으로 사용할 수 있는 예상기간 또는 자산에서 획득할 수 있는 생산량이나 이와 유사한 단위
보증잔존가치	다음의 금액을 말한다. (가) 리스이용자의 경우, 리스이용자 또는 리스이용자의 특수관계자가 보증한 잔존가치 부분(보증금액은 어떤 경우에나 지급될 수 있는 최대금액을 말한다) (나) 리스제공자의 경우, 리스이용자, 리스이용자의 특수관계자, 또는 리스제공자와 특수관계가 없고 재무적으로 이행능력이 있는 제3자가 보증한 잔존가치 부분
무보증잔존가치	리스제공자가 실현할 수 있을지 확실하지 않거나 리스제공자의 특수관계자만이 보증하는 리스자산의 잔존가치 부분
리스개설직접원가	리스의 협상 및 계약에 직접 관련하여 발생하는 증분원가. 다만, 금융리스인 경우에 제조자 또는 판매자인 리스제공자에 의하여 발생하는 원가는 제외한다.
리스총투자	금융리스에서 리스제공자가 수령하는 최소리스료와 무보증잔존가치의 합계액
리스순투자	리스총투자를 내재이자율로 할인한 금액
내재이자율	리스실행일 현재 리스제공자가 수령하는 최소리스료와 무보증잔존가치의 합계액을 리스자산의 공정가치 및 리스제공자의 리스개설직접원가의 합계액과 일치시키는 할인율
리스이용자의 증분차입이자율	리스이용자가 유사한 리스에 대해 부담해야 할 이자율. 만약 그러한 이자율을 확정할 수 없는 경우에는 리스실행일에 리스이용자가 유사한 조건과 유사한 담보로 리스자산 구입에 필요한 자금을 차입할 경우의 이자율
전대리스	리스이용자가 제공받고 있는 리스자산을 다른 리스이용자에게 다시 리스하는 계약

1.3 리스의 적용범위

회계기준에서는 리스의 적용대상을 자산의 사용권이 이전된 모든 계약으로 확대하여 적용하고 있다.[4] 즉, 리스회계의 적용대상은 리스제공자가 자산사용권을 이전하는 경우와 관련된 모든 거래를 대상으로 하며, 자산사용권이 이전되지 않은 거래는 제외하도록 되어 있다. 따라서 리스자산의 운영 및 유지 보수와 관련하여 리스제공자가 상당한 용역을 제공해야 하는 자산사용권 이전계약에도 적용하나, 자산사용권이

4) 종전에는 「여신전문금융업법」상의 시설대여업자가 행하는 리스만을 대상으로 리스회계처리하도록 하였으나, 1999년 제정된 리스회계처리준칙에서는 이러한 리스는 물론 제조업자나 판매업자가 행하는 임대차 및 렌탈 등의 리스계약도 리스회계처리대상에 포함하도록 하였다. 일반기업회계기준도 이 준칙에서 정한 규정을 그대로 준용하고 있다.

이전되지 않는 용역계약에는 적용하지 아니한다.

자산사용권의 이전이란 특정 이용자에게 해당 자산의 사용권을 독립적이고 배타적으로 부여하는 것을 의미한다. 따라서 불특정 다수의 회사가 동일자산을 동시에 사용할 수 있는 경우 이는 리스에서 정한 자산사용권의 이전이라고 보기 어렵다. 이러한 원칙을 적용하여 회계기준은 ① 광물, 석유, 천연가스 및 유사한 비재생 천연자원의 탐사나 사용을 위한 리스, ② 영화필름, 비디오 녹화물, 희곡, 원고, 특허권 및 저작권에 대한 라이선스 사용계약에 대하여는 리스회계의 적용대상에서 제외하였다. 탄광이나 유전 개발 또는 사용에 관한 계약은 특성상 자산사용권의 이전이 아니기 때문에 리스거래의 대상에서 제외된 것이며, 라이선스 사용계약 또한 자산의 사용권이 특정의 이용자에게 독립적이고 배타적으로 이전된 것으로 보기 어렵기 때문이다.

사례 II-1 리스의 적용범위

A는 기계장치를 이용하여 제품을 생산하고 이를 B에게 납품한다. 이 경우 A가 (1) 자신이 생산한 제품의 대부분(90% 이상)을 B에게 공급하고, (2) 계약상 공급된 제품의 수취 여부에 관계없이 계약상 결정된 일정한 대가를 B로부터 수령한다. 이러한 계약은 리스회계처리의 대상인지 논하시오.

(풀이)

상기 계약은 리스 특히 금융리스에 해당되고 리스제공자(A)와 리스이용자(B)는 동 계약에 대하여 금융리스에 관한 회계처리를 하여야 할 것이다. 일반적으로 리스가 이루어지면 리스이용자가 리스자산을 직접 사용하게 되지만, 리스제공자가 리스자산의 운영 및 유지활동을 직접 수행하여 상당한 용역을 제공하는 경우가 있다. 이 경우에도 실질적으로 리스제공자에서 리스이용자에게 자산의 사용권이 이전된다면 리스회계처리의 대상이 된다. 국내의 경우 대기업과, 생산한 제품의 대부분을 동일한 대기업에 공급하는 협력회사(또는 종속회사) 사이에 위의 예와 같은 계약이 발생할 수 있다. 그러나 이 경우에도 대기업과 협력회사(또는 종속회사) 사이의 이러한 모든 계약이 리스의 대상이 되는 것은 아니다.

협력회사가 대기업으로부터 수령하게 되는 대가의 성격에 따라 거래의 실질은 달라진다. 즉, 공급하는 제품의 수량 등에 따라 대가를 수령하게 된다면 대기업과 협력회사 사이의 계약은 제품 매매계약이 되고, 공급하는 제품의 수량 등에 관계없이 계약에 따라 결정된 일정한 대가를 수령하게 된다면 대기업과 협력회사 사이의 계약은 리스계약이 되는 것이다. 리스계약에 해당되는 경우 대기업은 리스이용자가 되고 협력회사는 리스제공자가 되며, 해당 자산은 금융리스자산이 되는 것이다.

제2절 리스의 종류와 분류기준

2.1 리스의 종류

리스는 크게 운용리스(operating lease)와 금융리스(financial lease) 두 가지로 분류한다. 운용리스는 순수한 임대차에 해당되는 리스를 의미하며, 금융리스는 리스이용자가 융자받아 매입하거나 할부로 매입한 것과 경제적 실질이 동일한 리스를 의미한다. 즉, 금융리스는 리스제공자 입장에서 보면 자산을 양도담보로 한 대출과 그 내용이 같거나 할부판매와 유사하다.

회계기준에서는 일반적인 금융리스와 운용리스 외에 다양한 형태의 리스를 소개하고 있다. 판매후리스(sales-leaseback)가 그 대표적인 예이다. 판매후리스는 리스이용자가 리스제공자에게 자산을 매각하고 다시 그 자산을 리스하여 사용하는 리스거래의 형태를 의미한다. 또한 판매형리스(sales-type lease)는 제조자 또는 판매자가 자신이 생산하거나 구입한 자산을 금융리스의 형태로 판매하는 리스계약이다. 이러한 리스는 판매후리스와 마찬가지로 리스제공자가 리스대상 자산의 판매 시에 매출손익 및 이자손익을 인식하여야 한다. 따라서 리스제공자의 회계처리에서 중요하게 다루어지는 거래형태이다. 그러나 우리나라에서는 아직 판매형리스가 많지 않으며 금융리스는 대부분 여신전문금융기관인 리스회사가 취급하는 경우가 많다. 이처럼 리스제공자가 여신전문금융기관이라면 일반은행에 속한 신용분석가의 경우에는 리스제공자인 리스회사를 대상으로 한 신용의사결정이 자주 일어나지는 않을 것이다. 따라서 본 서는 부동산리스나 전대리스 등 다양한 리스개념이 있지만 기본적인 리스형태를 대상으로 리스제공자보다는 리스이용자 입장의 회계처리 내용을 중점적으로 다룬다. 리스이용자의 경우에는 운용리스인가 금융리스인가에 따라 신용분석지표가 크게 달라진다. 운용리스의 경우에는 임차료로 지급하는 리스료를 단순히 비용처리하는 반면, 금융리스의 경우에는 리스자산, 리스부채, 감가상각비 및 이자비용이 관련되어 함께 인식된다. 따라서 이들 계정과목에 영향을 받는 모든 재무비율에서 차이가 발생하기 때문에 신용분석가의 입장에서는 리스이용자의 회계처리 문제를 제대로 이해할 필요가 있다. 본 장에서는 리스회계의 이러한 중요성을 고려하여 리스이용자의 회계처리 문제를 보다 중점적으로 언급할 것이다. 본 장에서 다루지 않는 그 밖의 구체적인 회계처리 내용은 관련 회계기준이나 다른 교재를 참고하길 바란다.

2.2 리스의 분류기준

리스는 계약의 형식보다는 거래의 실질에 따라 금융리스(financial lease)와 운용리스(operating lease)로 분류한다. 운용리스란 순수한 임대차에 해당되는 리스를 의미하며, 금융리스란 리스이용자가 융자받아 매입하거나 할부로 매입한 것과 경제적 실질이 동일한 리스를 의미한다. 따라서 리스자산의 소유에 따른 위험과 보상의 대부분이 리스제공자에서 리스이용자에게 이전되면 금융리스로 분류하고, 그렇지 않으면 운용리스로 분류한다. 여기에서 위험이라 함은 자산의 운휴, 기술적 진부화로 인한 손실 및 경제여건의 변화에 따른 이익 변동의 가능성을 포함한다. 그리고 보상, 즉 효익이라 함은 자산을 내용연수 동안 운용하여 발생하는 수익이나 가치증대 또는 잔존가치의 실현에서 발생하는 이익 등에 대한 기대치를 말한다.

결과적으로 리스는 리스자산의 소유에 따른 위험과 보상이 리스제공자에서 리스이용자에게 이전되는 정도에 따라 금융리스와 운용리스로 분류한다. 이러한 원칙적인 기준에 따라 리스자산 소유에 따른 대부분의 위험과 보상이 리스제공자에서 리스이용자에게 이전되었다고 판단할 수 있는 일반적인 경우를 예시하면 〈그림 Ⅱ-2〉와 같다.

그림 II-2 리스의 분류기준

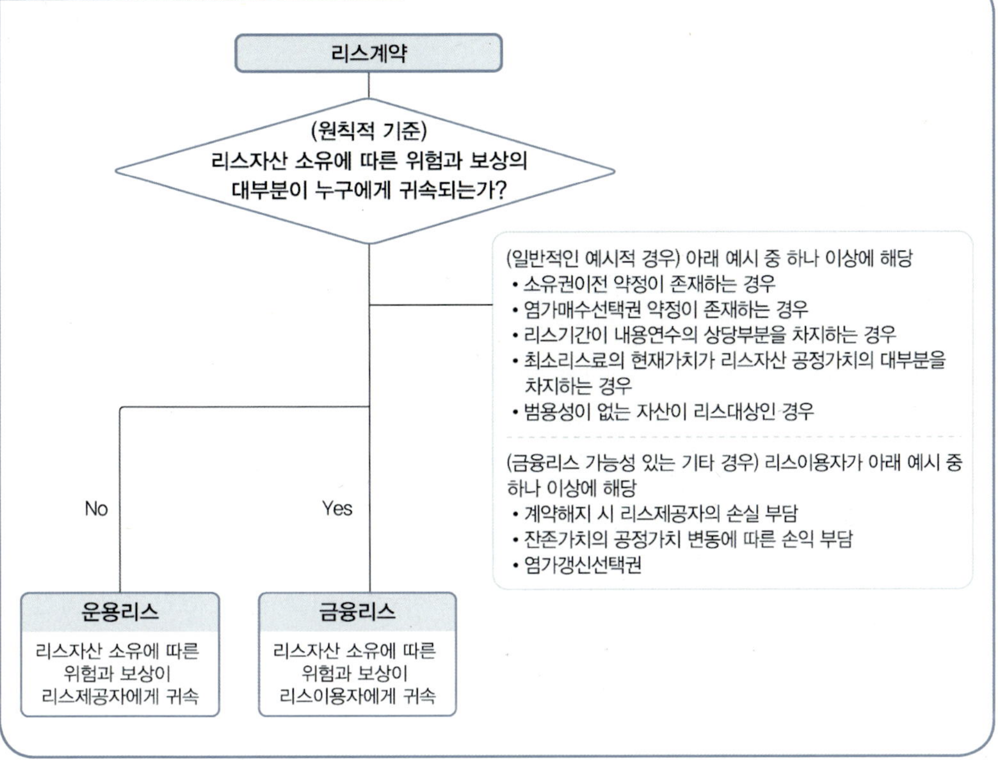

결국 리스계약이 운용리스인지 금융리스인지를 구분하기 위한 가장 중요한 사항은 리스자산의 소유에 따른 위험과 보상이 리스제공자에서 리스이용자로 이전되었는가를 검토하는 것이다. 이와 관련하여 회계기준에서는 다음과 같이 예시한 5가지 경우 중 하나 또는 그 이상에 해당하면 일반적으로 금융리스로 분류한다.

- 리스기간 종료 시 또는 그 이전에 리스자산의 소유권이 리스이용자에게 이전되는 경우
- 리스실행일 현재 리스이용자가 염가매수선택권을 가지고 있고, 이를 행사할 것이 확실시되는 경우
- 리스자산의 소유권이 이전되지 않을지라도 리스기간이 리스자산 내용연수의 상당부분을 차지하는 경우
- 리스실행일 현재 최소리스료를 내재이자율로 할인한 현재가치가 리스자산 공정가치의 대부분을 차지하는 경우
- 리스이용자만이 중요한 변경 없이 사용할 수 있는 특수한 용도의 리스자산인 경우

한편 상기된 5가지 예시에 해당되지 않더라도 리스자산 소유에 따른 위험과 보상이 리스제공자에서 리스이용자에게 이전되었는지를 검토할 필요가 있다. 따라서 다음에 제시된 3가지 경우 중 하나 이상에 해당하면 금융리스로 분류될 가능성이 있다고 본다. 이러한 경우 리스자산 소유에 따른 대부분의 위험과 보상이 리스이용자에게 이전되지 않았다는 명백한 증거가 없는 한 금융리스로 분류하고 회계처리한다.

- 리스이용자가 리스를 해지할 경우 해지로 인한 리스제공자의 손실을 리스이용자가 부담하는 경우
- 리스이용자가 잔존가치의 공정가치 변동에 따른 이익과 손실을 부담하는 경우(예를 들어 리스종료시점에 리스자산을 매각할 경우 얻을 수 있는 수익을 보장하도록 리스료가 조정되는 경우)
- 리스이용자가 염가갱신선택권을 가지고 있는 경우

이와 같은 리스의 분류는 리스실행일에 판단하는데 이를 위해 일반적인 예시적 경우에 대해 자세히 살펴보면 다음과 같다.

1) 소유권이전 약정

리스기간이 종료된 후 또는 그 이전에 리스자산의 소유권을 무상 또는 일정한 금액을 받고 리스이용자에게 이전하기로 약정한 경우에는 이를 금융리스로 분류한다. 리스이용자가 리스의 형태로 자산을 사용하다가 일정기간이 지난 후 리스제공자로부터 소유권을 이전받는다면 이는 처음부터 해당 자산이 리스이용자의 것이나 마찬가지라는 것이다. 이러한 경우 당초 체결한 계약은 법률형식상 리스에 해당하지만 경제적 실질 내용은 처음부터 할부구입이나 다를 바가 없기 때문이다. 따라서 소유권이전 약정이 있는 리스계약은 해당 자산을 처음부터 사실상 구입한 것으로 보고 회계처리한다. 리스기간 종료 시 또는 그 이전에 리스자산의 소유권이 리스이용자에게 이전되는 경우에 리스기간은 리스자산의 소유권이전 약정일까지이다.

2) 염가매수선택권 약정

리스계약을 체결할 때 리스이용자의 선택에 따라 리스이용자가 리스자산을 매수

선택권 행사가능일 현재의 공정가치보다 현저하게 낮은 가격으로 매수할 수 있는 권한이 주어지는 경우가 있다. 이러한 염가매수선택권은 실무적인 관련규정에 의하면 리스기간 종료 시 리스자산을 취득가액의 100분의 10 이하의 금액으로 구매할 수 있는 권리를 말한다. 따라서 행사가능성이 매우 높을 것이라고 가정하는 것이 일반적이며, 리스이용자가 염가매수선택권을 행사하는 경우에는 결과적으로 소유권이 리스제공자에서 리스이용자로 이전되기 때문에 이는 처음부터 해당 자산이 리스이용자의 것이나 마찬가지라는 입장이다. 즉, 염가매수선택권이 주어지는 경우에는 소유권이전 약정 조항이 있는 경우와 마찬가지로 리스자산을 실질적인 구입으로 보고 금융리스로 분류하는 것이 일반적이다. 염가매수선택권이 리스이용자에게 부여되고 리스이용자가 염가매수선택권을 행사할 것이 확실시되는 경우에 리스기간은 염가매수선택권 행사가능일까지이다.

3) 리스기간과 내용연수

내용연수란 리스실행일 현재 리스자산을 경제적으로 사용할 수 있는 예상기간 또는 자산에서 획득할 수 있는 생산량이나 이와 유사한 단위를 의미한다. 따라서 리스기간은 통상적으로 내용연수의 기간 범위 내에서 정해질 것이다. 리스기간이 리스자산 내용연수의 상당부분을 차지하는 경우에는 해당 리스자산으로부터 나올 수 있는 대부분의 경제적 효익이 리스제공자로부터 리스이용자에게로 이전될 것이다. 실무지침에서는 리스기간이 리스자산의 내용연수의 100분의 75 이상이면 이 경우에 해당하는 것으로 간주한다. 예를 들면, 5년을 탈 수 있는 자동차를 4년간 리스계약을 체결하여 리스이용자가 운행하였다면 이는 내용연수의 상당부분을 리스한 것으로 처음부터 리스이용자의 자동차나 다름이 없다는 견해이다. 즉, 이와 같은 경우에 리스자산의 소유권을 리스제공자가 가지고 있다 하더라도 리스이용자가 구입해서 사용하는 것과 경제적 실질은 유사하다고 보고 이를 금융리스로 분류한다.

4) 최소리스료의 현재가치와 리스자산의 공정가치

리스실행일 현재 최소리스료를 내재이자율로 할인한 현재가치가 리스자산의 공정가치의 대부분을 차지하는 경우에는 이를 금융리스로 분류한다. 실무지침에서는 리스실행일 현재 최소리스료를 내재이자율로 할인한 현재가치가 리스자산의 공정가치의 100분의 90 이상이면 이러한 경우에 해당하는 것으로 간주하고 이를 금융리스로 분류한다. 예를 들면, 1억원짜리 기계장치를 리스하여 리스기간 동안 지급한 최소리스료의 현재가치가 9천만원 이상에 상당한다면 이를 금융리스로 분류한다. 이는 법률형식상 리스라 하더라도 공정가치의 상당부분을 최소리스료로 지급한 경우 리스자산으로부터 나올 수 있는 대부분의 경제적 효익이 리스제공자에서 리스이용자에게 이전되었다고 보기 때문이다.

리스제공자가 제조자 또는 판매자인 경우에는 일반적으로 리스자산의 공정가치는 매출에누리를 감안한 정상적인 판매가격을 말하며, 그 이외의 자인 경우에는 취득원가를 공정가치로 할 수 있다. 리스제공자(제조자 또는 판매자 제외)가 신규로 자산을 취득하는 경우에는 시장에서 적정한 가격으로 취득한 것으로 볼 수 있으므로 동 취득원가를 공정가치로 볼 수 있다. 만약 리스대상 자산이 중고자산이라면 관련시장이 형성되어 있는 경우에는 시장가격을 공정가치로 하고, 관련시장이 형성되어 있지 않는 경우에는 공신력 있는 감정평가기관의 감정가액을 공정가치로 볼 수 있다. 또한 최소리스료의 범위에는 무보증잔존가치를 포함하지 않는다. 이는 예상되는 잔존가치 중 리스이용자 등이 지급을 보증하지 아니한 부분이 무보증잔존가치이므로 리스이용자 입장에서 이를 지급할 의무가 없기 때문이다.

5) 범용성이 없는 자산

범용성 없는 자산이란 리스이용자만이 중요한 변경 없이 사용할 수 있는 특수한 용도의 리스자산인 경우를 의미한다. 즉, 리스자산의 사용 목적이 특정 목적에 한정되어 있고 물리적으로 전용이 불가능하거나 또는 전용에 과다한 비용이 발생하여 사실상 전용이 불가능한 자산을 범용성이 없는 자산이라 한다. 결국 이러한 자산을 리스하는 경우에는 리스자산과 관련된 위험과 보상이 리스제공자에서 리스이용자에게 전가되었다고 보는 입장이다. 따라서 리스이용자가 범용성이 없는 리스자산에 대한 위험과 보상을 부담하고 있지 않다는 사실이 객관적으로 확인된 경우를 제외하고는 금융리스로 분류한다.

제3절 운용리스 및 금융리스의 회계처리

본 장에서 중요하게 다룰 리스회계는 크게 3가지로 요약할 수 있다. 첫째, 리스는 계약의 형식보다는 거래의 실질에 따라 운용리스와 금융리스로 분류해야 한다. 이는 리스자산의 소유에 따른 위험과 보상의 대부분을 리스이용자에게 이전하는지 이전하지 않는지를 분류하는 일이다. 예를 들면, 소유권이전 약정이 있는 리스와 같이 리스자산의 소유에 따른 위험과 보상의 대부분을 리스이용자에게 이전하는 거래라면 금융리스로 분류한다. 반면, 리스자산의 소유에 따른 위험과 보상의 대부분을 리스이용자에게 이전하지 않는 거래는 운용리스로 분류한다. 둘째, 금융리스로 분류된 경우에 리스이용자는 금융리스자산과 금융리스부채를 인식한다. 즉, 금융리스로 분류되면 리스이용자는 리스로 인하여 발생하게 되는 자산과 부채 금액을 추정하여 재무상태표에 계상해야 한다. 셋째, 금융리스로 분류되어 리스이용자가 인식한 금융리스자산과 금융리스부채는 일정기간 동안에 상각한다. 금융리스자산은 소유권이전 유무에 따라 내용연수나 리스기간 동안에 유사한 자산에 적용하는 감가상각방법을 사용하여 상각하면 된다. 금융리스부채는 리스기간 동안에 유효이자율법을 적용하여 배분된 상환액으로 상각하면 된다. 따라서 본 절은 앞 절에서 상세히 다룬 리스의 분류를 토대로 전반적인 회계처리와 함께 리스이용자의 금융리스 회계처리를 중점적으로 살펴본다.

3.1 리스이용자의 운용리스 회계처리

리스자산의 사용권은 리스이용자에게 부여되지만 여전히 리스자산의 소유에 따른 대부분의 위험과 보상이 리스제공자에게 있다면 이러한 경우에는 운용리스로 분류한다. 따라서 운용리스로 분류되는 경우에 리스자산과 이와 관련된 감가상각비는 리스제공자가 계상하므로 리스이용자는 리스료 등 리스계약과 관련하여 지급하는 비용에 대해서만 회계처리한다.

1) 최소리스료

운용리스에서 보증잔존가치를 제외한 최소리스료 즉, 보험 및 유지 보수 등의 용역에 대한 원가를 제외한 리스료는 리스이용자의 기간적 효익의 형태를 보다 잘 나타내는 다른 체계적인 인식기준이 없다면 리스기간에 걸쳐 균등하게 배분된 금액을 손익계산서에 비용으로 인식한다. 따라서 리스료가 매기 정액으로 지급되지 않더라도 손익계산서에는 리스기간에 걸쳐 균등하게 배분된 금액을 비용으로 인식한다. 이에 대한 구체적인 방법은 〈사례 Ⅱ-2〉와 같다. 다만, 리스와 관련한 비용의 배분과정을 보다 잘 나타내는 방법이 있는 경우에는 이를 적용할 수 있다. 예를 들면, 리스제공자가 수익으로 인식한 금액만큼을 리스이용자가 비용으로 인식한다면 이는 리스거래의 본질을 가장 잘 표현하는 것이다.

사례 Ⅱ-2 운용리스의 회계처리

다음과 같은 리스계약은 거래의 실질을 검토한 결과, 리스자산의 소유에 따른 위험과 보상의 대부분을 이전하지 않는다는 사실이 명백하여 운용리스로 분류되었다. 이러한 경우 리스거래와 관련된 리스이용자의 일자별 회계처리를 행하시오.

- 리스기간은 2X16년 1월 1일부터 2X25년 12월 31일까지 10년이다.
- 리스료 지급은 매년 초에 선급하며, 처음 5년간은 매년 150,000원씩, 후반 5년간은 매년 50,000원씩 지급하기로 약정하였다.

(풀이)

① 2X16. 1. 1. 회계처리

(차) 운용리스료	100,000*	(대) 현금과 예금	150,000
장기선급비용	50,000		

* 매년의 운용리스료는 균등액으로 계상함. ∴₩1,000,000 ÷ 10 = ₩100,000

- 장기선급비용은 자산으로 분류함
- 전반 5년간(2X16년부터 2X20년까지)은 위의 분개와 동일하게 처리함. 다만, 5년 말부터는 매년 말 장기선급비용 중 1년 이내 도래분을 유동자산인 선급비용으로 재분류하는 분개가 필요함
- 운용리스료계정 대신 임차료계정 또는 지급리스료계정을 사용하여도 됨

② 2X21. 1. 1. 회계처리

(차) 운 용 리 스 료	100,000	(대) 현금과 예금	50,000
		선 급 비 용	50,000

- 장기선급비용으로 계상하였던 금액 중 2X20년 말 결산 시 1년 이내 도래분을 유동자산인 선급비용으로 대체하였다는 전제하에 대변에는 장기선급비용이 아닌 해당 선급비용을 제거한 것임
- 후반 5년간(2X21년부터 2X25년까지)은 위의 분개와 동일하게 처리함

2) 리스개설직접원가

운용리스에서 발생한 리스이용자의 리스개설직접원가의 회계처리는 별도의 자산(예: 리스개설직접원가)으로 인식하고 리스료를 비용으로 인식하는 것과 동일한 방법으로 리스기간 동안 비용으로 처리한다. 리스개설직접원가는 일반적으로 협상 및 계약체결과 같은 특정한 리스활동과 관련하여 발생한다. 예를 들면, 리스의 협상 및 계약에 직접 관련하여 당해 리스계약 체결과정에서 제3자에게 지급된 증분원가인 담보평가수수료, 리스이용자의 신용을 평가하기 위한 수수료, 리스제공자나 리스이용자 중개에 따른 수수료 등이 포함된다. 또한 당해 리스계약과 관련하여 내부적으로 수행된 특정활동과 직접 관련되어 발생된 증분원가인 리스이용자의 재무상태 평가, 보증, 담보 및 기타 보증계약의 평가와 작성, 리스조건 협상, 리스계약서류 작성 및 처리, 리스계약의 완료 기타 이와 유사한 활동과 직접 관련되어 발생된 증분원가(인건비 포함) 등도 포함된다. 반면, 광고, 잠재적 리스이용자와의 접촉 및 기존 리스계약의 유지, 신용정책의 수립 및 유지활동과 관련된 내부발생원가, 감독 및 일반관리와 관련된 원가, 체결되지 않은 리스계약 및 유휴시간과 관련된 원가, 임차료, 감가상각비 등은 리스개설직접원가에 포함되지 않는다.

3) 조정리스료

운용리스 관련 조정리스료는 동 리스료가 발생한 기간의 손익으로 처리한다. 조정리스료란 금액이 확정되지는 않았지만 기간경과 이외의 요소 예를 들면, 매출액

의 일정비율, 사용량, 물가지수, 시장이자율 등의 미래 발생분을 기초로 결정되는 리스료 부분을 말한다. 따라서 조정리스료는 리스실행일 이후 예기치 못한 상황의 발생으로 인해 리스료가 가감되는 것으로 이는 발생된 기간에 수익 또는 비용으로 인식하는 것이 타당하다. 다만, 조정리스료의 회수 여부가 확정되지 않은 경우에는 회수 또는 지급한 시점에서 수익 또는 비용으로 인식하여야 한다.

4) 운용리스자산에 대한 자본적 지출 등

운용리스로 분류되는 리스자산은 리스이용자의 재무상태표에 자산으로 계상되지는 않지만 동 리스자산에 대하여 많은 금액의 지출이 발생할 수 있다. 이와 관련하여 구체적인 회계처리방법을 살펴보면 다음과 같다. 첫째, ① 리스자산의 부대시설과 관련하여 발생한 비용과 ② 리스실행일 이후 리스자산과 직접 관련되어 발생하는 수선비로 리스이용자의 부담분에 한한 금액 중에서 자산으로 인식되는 금액은 이를 리스개량자산으로 인식하고, 리스기간과 리스개량자산의 내용연수 중 짧은 기간에 걸쳐 감가상각을 행한다. 둘째, 리스이용자가 리스자산 취득원가의 일부를 부담하고 그 일부 부담분만큼 공유지분이 인정될 경우에 리스이용자의 부담분은 유형자산 등으로 인식하여 내용연수에 걸쳐 상각한다. 반면, 일부 부담분만큼 공유지분이 인정되지 않는다면 금융리스의 경우에는 리스부채의 상환으로 보고 회계처리하는 반면, 운용리스의 경우에는 선급리스료로 회계처리를 한다. 셋째, 리스기간이 종료되어 반환되는 운용리스자산의 공정가치가 보증잔존가치에 미달하는 경우에 리스이용자가 보상한 현금은 리스보증손실로 당기손익에 반영한다.

한편, 신규 또는 갱신되는 운용리스를 협상할 때 리스제공자는 리스이용자가 계약을 체결하도록 인센티브를 제공할 수 있다. 예를 들면, 리스제공자가 리스이용자가 부담할 비용이나 리스기간 초기의 리스료를 면제 또는 감액시켜주는 인센티브를 제공하는 것이다. 이렇게 리스 인센티브를 받은 경우에 리스이용자는 리스 인센티브의 총액을 부채로 인식하고, 리스자산의 효익의 기간적 형태를 보다 잘 나타내는 다른 체계적인 인식기준이 없다면 리스기간에 걸쳐 정액기준에 따라 리스비용에서 차감하는 형식으로 인식한다.

5) 주석사항

리스이용자는 1년 이내, 1년 초과 5년 이내, 5년 초과로 구분하여 각 기간별 미래 최소리스료의 합계액을 공시하도록 하고 있다. 이 밖에도 리스계약서상의 제약사항이나 리스료 인상조건 등 상세한 내용을 주석으로 공시하도록 되어 있다. 따라서 리스이용자는 운용리스와 관련하여 다음의 사항을 주석으로 기재한다. 이에 대한 구체적인 방법은 〈사례 Ⅱ-3〉에 예시하였다.

- 다음 각 기간별 운용리스에 따른 미래 최소리스료의 합계
  - ㈎ 1년 이내
  - ㈏ 1년 초과 5년 이내
  - ㈐ 5년 초과
- 보고기간말 현재 전대리스에서 받게 될 것으로 기대되는 미래의 최소전대리스료의 합계
- 최소리스료, 조정리스료 및 전대리스료로 구분하여 당기손익에 인식된 리스료와 전대리스료
- 다음을 포함한 리스계약의 유의적인 사항에 대한 일반적인 설명
  - ㈎ 조정리스료가 결정되는 기준
  - ㈏ 리스갱신, 매수선택권 및 리스료 인상조항의 조건
  - ㈐ 배당, 추가채무 및 추가리스 등에 관한 리스계약서상의 제약사항

사례 II-3 운용리스의 주석사항

다음은 실제 ㈜대한항공이 2015년도 재무제표 주석 43에 공시한 운용리스 내용 중 일부이다.

43. 운용리스

(1) 운용리스 이용내역

당사는 당기말 현재 International Lease Finance Corporation 등과 항공기 25대 및 상비부품에 대한 운용리스계약을 체결하고 있으며 New York City Industrial Development Agency (이하 "IDA"라 함)와 JFK공항 화물터미널 사용에 대한 운용리스계약을 체결하고 있는 바, 동 운용리스계약의 연도별 리스료 지급 예상액은 다음과 같습니다.

(단위: 천원, 천USD)

구 분	외 화	원화상당액
2016. 1. 1. ~ 2016. 12. 31.	149,185	174,844,846
2017. 1. 1. ~ 2017. 12. 31.	122,446	143,506,866
2018. 1. 1. ~ 2018. 12. 31.	114,937	134,706,400
2019. 1. 1. ~ 2019. 12. 31.	112,661	132,039,136
2020. 1. 1. ~ 2020. 12. 31.	86,594	101,488,675
2021. 1. 1. 이후	277,476	325,201,414
합 계	863,299	1,011,787,337

한편, 당사는 당기말 현재 운용리스 항공기의 리스료 및 정비유보비 지급을 담보하기 위하여 한국산업은행에 보증신용장(한도액: USD 27백만)을 개설하였으며, IDA와의 운용리스계약과 관련하여 (주)국민은행에 보증신용장(한도액: USD 52백만)을 개설하였습니다.

3.2 리스이용자의 금융리스 회계처리

리스계약의 형식은 리스자산의 사용권만 리스이용자에게 부여하므로 그 소유권은 여전히 리스제공자에게 있다. 그러나 거래의 실질에 따르면 리스자산의 소유에 따른 위험과 보상의 대부분이 리스이용자에게 이전되는 경우가 있는데 이러한 경우 금융리스로 분류한다. 금융리스로 분류되면 리스이용자는 리스자산과 이와 관련된 감가상각비를 계상하며, 또한 리스기간에 리스제공자에게 지급해야 하는 금액을 리스부채로 계상하고 이와 관련된 이자비용을 유효이자율법에 따라 인식하는 회계처리를 행해야 한다.

1) 금융리스자산과 금융리스부채의 최초 인식

리스이용자는 리스실행일에 최소리스료의 현재가치와 리스자산의 공정가치 중 작은 금액을 금융리스자산과 금융리스부채로 각각 인식한다. 이러한 회계처리의 논리적 배경은 두 가지로 설명할 수 있다. 첫째, 리스이용자가 리스자산으로 계상하여야 할 금액은 동 자산의 효용가치 즉, 시가를 초과해서는 안 된다는 논리이다. 둘째, 최소리스료의 현재가치가 리스자산의 시가보다 높다면 이는 시장이자율보다 낮은 금융비용을 부담하고 있다는 의미가 된다. 따라서 리스이용자가 실질적으로 부담해야 하는 시장이자율, 즉 높은 금융비용을 손익계산서에 표시해야 한다는 논리이다.

① 최소리스료

최소리스료는 리스기간에 리스이용자가 리스제공자에게 지급해야 하는 총액을 의미한다. 금융리스의 최소리스료는 리스료에 추가적으로 다음의 금액을 포함한다. 첫째, 소유권이전이나 염가매수선택권이 있는 경우에 소유권이전 대가 또는 염가매수 행사가격을 포함한 금액이 최소리스료가 된다. 둘째, 소유권이전이나 염가매수선택권이 없는 경우에는 계약 종료 시에 지급해야 하는 제반 금액 예를 들면, 보증잔존가치를 포함한 금액이 최소리스료가 된다. 따라서 최소리스료는 각 연도에 리스자산의 사용대가로 지급해야 할 리스료에 소유권이전 대가나 염가매수 행사가격 또는 보증잔존가치를 포함한 총액을 말한다.

리스제공자가 리스료를 정할 때에는 자산의 취득가액, 리스기간, 리스에서 얻고자 하는 목표수익률(= 내재이자율), 자산의 잔존가치 등을 감안하여 정한다. 이 중 자산의 잔존가치는 추정된 불확실한 금액이므로 만약 실제 잔존가치가 예상 잔존가치에 못 미친다면 리스제공자는 목표수익률을 얻지 못하게 된다. 따라서 이러한 가능성을 배제하기 위하여 리스제공자는 보험회사와 같은 제3자 또는 임차인에게 리스기간 종료 후 리스자산을 처분하여 얻는 잔존가치가 일정금액에 미달될 때 이 차액을 보장해 줄 것을 요구한다. 이러한 보장이 있는 경우에 그 보증된 잔존가치를 보증잔존가치라 한다. 리스이용자가 직접 보증한 잔존가치 또는 보험회사 등 제3자가 보증하여 리스이용자가 제3자에게 지급하는 보증료를 리스기간이 종료되는 시점에 리스료에 가산하여 최소리스료의 현재가치를 계산한다.

② 최소리스료의 현재가치 계산 시 적용할 할인율(r)

최소리스료의 현재가치는 아래의 공식을 사용하여 계산한다. 여기서 r은 할인율, N은 리스기간을 의미한다. 또한 리스기간 종료시점인 N시점에는 아래에 제시된 리스료 이외에도 소유권이전 대가나 염가매수 행사가격, 또는 보증잔존가치가 추가로 지급되어 현재가치 계산에 포함될 수 있다.

$$\text{최소리스료의 현재가치}(PV) = \frac{\text{리스료}_1}{(1+r)^1} + \frac{\text{리스료}_2}{(1+r)^2} + \cdots + \frac{\text{리스료}_N}{(1+r)^N}$$

상기에 제시된 할인율 r은 리스제공자의 내재이자율이며, 만약 이를 알 수 없다면 리스이용자의 증분차입이자율을 적용한다. 과거에 적용된 할인율과 다른 이러한 규정은 국제적 정합성을 높이기 위한 조치라고 할 수 있다. 이러한 할인율의 구체적인 정의를 살펴보면 다음과 같다. 첫째, 리스제공자의 내재이자율은 리스실행일 현재 리스제공자가 수령하는 최소리스료와 무보증잔존가치의 합계액을 리스자산의 공정가치 및 리스제공자의 리스개설직접원가의 합계액과 일치시키는 할인율을 말한다. 둘째, 리스이용자의 증분차입이자율은 리스이용자가 유사한 리스에 대해 부담해야 할 이자율을 말한다. 만약 그러한 이자율을 확정할 수 없는 경우에는 리스실행일에 리스이용자가 유사한 조건과 유사한 담보로 리스자산구입에 필요한 자금을 차입하는 데 부담할 이자율이 증분차입이자율이 된다.

③ 조정리스료

금융리스 관련 조정리스료는 운용리스 관련 조정리스료와 동일하게 최소리스료에 포함하지 않고 동 리스료가 발생한 기간에 비용으로 처리한다. 조정리스료는 그 성격상 가변적이므로 리스료가 발생한 기간의 손익으로 처리하는 것이 타당하다는 견해이다. 다만, 그 금액이 중요한 경우에는 잔여리스기간에 걸쳐 원금 및 이자 부분으로 구분하여 처리할 수 있다. 금융리스의 경우에는 원금 및 이자 부분으로 구분되어 인식되므로 조정리스료의 경우에도 금액적으로 중요할 경우에는 이를 구분하여 처리하는 것이 타당하기 때문이다.

④ 관리유지비용

리스자산의 운영 및 유지 보수와 관련하여 리스제공자가 책임을 지고 있어 리스료에 리스자산과 직접 관련된 수선유지비, 세금과 공과 등이 포함된 경우에는 적정한 방법으로 추산해서 최소리스료에서 제외시킨다. 최소리스료에서 제외시킨다는 의미는 금융리스자산이나 금융리스부채로 계상하지 않는다는 의미이다. 이는 기업이 자체 자금으로 자산을 구입할 때 미래의 관리유지비용을 현재가치로 계산하여 원가에 포함시키지 않는 것과 같은 논리이다. 최소리스료에서 제외된 관리유지비 추산액은 각 연도에 기간비용으로 처리한다. 다만, 리스자산의 부대시설과 관련하여 발생한 비용과 리스실행일 이후 리스자산과 직접 관련되어 발생한 리스이용자 부담분인 수선비 중 자산으로 인식되는 자본적 지출은 리스개량자산으로 인식하여 금융리스자산과 동일한 감가상각방법으로 감가상각한다.

⑤ 리스개설직접원가

리스개설직접원가는 리스의 협상 및 계약단계에서 리스와 관련하여 직접적, 추가적으로 발생하는 원가로서 수수료, 중개수수료, 법적수수료 등이 해당된다. 이러한 리스개설직접원가는 리스의 협상 및 계약단계에서 발생한 것이므로 리스자산의 취득과정에서 발생한 취득원가와 구분되지만, 유입가능성이 매우 높은 미래 경제적 효익을 발생시키는 원가라는 점에서 금융리스자산과 유사한 성격을 갖는다. 일반적인 회계기준에서는 자산 취득과 관련하여 직접적으로 발생된 여러 비용들을 자산의 취득원가에 포함하도록 규정하고 있다. 따라서 리스이용자의 리스개설직접원가도 이와 같은 맥락에서 금융리스자산에 포함한다.

2) 금융리스자산과 금융리스부채의 후속 측정

리스이용자가 리스실행일에 인식한 금융리스자산과 금융리스부채는 리스계약에 근거한 일정기간 동안 상각한다. 금융리스자산은 소유권이전 유무에 따라 리스자산의 내용연수나 리스기간 동안에 유사한 자산에 적용하는 감가상각방법을 사용하여 상각하면 된다. 금융리스부채는 리스기간 중에는 유효이자율법을 적용하여 배분된 상환액으로 상각하고, 리스기간 종료 시에는 최소리스료에 소유권이전 대가나 염가매수 행사가격이 포함되어 있다면 이를 지급하여 최종잔액을 영(zero)으로 만든다. 따라서 리스실행일 이후 리스기간 중에는 금융리스자산과 금융리스부채의 장부금액은 일치하지 않을 것이다.

① 금융리스자산의 감가상각

금융리스자산의 감가상각은 리스이용자가 소유한 다른 유사자산의 감가상각과 일관성 있게 회계처리한다. 즉, 보유 중인 유사한 자산에 대하여 정액법을 사용하면 금융리스자산에 대한 감가상각도 정액법을 적용하고, 보유 중인 유사자산에 대하여 정률법을 사용하면 금융리스자산에 대한 감가상각도 정률법을 적용하면 된다. 한편 감가상각 회계처리를 위해서 정액법이나 정률법 등과 같은 감가상각방법에 대한 결정 이외에도 취득원가, 상각기간, 그리고 잔존가치라는 3가지 요소에 대한 결정이 필요하다. 이중에서 취득원가는 앞에서 설명한 금융리스자산의 최초인식액을 의미하므로 나머지 요소인 상각기간과 잔존가치를 살펴보면 다음과 같다.

첫째, 금융리스자산에 대한 감가상각기간은 리스자산의 소유권이전 유무에 따라 다르다. 만약 리스이용자가 리스기간 종료 시 또는 그 이전에 자산의 소유권을 획득할 것이 확실시된다면 자산의 내용연수에 걸쳐 감가상각하며, 그러하지 않은 경우에는 리스기간과 내용연수 중 짧은 기간에 걸쳐 감가상각한다. 예를 들면, 소유권이전 조항이 있거나 염가매수선택권이 주어진 경우에는 리스기간이 종료되면 리스이용자가 리스자산을 소유하게 되어 처음부터 리스이용자가 해당 자산을 구입한 것과 같다. 따라서 이 경우 상각기간은 리스기간이 아니라 해당 리스자산의 내용연수가 된다. 반면, 리스기간이 내용연수의 상당부분에 해당하거나 최소리스료의 현재가치가 리스자산의 공정가치의 대부분에 해당하는 경우라면 소유권이 이전되지 않으므로 리스자산의 내용연수와 리스기간 중 짧은 기간에 걸쳐 감가상각한다.

둘째, 금융리스자산의 감가상각대상금액은 최초인식된 금융리스자산에서 추정잔존가치 또는 보증잔존가치를 차감한 금액으로 한다. 즉, 금융리스자산의 감가상각대상금액도 리스자산의 소유권이전 유무에 따라 다른 잔존가치개념이 적용된다. 만약 소유권이전 조항이나 염가매수선택권이 주어져 리스자산의 소유권이 리스이용자에게 이전되는 경우라면 리스자산의 내용연수 종료시점에 예상되는 추정잔존가치를 차감한다. 반면, 소유권이 이전되지 않는 그 밖의 경우라면 리스기간 종료 시 자산을 반환하게 되므로 보증잔존가치를 차감한다. 결과적으로 금융리스자산의 감가상각대상금액과 감가상각기간은 리스자산의 소유권이전 유무에 따라 차이를 보인다.

상기된 금융리스자산의 감가상각에 대한 회계처리를 금융리스로 분류되는 리스계약의 일반적인 예시를 사용하여 요약하면 〈표 2-2〉와 같고, 이에 대한 구체적인 방법을 제시하면 〈사례 Ⅱ-4〉와 같다.

표 2-2 금융리스자산의 감가상각

감가상각방법·취득원가	리스계약의 예시	소유권이전	잔존가치	상각기간
유사자산의 감가상각방법 · 금융리스자산의 최초인식액	• 소유권이전 • 염가매수선택권 부여	유	추정잔존가치	내용연수
	• 내용연수의 상당부분 • 공정가치의 대부분 • 범용성 없는 자산	무	보증잔존가치	리스기간과 내용연수 중 짧은 기간

사례 II-4 소유권이전 유무에 따른 금융리스자산의 감가상각

다음과 같은 금융리스거래를 가정하여 리스자산의 소유권이전 유무에 따른 상황별 금융리스자산의 감가상각 회계처리를 비교하시오.

- 리스기간 : 2X16년 1월 1일부터 2X18년 12월 31일까지 3년이다.
- 리스자산 : 공정가치(시가) 100,000원, 내용연수 5년, 추정잔존가치 10,000원
- 연간 리스료 : 매년 12월 31일 지급
- 최소리스료의 현재가치 : 950,000원
- 리스이용자의 유사자산 감가상각방법 : 정액법

〈상황1〉 리스이용자에게 염가매수선택권 8,000원이 부여되어 있으며 선택권행사가 확실한 경우
〈상황2〉 리스이용자가 리스기간 종료 시 잔존가치 8,000원을 보증한 경우(단, 리스기간 종료 시 실제 잔존가치는 보증잔존가치와 동일하다고 가정함)

(풀이)

적요	상황1 (소유권이전 유)	상황2 (소유권이전 무)
2X16. 12. 31.	감가상각비* 188,000 감가상각누계액 188,000	감가상각비** 314,000 감가상각누계액 314,000
2X17. 12. 31.	감가상각비 188,000 감가상각누계액 188,000	감가상각비 314,000 감가상각누계액 314,000
2X18. 12. 31. (리스 종료)	감가상각비 188,000 감가상각누계액 188,000	감가상각비 314,000 감가상각누계액 314,000
	금융리스부채 8,000 현금 8,000	금융리스부채 8,000 감가상각누계액 942,000 금융리스자산 950,000
2X19. 12. 31. ~ 2X20. 12. 31.	감가상각비 188,000 감가상각누계액 188,000	해당 없음

* (₩950,000 - ₩10,000) ÷ 5 = ₩188,000
** (₩950,000 - ₩8,000) ÷ 3 = ₩314,000

② 금융리스부채의 상환

금융리스부채에 현재가치로 계상된 매기의 리스료는 이자비용과 금융리스부채의 상환액으로 배분하는 회계처리를 행한다. 이 경우 이자비용은 유효이자율법, 즉 매기 금융리스부채의 기초잔액에 유효이자율(현재가치를 산출할 때 사용된 할인율)을 곱하여 구한다. 금융리스부채의 상환액은 매기의 리스료에서 이자비용을

차감한 잔액으로 배분된다. 따라서 금융리스부채는 리스기간 동안에 유효이자율법을 적용하여 배분된 상환액으로 상각되므로 그 상각액은 리스기간이 경과될수록 감소하는 이자비용에 따라 상대적으로 점차 증가하게 된다. 이러한 금융리스부채는 별도의 부채항목으로 유동과 비유동으로 구분하여 표시한다.

한편 유효이자율은 현재가치를 산출할 때 사용한 할인율이므로 리스제공자의 내재이자율이나 리스이용자의 증분차입이자율이 적용된다. 다만, 리스자산의 공정가치가 최소리스료의 현재가치보다 낮은 경우에는 낮은 공정가치로 금융리스자산과 금융리스부채를 계상하므로 최소리스료의 현재가치와 리스자산의 공정가치를 같게 만들어 주는 할인율을 재산출해야 한다. 이 경우 재산출된 할인율은 당초 할인율보다 높아지므로 유효이자율은 당초에 적용한 내재이자율이나 리스이용자의 증분차입이자율보다 높은 이자율이 된다.

3) 주석사항

리스이용자는 현재 최소리스료의 총합계와 현재가치의 조정내역뿐만 아니라 1년 이내, 1년 초과 5년 이내, 5년 초과로 구분하여 각 기간별 최소리스료의 총합계 및 현재가치를 공시하도록 하고 있다. 이 밖에도 리스계약서상의 제약사항이나 리스료 인상조건 등 상세한 내용을 주석으로 공시하도록 되어 있다. 따라서 리스이용자는 금융리스와 관련하여 다음의 사항을 주석으로 기재한다.

- 보고기간말 현재 금융리스자산의 장부금액
- 보고기간말 현재 최소리스료의 총합계와 현재가치의 조정내역, 그리고 다음 각 기간별 최소리스료의 총합계 및 현재가치
  - (가) 1년 이내
  - (나) 1년 초과 5년 이내
  - (다) 5년 초과
- 당기의 손익에 반영된 조정리스료
- 보고기간말 현재 전대리스에서 받게 될 것으로 기대되는 미래의 최소전대리스료의 합계

- 다음을 포함한 리스계약의 중요한 사항에 대한 일반적인 설명
  (가) 조정리스료가 결정되는 기준
  (나) 리스갱신, 매수선택권 및 리스료 인상조항의 조건
  (다) 배당, 추가채무 및 추가리스 등에 관한 리스계약서상의 제약사항

3.3 리스제공자의 회계처리

리스계약이 운용리스로 분류되는 경우에 리스제공자의 회계처리를 요약하면 다음과 같다. 첫째, 리스제공자의 운용리스자산은 리스자산의 성격에 따라 비유동자산 중 유형자산 또는 무형자산의 한 항목으로 표시되고 이에 대한 감가상각은 리스제공자가 소유한 다른 유사자산의 감가상각과 일관성 있게 회계처리한다. 둘째, 매기의 리스료는 리스자산의 기간적 효익의 형태를 보다 잘 나타내는 다른 체계적인 인식기준이 없다면 리스기간에 걸쳐 균등하게 배분된 금액을 손익계산서에 리스료수익으로 인식한다. 셋째, 운용리스의 협상 및 계약단계에서 발생한 리스개설직접원가는 별도의 자산(예: 리스개설직접원가)으로 인식하고 리스료수익에 대응하여 리스기간 동안 비용으로 처리한다. 넷째, 제조자 또는 판매자인 리스제공자의 경우 리스자산의 판매로 볼 수 없으므로 운용리스계약으로 인한 매출이익을 인식하지 아니한다. 다섯째, 리스제공자는 운용리스와 관련하여 다음의 사항을 주석으로 기재한다.

- 운용리스의 다음 각 기간별 미래 최소리스료의 합계
  (가) 1년 이내
  (나) 1년 초과 5년 이내
  (다) 5년 초과
- 수익으로 인식된 조정리스료
- 리스계약의 중요한 사항에 대한 일반적인 설명

리스계약이 금융리스로 분류되는 경우에 리스제공자의 회계처리를 요약하면 다음과 같다. 첫째, 리스제공자의 리스자산에 대한 순투자와 동일한 금액을 금융리스채권으로 인식한다. 둘째, 제조자도 판매자도 아닌 리스제공자의 리스개설직접원가는 리스투자금액을 구성한 것으로 보고 금융리스채권의 최초인식액에 포함되어 내재이자율의 계산에 반영된다. 셋째, 매기 리스료는 리스제공자의 투자와 용역에 대한 회수와 보상으로서 금융리스채권의 원금회수액과 이자수익으로 구분하여 회계처리한다. 이 경우 이자수익은 유효이자율법에 따라 매기 금융리스채권의 기초잔액에 유효이자율인 내재이자율을 곱하여 구한다. 넷째, 제조자 또는 판매자인 리스제공자의 경우 일반판매에 대하여 채택하고 있는 회계정책에 따라 매출손익을 인식하며, 리스의 협상 및 계약단계에서 발생한 리스개설직접원가는 매출손익이 인식되는 리스실행일에 당기 비용으로 인식한다. 다섯째, 리스제공자는 금융리스와 관련하여 다음의 사항을 주석으로 기재한다.

- 보고기간말 현재 리스의 총투자와 최소리스료의 현재가치의 조정내역, 그리고 다음 각 기간별 리스의 총투자와 최소리스료의 현재가치
  - ㈎ 1년 이내
  - ㈏ 1년 초과 5년 이내
  - ㈐ 5년 초과
- 리스총투자와 리스순투자의 차이
- 무보증잔존가치
- 회수불확실한 최소리스료채권에 대한 대손충당금
- 수익으로 인식된 조정리스료
- 리스계약의 유의적인 사항에 대한 일반적인 설명

본 절에서 설명한 전반적인 리스회계처리를 요약하여 제시하면 〈표 2-3〉과 같다.

표 2-3 리스거래의 회계처리

<table>
<tr><th rowspan="2">구분
시기</th><th colspan="2">운 용 리 스</th><th colspan="2">금 융 리 스</th></tr>
<tr><th>리스제공자</th><th>리스이용자</th><th>리스제공자</th><th>리스이용자</th></tr>
<tr><td>리스자산
구입일</td><td>(차)선급리스자산
(대)현금(미지급금)</td><td>해당 없음</td><td>(차)선급리스자산
(대)현금(미지급금)</td><td>해당 없음</td></tr>
<tr><td>리스실행일</td><td>(차)운용리스자산
(대)선급리스자산</td><td>해당 없음</td><td>(차)금융리스채권
(대)선급리스자산</td><td>(차)금융리스자산
(대)금융리스부채</td></tr>
<tr><td rowspan="2">기말
(리스료 수수일)</td><td>(차)감가상각비
(대)감가상각누계액</td><td rowspan="2">(차)운용리스료
(대)현금</td><td rowspan="2">(차)현금
(대)이자수익
(대)금융리스채권</td><td>(차)감가상각비
(대)감가상각누계액</td></tr>
<tr><td>(차)현금
(대)운용리스료수입</td><td>(차)금융리스부채
(차)이자비용
(대)현금</td></tr>
</table>

제4절 금융리스 종합사례

본 절에서는 소유권이전 유무를 구분한 금융리스의 종합사례를 제시하여 리스의 분류를 포함한 리스계약의 전 과정에 대한 회계처리를 설명한다. 또한 연도별 부분 재무제표를 제시하여 리스거래가 리스이용자의 손익구조에 어떠한 영향을 미치는지 종합적으로 점검해 볼 수 있도록 하였다.

4.1 보증잔존가치를 약정한 리스계약

- 2X16년 1월 1일에 기계장치 임차계약이 발효된다. 기계장치의 내용연수는 4년, 추정잔존가치는 7,000원이며, 리스기간은 3년이다. 리스기간 종료 후 기계장치는 리스제공자인 리스회사에 되돌려준다.
- 기계장치의 공정가치(시가)는 142,046원이다.
- 리스료는 매년 말에 51,000원씩 3회 지급되며 이 리스료에는 매년 리스회사가 리스자산에 대하여 보험회사에 지급하는 1,000원의 화재보험료가 포함되어 있다.
- 리스이용자는 리스회사에 리스기간 종료 시 리스자산의 잔존가치 10,000원을 전액 보증하였으며, 2X18년 12월 31일 현재 리스자산의 실제 잔존가치는 1,000원이다.
- 리스이용자의 증분차입이자율은 8%이다. 본 리스계약에 대하여 리스회사가 적용한 내재이자율은 6%이지만 리스이용자는 이를 알지 못한다.
- 리스이용자가 보유 중인 유사한 자산의 감가상각은 정액법을 적용하고 있다.

1) 리스의 분류

먼저 리스계약을 〈그림 Ⅱ-2〉에 제시한 리스의 분류기준에 따라 금융리스인지, 아니면 운용리스인지 파악한다. 본 리스는 소유권이전 조항이나 염가매수선택권 조항은 없다. 그러나 리스기간은 내용연수의 75%로서 리스기간이 내용연수의 상당부분을 차지하는 경우에 해당되므로 금융리스로 분류한다. 따라서 리스이용자는 금융리스자산과 금융리스부채를 계상하여 감가상각비와 이자비용을 인식하고, 리스제공자는 리스자산을 금융리스채권으로 대체하여 계상하고 이자수익을 인식한다.

2) 리스이용자의 회계처리

① 금융리스자산 및 금융리스부채의 계상

리스이용자는 리스료로 51,000원을 지급하지만 1,000원은 화재보험료에 해당하기 때문에 현재가치 계산에 사용될 리스료는 50,000원이다. 따라서 최소리스료는 매년 50,000원씩 3년간 지급하는 리스료와 3년 후에 보증잔존가치 10,000원을 포함한다. 현재가치 계산에 사용될 할인율은 리스이용자가 리스제공자의 내재이자율을 모르기 때문에 증분차입이자율 8%를 이용하여야 한다. 이러한 요건을 감안하여 최소리스료의 현재가치를 계산하면 다음과 같다.

최소리스료의 현재가치(*PV*) $= \dfrac{50,000}{(1+0.08)^1} + \dfrac{50,000}{(1+0.08)^2} + \dfrac{50,000}{(1+0.08)^3} + \dfrac{10,000}{(1+0.08)^3}$

• 정기적인 리스료지급액의 현재가치	= ₩50,000 × 2.5771*	=	₩128,855
• 보증잔존가치의 현재가치	= ₩10,000 × 0.7938**	=	₩ 7,938
	합계	=	₩136,793

* 연금 1원의 현가계수(3년, 8%) = 2.5771
** 단일금액 1원의 현가계수(3년, 8%) = 0.7938

최소리스료의 현재가치는 리스자산의 공정가치와 비교하여 둘 중 작은 금액으로 금융리스자산과 금융리스부채를 계상한다. 따라서 최소리스료의 현재가치 136,793원은 리스자산의 공정가치 142,046원보다 작으므로 금융리스자산과 금융리스부채는 136,793원으로 계상한다. 한편 136,793원은 142,046원의 대부분에 상당하므로 최소리스료의 현재가치와 공정가치를 비교하여도 본 사례는 금융리스로 분류된다.

② 금융리스부채의 상환

2X16년 12월 31일부터 매년 말에 지급하는 최소리스료 지급액 50,000원을 유효이자율법에 따라 이자비용과 원금상환액으로 분리하여 금융리스부채를 상각후원가로 측정한다. 금융리스부채의 상각표를 작성하면 아래와 같다.

일 자	현금지급액	화재보험료	이자비용*	리스부채상환액**	리스부채잔액
2X16. 1. 1.	-	-	-	-	₩136,793
2X16. 12. 31.	₩51,000	₩1,000	₩10,943	₩39,057	97,736
2X17. 12. 31.	51,000	1,000	7,819	42,181	55,555
2X18. 12. 31.	51,000	1,000	4,445	45,555***	10,000

* 기초 리스부채잔액 × 유효이자율(증분차입이자율) 8%

** 리스부채상환액 = 최소리스료 지급액(= ₩51,000 - ₩1,000) - 이자비용

*** 리스거래가 종료되는 마지막 연도에 끝수조정을 위해 전년도 리스부채잔액에서 당해 연도 잔존가액 10,000원을 차감한 잔액을 리스부채상환액으로 인식한 후, 최소리스료 지급액과 이 상환액의 차액을 이자비용으로 계상한다.

③ 금융리스자산의 감가상각

소유권이 이전되지 않는 리스계약이므로 상각기간은 리스기간 3년과 내용연수 4년 중 짧은 기간인 3년이며, 감가상각대상금액 계산 시 차감할 잔존가치는 리스기간 종료 시에 보증할 잔존가치 10,000원이다. 따라서 매년 인식할 감가상각비는 정액법을 사용하여 다음과 같이 계산된다. 다만, 리스기간이 종료되는 2X18년 기말에는 끝수조정으로 42,265원을 감가상각비로 인식한다.

감가상각비 = (₩136,793 - ₩10,000) ÷ 3 = ₩42,264

④ 리스계약의 종료

리스계약이 종료되는 2X18년 기말에는 기계장치를 리스회사에 되돌려주면서 리스 관련 장부가액을 모두 제거한다. 이 경우 실제 잔존가치가 보증잔존가치보다 낮은 1,000원으로 파악되면 보증잔존가치 10,000원과의 차액인 9,000원을 현금으로 리스회사에 지급하고 리스보증손실을 인식한다. 따라서 리스보증손실은 사실상 이자비용이므로 신용분석 시 이자비용금액에 합산하여 이자보상비율이나 원리금상환능력비율을 재계산할 필요가 있다.

3) 리스제공자의 회계처리

리스제공자는 이자수익을 인식하기 위해 리스자산의 공정가치를 연간 리스료 및 추정잔존가치의 현재가치와 일치시키는 유효이자율 즉, 내재이자율을 계산한다. 다시 말하면 리스제공자의 수익률은 '리스자산의 공정가치 + 리스개설직접원가'와 '연간 리스료의 현재가치 + 추정잔존가치의 현재가치'를 같게 하는 할인율을 의미한다. 따라서 리스제공자의 내재이자율은 다음과 같이 6%가 된다.

$$[₩142,046 = ₩50,000 \div (1 + r)^1 + ₩50,000 \div (1 + r)^2 + ₩50,000 \div (1 + r)^3 + ₩10,000 \div (1 + r)^3] \quad \therefore r = 6\%$$

유효이자율인 내재이자율 6%를 적용한 금융리스채권의 상각표를 아래와 같이 작성하여 연간 최소리스료 수령액 50,000원을 이자수익과 금융리스채권의 회수액으로 구분하여 회계처리한다.

일 자	현금지급액	화재보험료	이자수익*	리스채권회수액**	리스채권잔액
2X16. 1. 1.	-	-	-	-	₩142,046
2X16. 12. 31.	₩51,000	₩1,000	₩8,523	₩41,477	100,569
2X17. 12. 31.	51,000	1,000	6,034	43,966	56,603
2X18. 12. 31.	51,000	1,000	3,397	46,603***	10,000

* 기초 리스채권잔액 × 유효이자율(내재이자율) 6%
** 리스채권회수액 = 최소리스료 수령액(₩51,000 - ₩1,000) - 이자수익
*** ₩56,603 - ₩10,000 = ₩46,603

리스계약이 종료되는 2X18년 기말에는 기계장치를 돌려받으면서 리스자산을 공정가치 1,000원으로 계상하며, 금융리스채권잔액인 예상 잔존가치 10,000원과의 차액 9,000원을 리스회수손실로 인식한다. 반면, 리스이용자에게서 현금으로 수령한 9,000원은 리스보증이익으로 계상한다.

4) 리스기간 전체의 회계처리

적 요	리스이용자	리스제공자
2X16. 1. 1. 리스실행일	금융리스자산 136,793 금융리스부채 136,793	선급리스자산 142,046 현금, 미지급금 142,046 금융리스채권 142,046 선급리스자산 142,046
2X16.12.31. 리스료 수수	금융리스부채 39,057 이 자 비 용 10,943 보 험 료 1,000 현 금 51,000	현 금 51,000 금융리스채권 41,477 이 자 수 익 8,523 예 수 금 1,000
감가상각	감 가 상 각 비 42,264 감가상각누계액 42,264	해당 없음
2X17.12.31. 리스료 수수	금융리스부채 42,181 이 자 비 용 7,819 보 험 료 1,000 현 금 51,000	현 금 51,000 금융리스채권 43,966 이 자 수 익 6,034 예 수 금 1,000
감가상각	감 가 상 각 비 42,264 감가상각누계액 42,264	해당 없음
2X18.12.31. 리스료 수수	금융리스부채 45,555 이 자 비 용 4,445 보 험 료 1,000 현 금 51,000	현 금 51,000 금융리스채권 46,603 이 자 수 익 3,397 예 수 금 1,000
감가상각	감 가 상 각 비 42,265 감가상각누계액 42,265	해당 없음
리스자산 반환	금융리스부채 10,000 감가상각누계액 126,793 금융리스자산 136,793	리 스 자 산 1,000 리스회수손실 9,000 금융리스채권 10,000
	리스보증손실 9,000 현 금 9,000	현 금 9,000 리스보증이익 9,000

5) 리스이용자의 리스기간별 부분 재무제표

(단위: ₩)

재무제표 \ 연도	2X16.1.1.	2X16.12.31.	2X17.12.31.	2X18.12.31.
〈재무상태표〉				
금융리스자산	136,793	136,793	136,793	-
감가상각누계액		42,264	84,528	-
금융리스부채	136,793	97,936	55,555	-
〈손익계산서〉				
감가상각비		42,264	42,264	42,265
보험료		1,000	1,000	1,000
이자비용		10,943	7,819	4,445
리스보증손실				9,000

4.2 염가매수선택권을 약정한 리스계약

리스이용자와 리스제공자 간에 디젤엔진을 10년간 임차하는 해지불능리스계약을 아래와 같이 체결하였다.

- 2X16년 1월 1일에 개시되며 임차료는 매년 12월 31일에 310,000원씩 지급하기로 하였다.
- 리스제공자의 내재이자율은 6%이며, 리스이용자도 이를 알고 있다. 한편 리스이용자의 증분차입이자율은 7%이다.
- 엔진의 공정가치는 2,287,215원이며, 내용연수 12년에 추정잔존가치는 50,000원이다.
- 리스이용자는 유사한 종류의 엔진을 정액법으로 감가상각하고 있다.
- 리스기간 만료 후 리스이용자는 이 엔진을 10,000원에 구입할 수 있는 권한이 있다. 이 가격은 추정중고시장가격에 비해 아주 싼 가격으로 판정되고, 이 선택권의 행사가능성은 거의 확실하다.
- 임차료 회수가능성은 거의 확실하며 임차인이 부담할 추가발생비용에 대한 불확실성도 거의 없다.

1) 리스의 분류

본 리스는 〈그림 Ⅱ-2〉에 제시된 염가매수선택권이 부여되었으므로 금융리스로 분류된다. 또한 공정가치의 대부분에 상당하며, 리스기간도 내용연수의 상당부분에 해당되어 그 밖의 경우에도 모두 금융리스에 해당된다. 따라서 다음과 같은 회계처리를 행한다.

2) 리스이용자의 회계처리

① 금융리스자산 및 금융리스부채의 계상

리스이용자는 매기 리스료 310,000원을 지급하고, 리스기간 종료 시에 염가매수 행사가격 10,000원을 추가로 지급할 예정이다. 따라서 최소리스료는 매년 310,000원씩 10년간 지급하는 리스료에 리스기간 종료 시 지급하는 염가매수 행사가격 10,000원을 포함한다. 현재가치 계산에 사용될 할인율은 리스이용자가 내재이자율을 알고 있으므로 6%를 적용한다. 이러한 요건을 감안하여 현재가치를 계산하면 다음과 같다.

• 정기적인 리스료 지급액의 현재가치	=	₩310,000 × 7.3601*	=	₩2,281,631
• 염가매수 행사가격의 현재가치	=	₩10,000 × 0.5584**	=	₩ 5,584
		합계	=	₩2,287,215

* 연금 1원의 현가계수(10년, 6%) = 7.3601
** 단일금액 1원의 현가계수(10년, 6%) = 0.5584

최소리스료의 현재가치와 리스자산의 공정가치는 동일하므로 2,287,215원을 금융리스자산과 금융리스부채로 계상한다.

② 금융리스부채의 상환

2X16년 기말부터 매년 말에 지급하는 최소리스료 지급액 310,000원을 유효이자율법에 의한 이자비용과 원금상환액으로 분리하여 금융리스부채를 상각후원가로 측정한다. 따라서 금융리스부채의 상각표를 작성하면 아래와 같다.

일 자	현금지급액	이자비용*	리스부채상환액**	리스부채잔액
2X16. 1. 1.	-	-	-	₩2,287,215
2X16. 12. 31.	₩310,000	₩137,233	₩172,767	2,114,448
2X17. 12. 31.	310,000	126,867	183,133	1,931,315
2X18. 12. 31.	310,000	115,879	194,121	1,737,194
2X19. 12. 31.	310,000	104,232	205,768	1,531,426
2X20. 12. 31.	310,000	91,886	218,114	1,313,312
2X21. 12. 31.	310,000	78,799	231,201	1,082,111

일 자	현금지급액	이자비용*	리스부채상환액**	리스부채잔액
2X22. 12. 31.	310,000	64,927	245,073	837,038
2X23. 12. 31.	310,000	50,222	259,778	577,260
2X24. 12. 31.	310,000	34,636	275,364	301,896
2X25. 12. 31.	310,000	18,104	291,896***	10,000

* 기초 리스부채잔액 × 유효이자율(내재이자율) 6%

** 리스부채상환액 = 최소리스료 지급액 - 이자비용

*** 리스거래가 종료되는 마지막 연도에는 끝수조정을 위해 전년도 리스부채 잔액에서 당해 연도 잔존가액 10,000원을 차감한 잔액을 리스부채상환액으로 인식한 후, 최소리스료 지급액과 이 상환액의 차액을 이자비용으로 계상한다.

③ 금융리스자산의 감가상각

소유권이 이전되는 리스계약이므로 상각기간은 리스자산의 내용연수이며, 감가상각대상금액 계산 시 차감할 잔존가치는 내용연수 종료 시 추정잔존가치 50,000원이다. 따라서 매년 인식할 감가상각비는 정액법을 사용하여 다음과 같다. 다만, 내용연수가 종료되는 2X27년 기말에는 끝수조정으로 186,430원을 감가상각비로 인식한다.

감가상각비 = (₩2,287,215 - ₩50,000) ÷ 12 = ₩186,435

④ 리스계약의 종료

리스계약이 종료되어도 소유권이 이전되어 리스자산을 반환하지 않으므로 리스자산은 잔존내용연수 동안 동일하게 감가상각비를 인식하면 된다. 반면, 리스기간 종료 시 금융리스부채잔액은 염가매수 행사가격과 동일하므로 리스이용자가 염가매수선택권을 행사하면 현금과 대체하여 제거해 준다.

3) 리스제공자의 회계처리

리스제공자는 리스자산의 공정가치를 연간 리스료와 염가매수 행사가액의 현재가치와 일치시키는 내재이자율 6%를 이용하여 유효이자율법에 따라 이자수익과 리스채권회수액을 인식한다. 따라서 유효이자율 6%를 적용한 금융리스채권의 상각표를 작성하여 연간 리스료 수령액을 이자수익과 금융리스채권의 회수액으로 구분하여 회계처리한다. 다만, 금융리스채권의 상각표는 금융리스부채의 상각표와 동일하므로 생략한다.

4) 리스기간 전체의 회계처리

적 요	리스이용자	리스제공자
2X16. 1. 1. 리스실행일	금융리스자산 2,287,215 　금융리스부채 2,287,215	선급리스자산 2,287,215 　현금, 미지급금 2,287,215 금융리스채권 2,287,215 　선급리스자산 2,287,215
2X16.12.31. 리스료 수수	금융리스부채 172,767 이자비용 137,233 　현금 310,000	현금 310,000 　금융리스채권 172,767 　이자수익 137,233
감가상각	감가상각비 186,435 　감가상각누계액 186,435	해당 없음
2X17.12.31. ~ 2X24.12.31.	생략[1]	생략[1]
2X25.12.31. 리스료 수수	금융리스부채 291,896 이자비용 18,104 　현금 310,000	현금 310,000 　금융리스채권 291,896 　이자수익 18,104
감가상각	감가상각비 186,435 　감가상각누계액 186,435	해당 없음
염가매수선택권 행사	금융리스부채 10,000 　현금 10,000	현금 10,000 　금융리스채권 10,000
2X26.12.31. 감가상각	감가상각비 186,435 　감가상각누계액 186,435	해당 없음
2X27.12.31. 감가상각	감가상각비 186,430 　감가상각누계액 186,430	해당 없음

1) 4.1 보증잔존가치를 약정한 리스계약의 4) 리스기간 전체의 회계처리 참고

5) 리스이용자의 리스기간별 부분 재무제표

(단위: ₩)

재무제표 \ 연도	2X16.1.1.	2X16.12.31.	2X17.12.31.~ 2X24.12.31.	2X25.12.31.
〈재무상태표〉				
금융리스자산	2,287,215	2,287,215	2,287,215	2,287,215
감가상각누계액		186,435	372,870	1,864,350
금융리스부채	2,287,215	2,114,448	1,931,315	-
〈손익계산서〉				
감가상각비		186,435	186,435	186,435
이자비용		137,233	126,867	18,104

제5절 운용리스와 신용분석

우리나라 리스거래의 대표적 특징은 산업설비 조달을 위한 물적 금융의 성격이 강한 것으로 나타난다. 산업설비의 대부분은 외국에서 수입하는 경우가 많으며, 산업설비이기에 자산의 범용성이 떨어지는 것도 사실이다. 이러한 리스거래의 형태는 리스제공자의 입장에서 환율변동의 위험을 리스이용자에게 전가시킬 수밖에 없으며, 범용성이 떨어지기 때문에 리스이용자에게서 모든 리스자금을 회수할 수밖에 없는 실정이다. 이처럼 국내 리스거래의 특징은 얼핏 보기에도 운용리스보다는 금융리스의 성격이 강하다. 따라서 여신전문 리스회사가 행하는 리스는 법률형식상 운용리스라 하더라도 금융리스의 성격이 강하다는 사실을 인지하고, 신용분석가는 이를 법률적인 형식보다는 실질적인 내용에 입각하여 재인식할 필요성이 있다. 또한 일반적으로 리스계약은 해지불능이므로 리스료 지급은 리스이용자에게 확정적인 현금유출(cash outflow)로서 이자와 같은 고정적인 부담액이다. 이 경우 비록 운용리스라 하더라도 현금흐름분석의 관점에서 관심의 대상이 되지 않을 수 없다.

한편 리스이용자가 금융리스로 처리하면 부채비율이나 고정비율이 나빠질 뿐만 아니라 초기에는 감가상각비와 이자비용으로 계상하는 비용이 운용리스료로 지급되는 비용보다 크다. 따라서 초기 연도에는 이익에도 나쁜 영향을 미치기 때문에 리스이용자는 가급적 금융리스로 취급하는 것을 기피하는 성향이 있다. 이에 신용분석가는 제도상의 리스 분류기준에 지나치게 의존해서는 안 될 것이다. 예를 들면, 리스계약이 그 내용상 실질적인 금융리스임에도 불구하고 리스이용자인 기업에서 회계처리한 내용이 운용리스인 경우를 가정하면, 신용분석가는 운용리스로 회계처리한 내용을 금융리스로 의제하여 리스자산과 리스부채를 계상한 후 신용분석을 행하여야 한다. 이를 위해 리스자산과 리스부채를 추산할 때 사용할 수 있는 간이계산법과 이러한 운용리스의 자본화가 주요 재무비율에 미치는 영향을 살펴보면 〈사례 Ⅱ-5〉와 같다.

사례 II-5 운용리스의 자본화

A주식회사의 2X16년 말 재무자료는 다음과 같다.

총자산 : 8,500,000원
유형자산 : 2,600,000원
총부채 : 5,500,000원
총자본 : 3,000,000원
이자비용 : 150,000원
세전순이익 : 1,200,000원
세후순이익 : 900,000원
유효법인세율 : 30%
자산의 평균감가상각률 : 15%
증분차입이자율 : 연 4%

A주식회사의 2X16년 말 재무제표에서 얻은 리스에 대한 주석사항은 다음과 같다. 추가로 조사한 결과 2X16년 중에는 운용리스로 지급한 리스료가 166,000원이었다.

향후 5년간 및 그 이후에 지급할 리스료 현황

(단위: 원)

연 도	금융리스	운용리스
2X17	17,990	165,543
2X18	17,888	164,367
2X19	17,666	162,675
2X20	17,555	161,783
2X21	17,333	160,653
2X22 이후	87,345	481,201
합 계	175,777	1,296,222
이 자	72,068	-
순 계	103,709	-

A주식회사의 금융리스에 대해서는 해당 리스자산과 리스부채가 이미 재무상태표에 반영되어 있지만 운용리스는 재무상태표에 반영되어 있지 않다. 신용분석가의 입장에서 검토한 결과, 이 회사가 운용리스로 분류한 리스가 사실상은 금융리스에 가깝다는 사실을 발견하였다. 이를 리스자산과 리스부채로 의제해 장부에 계상하려면 어떻게 추산할 수 있으며, 장부에 계상할 경우 재무비율에 미치는 영향은 무엇인지 설명하시오.

(풀이)

① 미계상된 리스부채의 추산

먼저 회사의 각종 관련 자료를 검토한 결과 운용리스로 빌린 리스자산의 당초 리스기간은 평균 약 10년이었으며 2X16년 말 현재 평균 2년이 경과하였다. 운용리스 개시시점에서 이 회사의 증분차입이자율은 연 4%이었다. 향후 매년 지급해야 할 리스료에 대하여 현가법을 적용하여 리스부채의 추가계상액을 추정하면 다음과 같다.

운용리스 부채의 현재가치

(단위: 원)

연 도	리스료	현가계수(4%)	현재가치
2X17	165,543	0.9615	159,170
2X18	164,367	0.9246	151,974
2X19	162,675	0.8890	144,618
2X20	161,783	0.8548	138,292
2X21	160,653	0.8219	132,041
2X22 이후	160,400*	2.2809**	365,856
합 계			1,091,951

* 2X22년 이후 잔여기간[5)]은 평균 3년이므로 매년의 리스료는 ₩481,201 ÷ 3 = ₩160,400

** 미래 1원의 6년, 7년, 8년 현가계수의 합계는 0.7903 + 0.7599 + 0.7307 = 2.2809

② 미계상된 리스자산의 추산

리스부채는 유효이자율법에 의해 상환액이 배분되어 상각되고, 리스자산은 유사자산의 감가상각방법에 의해 상각된다. 따라서 리스자산과 리스부채는 리스개시시점에 동일한 금액으로 계상하지만 시간이 경과됨에 따라 리스자산과 리스부채의 잔액은 서로 다르게 된다. 감가상각방법과 리스개시 후 경과연수 등에 관하여 일정한 가정을 하면 상이한 리스자산과 리스부채금액을 보다 정밀히 추정할 수 없는 것은 아니다. 그러나 그러한 차이는 신용분석 목적상 중요하지 않은 것으로 가정하고, 미계상된 자산과 부채는 서로 동일한 금액으로 간주한다.

5) 2X22년 이후 지급할 금액(481,201원)의 잔존리스기간을 추정하는 방법에는 여러 가지가 있다. 예를 들면, 가장 최근에 지급한 금액 160,653원을 나누어 반올림하는 방법(Imhoff et al, 1991)과 반올림하지 않고 보간법을 이용하여 1년 미만에 대한 현가계수를 추정하는 방법(김창수·김민경, 2014), 연도별 운용리스료 체감률(=전기 운용리스료 ÷ 당기 운용리스료)의 평균값을 적용하여 5년 초과 이후 지급할 금액의 잔액이 0이 될 때까지 리스지급액을 추정하여 계산하는 방법(Fulbier et al, 2008) 등이 있다.

③ 재무제표에 대한 영향

운용리스의 자본화로 인하여 재무제표에 미치는 영향을 앞서 계산된 금액에 근거하여 요약하면 다음과 같다.

i) 재무상태표에 미치는 영향

- 유형자산의 증가: 미계상된 리스자산 1,091,951원
- 부채의 증가: 미계상된 리스부채 1,091,951원

ii) 손익계산서에 대한 영향

- 감가상각비의 추가: 1,091,951원 × 15% = 163,793원
- 이자비용의 추가: 1,091,951원 × 4% = 43,678원
- 세전순이익 변동: 166,000원 - (163,793원 + 43,678원) = - 41,471원(감소)
- 세후순이익 감소: - 41,471원 × (1 - 0.3) = - 29,030원(감소)

iii) 잉여금에 대한 영향

세후순이익은 당해 연도뿐만 아니라 리스개시연도 이후 계속 달랐을 것이다. 그 누적효과가 잉여금에도 반영되어야 한다. 일정한 가정을 하면 잉여금에 어떤 영향을 미쳤는지 추산이 불가능한 것은 아니다. 여기서는 그 추산을 생략한다.

iv) 주요 재무비율에 대한 영향*

	수정 전	수정 후
고정비율	2,600 ÷ 3,000 = 87%	(2,600 + 1,092) ÷ 3,000 = 123%
부채비율	5,500 ÷ 3,000 = 183%	(5,500 + 1,092) ÷ 3,000 = 220%
이자보상률	(1,200 + 150) ÷ 150 = 9배	(1,200 - 41 + 150 + 44) ÷ (150 + 44) = 6.97배
총자산순이익률	900 ÷ 8,500 = 10.59%	(900 - 29) ÷ (8,500 + 1,092) = 9.1%

* 이익의 변동, 잉여금의 변동에도 불구하고 자본총계는 불변이라 가정하고 산출한 결과임.

이상에서 수정한 재무비율 이외에도 자산, 부채, 이자비용 및 순이익에 영향을 받는 모든 비율이 수정대상이 된다. 결과적으로 이렇게 재계산된 재무비율은 모두 약화되었음을 알 수 있다. 이처럼 신용분석가는 기업에서 회계처리한 내용이 신용분석의 목적에 맞지 않는 경우에는 재무제표를 수정하고 수정된 내용을 기초로 하여 신용의사결정을 하여야 한다.

[보론 A] K-IFRS 제1116호 리스

일반기업회계기준 제13장 리스와 종전 K-IFRS 제1017호 리스는 일반적인 리스의 분류기준에 따라 운용리스 회계처리와 금융리스 회계처리로 이원화되어 있다. 이 경우 운용리스로 분류되면 장부에 자산과 부채를 인식하지 않도록 하여 리스이용자의 재무정보에 대한 투명성은 저하된다. 실제로 한국회계기준원(KAI)에서 소개하는 국제회계기준위원회(IASB)의 발표 자료에 따르면 IFRS와 US-GAAP을 적용하는 전 세계 상장기업에 적용되는 리스약정의 규모는 약 3조 달러인데 그 중 15%만 금융리스로 분류되고 나머지 85%가 장부에 나타나지 않는다고 한다. 특히, 항공업계, 운송업계, 여행업계, 레저업계가 이용하는 운송수단 등이 부외자산의 70% 이상을 차지하고 있는 것으로 조사되었다. 따라서 운용리스로 회계처리하는 경우에는 리스이용자의 재무정보가 완전히 드러나지 않아서 회계의 투명성이 저하되고, 리스이용자와 자금을 차입하여 자산을 구매하는 기업 간의 재무정보에 대한 비교도 불가능하게 된다. 이러한 문제점을 해결하기 위하여 제5절에서 언급한 것처럼 실무에서 정보이용자는 운용리스이용자가 공시한 주석사항을 기초로 리스자산과 리스부채의 규모를 추정하여 재무정보를 재조정하고 있어서 이에 소요되는 시간과 비용이 점차 늘고 있다.

IASB는 이러한 문제점을 개선하고자 리스이용자의 회계처리를 단일화시킨 새로운 기준서 IFRS 16 Lease를 제정하여 2016년 1월에 공표하고 2019년부터 의무 적용하게 하였다. 달라진 주된 내용을 살펴보면, 운용리스와 금융리스의 구분 없이 모든[6] 리스계약에 대하여 리스이용자는 리스자산을 사용할 권리를 나타내는 사용권자산과 지급의무를 나타내는 리스부채를 인식하며, 후속적으로는 사용권자산에 대한 감가상각비와 리스부채에 대한 이자비용을 인식해야 한다. 따라서 한국회계기준위원회(KASB)는 이러한 IFRS 16에 대응하는 K-IFRS 제1116호 리스를 2017년 5월에 제정

6) 다만, 리스이용자의 작성부담을 덜기 위해서 2가지 예외를 두었다. 리스기간이 12개월 이하인 단기리스인 경우와 개별단위자산의 가치가 적은 소액(low-value)리스인 경우이다. 여기서 소액이 얼마인지에 대해서는 기준서가 규정하고 있지는 않지만, 결론도출 문단에서 $5,000 미만을 예시하고 있다. 따라서 원화로 환산하면 약 6백만원 이하의 자산에 해당할 것으로 보인다. 이때 소액의 판단은 개별자산별로 한다. 이렇게 예외에 해당되면 리스이용자는 지급리스료만 손익계산서에 인식하면 되므로 재무제표 작성에 대한 부담이 완화될 수 있다.

하였다. 이에 운용리스의 비중이 많은 항공 및 해운회사 등 대기업들은 이러한 새로운 리스회계처리의 도입효과를 분석하고, 새로운 리스회계기준에 맞는 시스템을 도입하고 있는 실정이었지만 중소기업은 그러지 못하는 상황이었다.

따라서 본 서는 리스이용자인 기업의 신용분석 시 운용리스의 자본화라는 재조정의 필요성을 강조하고자 KAI에서 제공하는 'K-IFRS 제1116호 리스' 교육 자료를 근거로 새로운 리스회계처리를 다음과 같이 설명한다.

1. 리스의 정의

리스이용자가 일정기간 동안 식별된 리스자산의 사용을 통제(control)할 권리가 있을 때에만 해당 계약을 리스로 분류하여 사용권자산 및 리스부채를 인식할 수 있다. 리스이용자의 통제에 대한 지침으로 다음과 같은 요건을 제시하여 이들 요건이 모두 만족되면 해당 기준서에 따른 리스회계처리가 가능하도록 하였다. 첫째, 자산 식별요건으로 '자산이 식별되는가?'이다. 즉, 이 경우 리스제공자는 자산을 대체할 권한이 없어야 한다. 둘째, 경제적 효익요건으로 '사용기간 중에 자산사용에서 리스이용자는 경제적 효익의 대부분을 얻을 수 있는 권리가 있는가?'이다. 셋째, 사용 지시요건으로 '리스이용자가 자산의 사용을 지시할 수 있는가?'를 들고 있다. 구체적인 사례를 이용하여 리스 여부를 판단하면 〈사례 A-1〉과 같다. 한편, 리스이용자의 권리에 대한 리스제공자의 방어권은 리스이용자의 통제에 영향을 미치지 않는다는 별도의 지침이 있어서 리스 여부의 판단에서 고려하지 않는다.

사례 A-1 리스의 정의

선박이 없는 운송업자 A는 부산에서 멕시코까지 화물을 운송하려고 선주 B와 아래와 같은 계약을 맺었다. 선박이용자인 A입장에서 이 계약은 리스를 포함하고 있는지 논하시오.

- 리스기간: 5년
- 리스선박이 명시되어 선주 B는 다른 선박으로 대체 불가능
- 선주 B는 배를 운영 및 관리(선박이용자 A의 재량은 없음)
- 선박이용자 A의 화물은 선박 용량의 거의 대부분을 차지
- 계약서에 운송화물, 운송시기, 항구가 명시

(풀이)

리스이용자는 일정기간 동안 식별된 리스자산의 사용을 통제(control)할 권리가 있을 때에만 해당 계약을 리스로 정의할 수 있다. 따라서 리스이용자의 통제할 권리에 대한 판단요건 3가지를 점검해보면 다음과 같다.

요건 ① 자산이 명확히 식별되는가? Yes

⇒ 선주 B가 자산을 대체할 수 없으므로 자산은 식별된다.

요건 ② A에게 경제적 효익이 있는가? Yes

⇒ A의 화물은 선박 용량의 거의 대부분을 차지하므로 A는 경제적 효익의 대부분을 얻을 수 있는 권리가 있다.

요건 ③ A가 리스자산의 사용을 지시할 수 있는가? No

⇒ 이미 운송되어야 할 화물, 운송시기, 항구가 명확히 명시되어 있어 선박의 사용 목적과 사용방법을 지시할 재량이 없다.

결과적으로 이 계약은 K-IFRS 제1116호 리스의 정의를 충족하지 못하므로 K-IFRS 제1116호 리스를 적용할 수 없고 용역계약에 대한 관련 기준서를 적용해야 한다.

만약 상기 계약내용 중 마지막 사항을 아래의 내용으로 대체한다면, 이때는 A가 선박을 언제 어떻게 사용할지 지시할 권한이 있으므로 B의 방어권과 무관하게 리스의 정의를 충족한다. 따라서 운송업자 A는 K-IFRS 제1116호 리스를 적용하여 사용권자산과 리스부채를 인식해야 한다.

A가 운송될 화물, 운송시기, 도착항을 결정(B는 위험한 지역 항해 제한)

2. 리스요소와 비리스요소의 구분

하나의 계약에 리스요소와 리스가 아닌 요소가 포함되는 경우가 있다. 이러한 경우에는 리스의 정의에 따라 리스요소를 구분하여 K-IFRS 제1116호 리스를 적용하고, 나머지 비리스요소는 관련된 해당 기준서를 적용해야 한다. 또한 리스요소의 경우에도 여러 가지가 포함될 수 있는데, 이 경우 각 리스요소를 개별적으로 사용하여 경제적 효익을 얻을 수 있다면 각각 구분하여 인식해야 한다. 일반적으로 하나의 계약은 하나의 금액으로 계약이 체결되므로 여러 리스요소가 포함된 경우에는 금액 배분의 문제가 발생한다. 이때 리스요소는 각각 구분하여 개별가격을 파악하고, 비리스요소는 개별가격의 합을 파악하여 총계약금액을 각 리스요소와 총 비리스요소에 각각 비례적으로 배분한다. 이에 대한 구체적인 방법은 〈사례 A-2〉와 같다.

사례 A-2 리스요소와 비리스요소의 구분

광산업자 A는 땅을 파는 데 필요한 불도저, 트럭, 굴착기를 4년 동안 이용하기 위해 장비업자 B와 계약을 체결하였다. 이때 장비업자 B는 리스대상 장비들의 정비용역도 함께 제공하기로 하였으며, 총계약금액은 400,000원이다. 만약 장비를 각각 사용하여 경제적 효익을 획득할 수 있다면, 각 장비들은 사용권자산으로 얼마씩 인식해야 하는지 계산하시오.

(풀이)

① 1단계 : 리스요소와 비리스요소의 구분

이 계약은 불도저, 트럭, 굴착기의 사용이라는 리스요소와 정비용역이라는 비리스요소가 결합되어 있으므로 이들을 분리해야 한다. 또한 리스요소의 경우도 광산업자 A가 불도저, 트럭, 굴착기를 각각 개별적으로 사용하여 경제적 효익을 얻을 수 있다고 가정하므로 리스요소를 3개로 분리해야 한다.

② 2단계 : 각 요소에 대한 개별가격 파악

시장에서 불도저, 트럭, 굴착기에 대한 가격이 각각 170,000원, 102,000원, 224,000원으로 관찰되고, 정비용역에 대한 가격은 32,000원, 16,000원, 56,000원으로 관찰되었다고 가정하자. 이때 비리스요소에 대한 개별가격은 합산하므로 정비용역은 총 104,000원이 된다.

③ 3단계 : 각 요소의 개별가격을 기준으로 총계약금액 400,000원을 각 리스요소에 비례적으로 배분하여 사용권자산을 인식하고, 비리스요소는 관련 기준서에 따라 회계처리한다.

구분		개별가격(₩)	총계약금액 ₩400,000 중 사용권자산	기준서
리스요소	불도저	170,000	400,000 × 170 ÷ 600 = 113,333	제1116호 리스 (리스이용자)
	트럭	102,000	400,000 × 102 ÷ 600 = 68,333	
	굴착기	224,000	400,000 × 224 ÷ 600 = 149,333	
비리스요소	정비용역	104,000		관련 기준서
총합계		600,000		

3. 리스부채의 재측정

K-IFRS 제1116호 리스에서는 리스개시일 후 리스부채를 재측정하도록 요구하고 있으므로 리스제공자에게 지급하는 금액의 구성요소를 먼저 파악할 필요가 있다. 이에 계약조건에 따라 다르지만 총구성요소를 살펴보면 고정리스료, 변동리스료, 보증잔존가치, 조건부 대가로 구성되어 있다. 따라서 후속적으로 보증잔존가치의 예상액이 변동되거나, 고정리스료에 영향을 주는 지수나 요율의 변동, 리스기간의 변경, 선택권 행사가능성 등의 변동이 있을 경우 이를 재측정하여 리스부채와 사용권자산의 장부금액을 조정해야 한다. 이에 대한 구체적인 방법은 〈사례 A-3〉과 같다. 한편, 계약상 매출액이나 사용량에 연동하여 추가지급한 금액이 있다면 이는 리스부채에 포함하지 않고 발생연도의 비용으로 인식해야 한다.

사례 A-3 리스부채의 재측정

리스이용자 A는 기초에 자산의 사용권에 대해 10년 동안 매년 초 50,000원씩 지급하기로 계약하고, 이 금액은 2년마다 소비자물가지수(CPI)에 연계하여 변동되도록 하였다. 이때 내재이자율은 5%, 리스개시일의 CPI는 125이다. 만약 2년 후 CPI가 8% 상승한다고 가정하면, 2차연도 말에 리스이용자 A의 리스부채 및 사용권자산의 변동분은 얼마인지 계산하시오.

(풀이)

리스개시일에 내재이자율 5%를 이용하여 최초 사용권자산과 리스부채를 측정하면 아래와 같다.

구분	최초측정	재측정
리스개시일	405,391 - 50,000 = 355,391	
1차연도 말	373,161	
2차연도 말	339,319	366,464
3차연도 말	303,785	328,087
4차연도 말	266,474	287,791
5차연도 말	227,298	245,481
6차연도 말	186,163	201,055
7차연도 말	142,971	154,408
8차연도 말	97,620	105,428
9차연도 말	50,000	54,000
10차연도 말	-	-

리스개시일에 측정된 리스부채를 매년 유효이자율 5%로 상각한 결과, 2년 후 장부금액은 339,319원이다. 그러나 이때 CPI가 8% 상승하여 리스료가 54,000원으로 변경되므로 리스이용자는 사용권자산과 리스부채를 다시 측정해야 한다. 따라서 리스이용자 A는 2차연도 말 남은 8년 동안 매년 초에 지급될 리스료 54,000원의 현재가치 366,464원을 측정하여, 기존의 상각후원가 339,319원과의 차액 27,145원 만큼을 리스부채와 사용권자산 잔액에 추가해 준다.

2차연도 말 회계처리: (차) 사용권자산 27,145 (대) 리스부채 27,145

4. 리스제공자 이중모형 유지

리스제공자는 기존과 거의 변동 없이, 위험과 보상이 리스이용자에게 대부분 이전하는지 여부에 따라 금융리스와 운용리스로 구분하여 회계처리한다. 즉 금융리스인 경우에는 금융리스채권과 이자수익을 인식하고, 운용리스인 경우에는 기초자산에 대한 감가상각비를 계속 인식하면서 수령한 리스료를 수익으로 인식한다. 따라서 K-IFRS 제1116호 리스에서는 리스이용자는 단일모형을 적용하는 반면, 리스제공자는 이중모형을 적용하여 양자 간의 회계모형이 비대칭적이라는 점을 유의해야 한다. 또한 K-IFRS 제1116호 리스는 기존 기준서에 비해 보다 광범위한 공시요구사항을 두고 있다.

5. 리스이용자의 재무제표에 미치는 영향

전술한 바처럼 K-IFRS 제1116호 리스는 기존의 운용리스이용자에게 다음과 같은 다양한 영향을 미칠 것으로 예상된다. 첫째, 재무상태표 관점에서는 순자산의 변화는 없지만 새로운 부채가 인식되므로 부채비율이 상승할 것이다. 둘째, 손익계산서 관점에서는 기존에 영업비용으로 인식하였던 지급리스료가 영업비용인 감가상각비와 영업외비용인 이자비용으로 나뉘어 인식되므로 영업이익율이 상승할 것이다. 셋째, 현금흐름 관점에서는 현금유출금액은 동일하여 변동이 없으나 기존에는 영업활동 현금유출로 반영하던 지급리스료가 새로운 기준에 따르면 리스부채의 일부 상환과 이자지급으로 반영되므로, 영업활동 현금유출은 감소하고 재무활동 현금유출은 증가할 것이다. 넷째, 재무제표 작성자 관점인 원가효율성 측면에서는 기존 리스계약을 꼼꼼하게 재검토하여 리스 여부를 결정하고, 향후 리스부채의 재측정을 위해 관련 데이터를 체계적으로 축적해야 하므로 판단과 추정의 개입정도, 전환부담과 그 후의 작성 및 공시부담이 상당할 수 있다. 또한 기업은 새로운 리스기준서의 적용에 미칠 정량적·정성적 영향을 철저하게 분석하여 기업의 경쟁력을 제고시키는 방안을 강구해야 한다. 반면, 이러한 재무제표 작성자의 노력으로 재무제표에 리스 관련 자산과 부채가 충실히 표현되고 공시가 늘어나서 리스를 이용하는 기업의 재무정보는 투명성이 높아질 것으로 예상된다. 그리고 자금을 차입하여 자산을 구매하는 다른 기업들과의 비교가능성도 높아질 것으로 예상된다.

[보론 B] 유효이자율

본문에 언급된 유효이자율법이란 매년 초의 자산이나 부채잔액에 대한 이자금액의 비율을 동일하게 하도록 이자수익이나 이자비용을 계상하는 방법을 말한다. 따라서 이 방법에 따른 매기의 이자금액은 '자산이나 부채의 기초잔액 × 유효이자율'의 공식으로 산출되고, 이와 같은 유효이자율은 현재가치로 자산이나 부채를 측정할 때 적용한 할인율을 의미한다. 이와 같은 할인율은 어떻게 계산되는지 설명하고자, 〈사례 B-1〉과 같이 엑셀을 이용한 리스제공자의 내재이자율 즉, 내부수익률(IRR) 계산방법을 소개한다.

사례 B-1 엑셀을 이용한 유효이자율 계산

㈜한국캐피털은 공정가치 230,000원인 기계장치를 리스하고 연간 리스료로 매년 말에 40,000원씩 7년간을 수령한다. 이 기계장치의 내용연수는 7년이며 리스기간도 7년이다. 따라서 이 리스는 금융리스이다. ㈜한국캐피털이 기계장치를 리스하면서 얻는 수익률, 즉 유효이자율은 얼마인지 계산하시오.

(풀이)

본 사례의 경우, 리스제공자의 내재이자율 즉, 내부수익률(IRR)은 곧 현재가치 계산 시 적용하는 할인율인 유효이자율이다. 이러한 유효이자율은 다음과 같은 절차로 엑셀을 이용하면 간단히 계산할 수 있다.

① 1단계

리스의 투자원금에 해당하는 기계장치의 공정가치 230,000원을 엑셀의 첫 셀에 입력하고, 다음 셀부터는 원금을 회수하는 형식으로 매년 말 수령액 40,000원을 7회 입력하면 〈그림 B-1〉과 같다.

② 2단계

현금흐름에 대한 입력을 완료하면, 함수마법사를 누르고 〈그림 B-2〉와 같이 함수마법사 창에서 재무함수 IRR(내부수익률 혹은 유효이자율을 의미함)을 선택하여 확인 버튼을 누른다. 참고로 현재가치나, 연금의 현재가치를 구할 때도 이와 유사한 방법을 사용하면 된다.

③ 3단계

IRR을 선택하여 확인 버튼을 누르면, 〈그림 B-3〉과 같이 Value값과 Guess값을 지정하여 입력한다. 이때 Value는 현금흐름이 입력된 범위를 지정하면 되고, Guess값은 입력하지 않아도 된다. 참고로 Guess값은 시작지점에서 사용할 이자율을 의미하는데, 컴퓨터 프로그램에서 이미 10%를 기준으로 하여 내부수익률(유효이자율)을 구하기 때문이다.

④ 4단계

마지막으로 확인 버튼을 누르면 〈그림 B-4〉와 같이 내부수익률 계산이 완료되는데 이 내부수익률이 리스제공자와 리스이용자의 유효이자율이 된다. 즉 리스제공자는 공정가치 230,000원인 기계장치를 7년간 리스하여 리스료로 연간 40,000원씩 7년간 수령하면 5%의 수익률을 가지며, 이는 리스이용자가 실제로 부담하는 이자율이 된다.

그림 B-1 현금흐름 입력

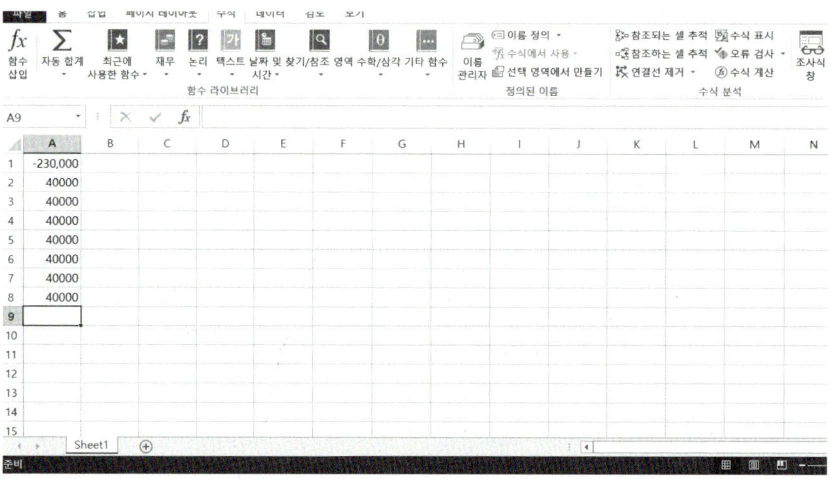

그림 B-2 함수키를 이용한 내부수익률 함수 입력

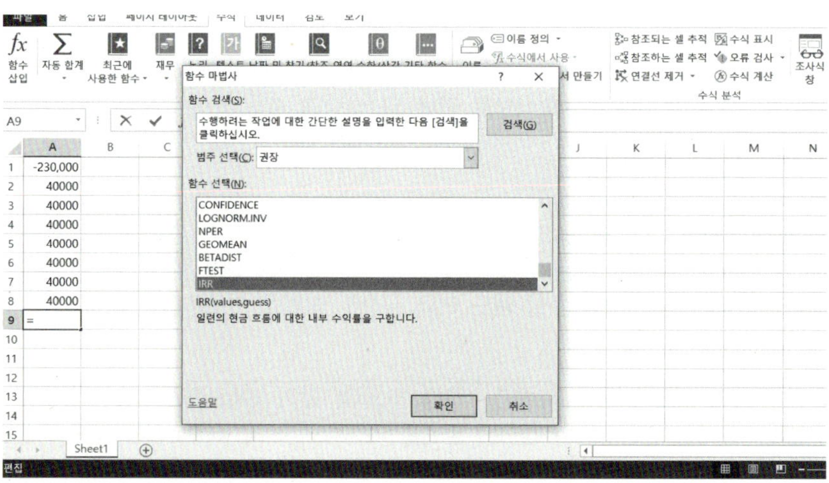

그림 B-3 **Value의 범위 및 Guess값의 입력**

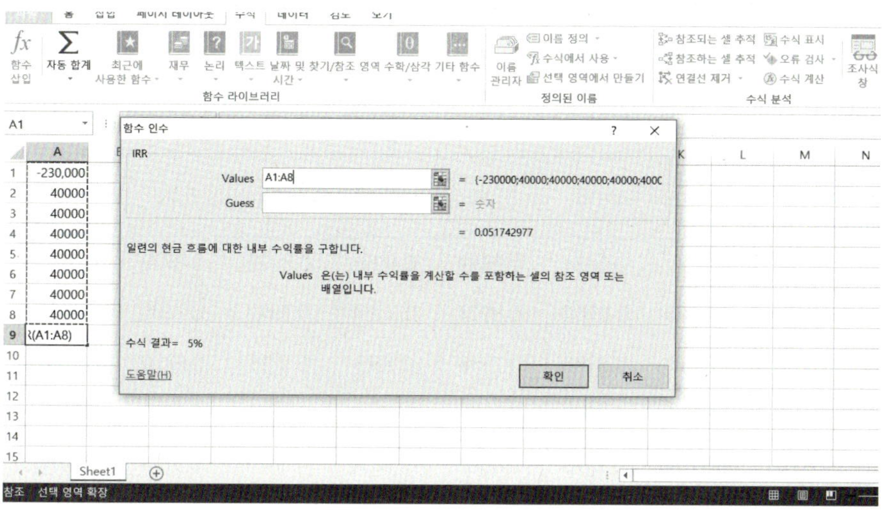

그림 B-4 **유효이자율 자동계산**

[부록] 현가표

① 미래 1원의 현재가치 $PV=\frac{1}{(1+r)^n}$

n \ %	0.02	0.04	0.06	0.08	0.10	0.12	0.14	0.16	0.18
1	0.9804	0.9615	0.9434	0.9259	0.9091	0.8929	0.8772	0.8621	0.8475
2	0.9612	0.9246	0.8900	0.8573	0.8264	0.7972	0.7695	0.7432	0.7182
3	0.9423	0.8890	0.8396	0.7938	0.7513	0.7118	0.6750	0.6407	0.6086
4	0.9238	0.8548	0.7921	0.7350	0.6830	0.6355	0.5921	0.5523	0.5158
5	0.9057	0.8219	0.7473	0.6806	0.6209	0.5674	0.5194	0.4761	0.4371
6	0.8880	0.7903	0.7050	0.6302	0.5645	0.5066	0.4556	0.4104	0.3704
7	0.8706	0.7599	0.6651	0.5835	0.5132	0.4523	0.3996	0.3538	0.3139
8	0.8535	0.7307	0.6274	0.5403	0.4665	0.4039	0.3506	0.3050	0.2660
9	0.8368	0.7026	0.5919	0.5002	0.4241	0.3606	0.3075	0.2630	0.2255
10	0.8203	0.6756	0.5584	0.4632	0.3855	0.3220	0.2697	0.2267	0.1911
11	0.8043	0.6496	0.5268	0.4289	0.3505	0.2875	0.2366	0.1954	0.1619
12	0.7885	0.6246	0.4970	0.3971	0.3186	0.2567	0.2076	0.1685	0.1372
13	0.7730	0.6006	0.4688	0.3677	0.2897	0.2292	0.1821	0.1452	0.1163
14	0.7579	0.5775	0.4423	0.3405	0.2633	0.2046	0.1597	0.1252	0.0985
15	0.7430	0.5553	0.4173	0.3152	0.2394	0.1827	0.1401	0.1079	0.0835
16	0.7284	0.5339	0.3936	0.2919	0.2176	0.1631	0.1229	0.0930	0.0708
17	0.7142	0.5134	0.3714	0.2703	0.1978	0.1456	0.1078	0.0802	0.0600
18	0.7002	0.4936	0.3503	0.2502	0.1799	0.1300	0.0946	0.0691	0.0508
19	0.6864	0.4746	0.3305	0.2317	0.1635	0.1161	0.0829	0.0596	0.0431
20	0.6730	0.4564	0.3118	0.2145	0.1486	0.1037	0.0728	0.0514	0.0365

② 미래 1원 연금의 현재가치[7]

$$PV = \frac{1 - \frac{1}{(1+r)^n}}{r} \quad \text{혹은} \quad PV = \frac{CF_1}{(1+r)^1} + \frac{CF_2}{(1+r)^2} + \dots + \frac{CF_n}{(1+r)^n}$$

n \ %	0.02	0.04	0.06	0.08	0.10	0.12	0.14	0.16	0.18
1	0.980	0.9615	0.9434	0.9259	0.9091	0.8929	0.8772	0.8621	0.8475
2	1.942	1.8861	1.8334	1.7833	1.7355	1.6901	1.6467	1.6052	1.5656
3	1.903	2.7751	2.6730	2.5771	2.4869	2.4018	2.3216	2.2459	2.1743
4	1.866	3.6299	3.4651	3.3121	3.1699	3.0373	2.9137	2.7982	2.6901
5	1.830	4.4518	4.2124	3.9927	3.7908	3.6048	3.4331	3.2743	3.1272
6	0.888	5.2421	4.9173	4.6229	4.3553	4.1114	3.8887	3.6847	3.4976
7	1.759	6.0021	5.5824	5.2064	4.8684	4.5638	4.2883	4.0386	3.8115
8	1.724	6.7327	6.2098	5.7466	5.3349	4.9676	4.6389	4.3436	4.0776
9	1.690	7.4353	6.8017	6.2469	5.7590	5.3282	4.9464	4.6065	4.3030
10	1.657	8.1109	7.3601	6.7101	6.1446	5.6502	5.2161	4.8332	4.4941
11	0.804	8.7605	7.8869	7.1390	6.4951	5.9377	5.4527	5.0286	4.6560
12	1.593	9.3851	8.3838	7.5361	6.8137	6.1944	5.6603	5.1971	4.7932
13	1.562	9.9856	8.8527	7.9038	7.1034	6.4235	5.8424	5.3423	4.9095
14	1.531	10.5631	9.2950	8.2442	7.3667	6.6282	6.0021	5.4675	5.0081
15	1.501	11.1184	9.7122	8.5595	7.6061	6.8109	6.1422	5.5755	5.0916
16	0.728	11.6523	10.1059	8.8514	7.8237	6.9740	6.2651	5.6685	5.1624
17	1.443	12.1657	10.4773	9.1216	8.0216	7.1196	6.3729	5.7487	5.2223
18	1.414	12.6593	10.8276	9.3719	8.2014	7.2497	6.4674	5.8178	5.2732
19	1.387	13.1339	11.1581	9.6036	8.3649	7.3658	6.5504	5.8775	5.3162
20	1.359	13.5903	11.4699	9.8181	8.5136	7.4694	6.6231	5.9288	5.3527

7) 표에 제시된 연금의 현재가치는 위의 공식에 제시된 CF_1, CF_2, CF_n의 값을 모두 1로 가정하여 계산한 값임.

연습문제 객관식

01 다음 중 리스의 개념에 대한 설명으로 옳지 않은 것은?

① 리스제공자는 리스자산의 소유권을 획득한다.

② 리스제공자는 리스료를 리스이용자로부터 수납한다.

③ 리스이용자는 리스대상 자산을 사용하는 실수요자이다.

④ 리스기간 동안 리스대상 자산의 소유권은 리스이용자가 갖고 있다.

02 다음 중 할부로 구매하여 자산을 사용하는 A기업과 운용리스계약을 체결하여 자산을 사용하는 B기업에 대한 설명으로 옳지 않은 것은?

① B기업은 재무상태표에 리스자산과 리스부채를 모두 계상하지 않는다.

② B기업은 손익계산서에 리스료 등 비용만 계상한다.

③ A기업은 재무상태표에 관련 자산과 부채를 모두 계상한다.

④ A기업은 손익계산서에 관련 자산의 감가상각비만 계상한다.

03 다음 중 리스의 회계처리에 대한 설명으로 옳지 않은 것은?

① 리스는 법적 형식이 아닌 거래의 실질에 따라 회계처리가 이루어진다.

② 리스의 분류는 거래의 실질이 단순임대차인지 아니면 할부금융을 이용한 구입인지를 규명하는 것이다.

③ 리스이용자에게 운용리스 회계처리는 여전히 부외금융효과를 가진다.

④ 리스이용자는 리스자산에 대한 소유권이 없어도 자산의 처분이나 용도변경 및 증설 등과 같은 제약이 없다.

04 다음 중 리스의 회계처리에 대한 설명으로 옳은 것은?

① 리스자산의 소유에 따른 위험과 보상의 대부분을 리스제공자에서 리스이용자에게 이전하는 경우를 금융리스로 분류한다.

② 최소리스료에는 미래 발생분을 기초로 결정되는 조정리스료를 포함한다.

③ 금융리스자산과 금융리스부채는 리스실행일에 최소리스료의 현재가치로 인식해야 한다.

④ 금융리스자산은 유사한 자산의 감가상각방법으로 리스기간 동안에 감가상각한다.

연습문제 객관식

05 다음 중 금융리스로 분류하는 경우로 옳지 않은 것은?

① 리스계약에 리스자산에 대한 소유권이전이 약정되어 있는 경우

② 리스기간이 리스자산의 내용연수의 상당부분을 차지하는 경우

③ 염가매수선택권을 가지고 있으며 이를 행사할 것이 확실시되는 경우

④ 최소리스료의 현재가치가 리스자산 공정가치의 75% 이상을 차지하는 경우

06 리스제공자는 신규로 취득한 기계장치를 리스이용자와 3년간의 해지불능리스계약을 체결하였다. 기계장치의 취득원가는 1,000,000원, 추정잔존가치는 100,000원이고, 리스제공자의 내재이자율은 4%로 3년간 연금의 현가계수가 2.78일 때 다음 중 금융리스로 분류하는 경우로 옳은 것은?

① 기계장치는 범용성이 있다.

② 매기 지급하는 리스료는 350,000원이다.

③ 리스자산의 내용연수는 5년이다.

④ 리스기간 종료 시 보증잔존가치는 60,000원이다.

07 다음 중 운용리스 회계처리에 대한 설명으로 옳지 않은 것은?

① 운용리스로 빌린 리스자산은 리스이용자의 재무상태표에 자산으로 계상되지 않는다.

② 리스기간 동안 지급할 리스료는 리스기간에 걸쳐 균등하게 배분된 금액을 비용으로 인식한다.

③ 리스이용자는 리스자산과 직접 관련되어 발생하는 지출을 무조건 비용으로 인식한다.

④ 운용리스 관련 조정리스료는 동 리스료가 발생한 기간의 손익으로 처리한다.

08 다음의 리스계약이 운용리스로 분류될 경우, 결산일이 12월 31일인 리스이용자가 2X16년도 손익계산서에 인식할 운용리스료는 얼마인가?

- 리스기간 : 2X16년 1월 1일 ~ 2X20년 12월 31일
- 리스자산 : 공정가치(시가) 300,000원, 내용연수 10년, 추정잔존가치 30,000원
- 매년 말 리스료 지급액 : 처음 2년간 매년 40,000원, 후반 3년간 60,000원
- 보증잔존가치 10,000원

① 40,000원　　② 52,000원

③ 54,000원　　④ 60,000원

연습문제 객관식

09 다음 중 리스실행일 현재 금융리스부채의 인식에 필요한 요소로 옳지 않은 것은?

① 최소리스료　② 리스자산의 공정가치

③ 내재이자율　④ 리스개설직접원가

10 다음 중 리스개설직접원가에 대한 설명으로 옳은 것은?

① 리스이용자의 리스개설직접원가는 금융리스일 때 금융리스자산으로 인식될 금액에 포함한다.

② 금융리스의 협상 및 계약단계에서 발생한 리스개설직접원가는 별도의 자산으로 인식하고 리스기간 동안 비용으로 처리한다.

③ 운용리스의 협상 및 계약단계에서 발생한 리스개설직접원가는 즉시 비용으로 처리한다.

④ 제조자 또는 판매자인 리스제공자에 의해 리스의 협상 및 계약단계에서 리스와 관련하여 직접 그리고 추가적으로 발생한 리스개설직접원가는 자산으로 인식한다.

11 다음 중 금융리스 회계처리에 대한 설명으로 옳지 않은 것은?

① 최소리스료의 현재가치가 리스자산의 공정가치보다 높은 경우 리스자산의 공정가치를 금융리스자산과 금융리스부채로 계상한다.

② 최소리스료는 리스제공자가 지급하고 리스이용자에게 청구할 수 있는 용역에 대한 비용 및 세금 등을 포함한다.

③ 최소리스료의 현재가치를 계산할 때 적용해야 할 할인율은 리스제공자의 내재이자율이지만, 이를 모른다면 리스이용자의 증분차입이자율을 적용한다.

④ 보증잔존가치를 제외한 매기의 최소리스료는 이자비용과 리스부채의 상환액으로 배분한다.

12 다음 중 금융리스자산과 금융리스부채의 상각에 대한 설명으로 옳지 않은 것은?

① 금융리스부채의 상각은 최소리스료 지급액에서 금융리스부채의 기초잔액에 유효이자율을 곱하여 계산한 이자비용을 차감한 상환액으로 결정한다.

② 정기리스료에서 배분된 금융리스부채의 상환액은 리스기간이 경과될수록 점차 증가한다.

③ 금융리스자산의 감가상각은 리스이용자가 소유한 다른 유사자산의 감가상각과 일관성 있게 회계처리한다.

④ 리스기간 종료 시 자산의 소유권이 이전되는 경우에는 리스기간과 내용연수 중 짧은 기간에 걸쳐 금융리스자산을 감가상각한다.

연습문제 객관식

13 다음 중 금융리스 회계처리의 정당성을 제공하는 회계정보의 질적특성으로 가장 옳은 것은?

① 피드백가치 ② 중요성
③ 표현의 충실성 ④ 검증가능성

14 리스이용자는 2X16년 초에 공정가치 1,000,000원, 내용연수 10년, 추정잔존가치 100,000원인 기계장치를 9년간 리스하고, 리스기간이 종료되는 연도에 행사할 것이 확실한 염가매수선택권을 가진 리스계약을 체결하였다. 2X18년 말 현재 리스이용자는 이 기계장치를 향후 몇 년간 더 상각할 수 있는가?

① 6년 ② 7년
③ 9년 ④ 10년

15 리스이용자의 신용분석 시 유의할 사항으로 옳지 않은 것은?

① 리스계약의 법률적인 형식보다는 실질적인 내용을 인지해야 한다.
② 해지불능인 리스계약은 고정적인 현금유출이므로 운용리스라 하더라도 현금흐름분석 시 고려해야 한다.
③ 리스계약이 실질적인 금융리스임에도 운용리스로 처리된 경우에는 이를 자본화하여 재무제표를 재해석해야 한다.
④ 여신전문 리스회사가 행하는 리스는 법률형식상 금융리스라 하더라도 사실상 운용리스의 성격이 강하다는 사실을 인지해야 한다.

[16~20] 다음의 리스계약에서 리스이용자가 리스기간 종료 시 잔존가치 20,000원을 전액 보증하였다.

- 리스기간 : 2X16년 1월 1일 ~ 2X18년 12월 31일
- 리스자산 : 공정가치(시가) 180,000원, 내용연수 5년, 잔존가치 10,000원
- 매년 말 리스료 지급액 : 62,000원(매년 보험료 2,000원 포함)
- 리스이용자의 유사자산 감가상각방법 : 정액법
- 리스이용자의 증분차입이자율 : 6%(리스제공자의 내재이자율은 모름)
- 현재가치계수(n=3, r=6%) : 연금은 2.6730, 단일금액은 0.8396

연습문제 객관식

16 다음 중 리스실행일에 리스이용자가 인식할 금융리스자산과 금융리스부채의 금액은 얼마인가?

① 103,836원 ② 168,776원
③ 177,172원 ④ 180,000원

17 다음 중 리스이용자의 2X16년 말 재무상태표에 표시될 금융리스부채는 얼마인가?

① 118,603원 ② 125,802원
③ 127,802원 ④ 130,630원

18 다음 중 리스이용자의 2X16년도 손익계산서에 표시될 감가상각비는 얼마인가?

① 34,000원 ② 52,391원
③ 55,724원 ④ 56,667원

19 다음 중 리스의 협상 및 계약단계에서 리스와 관련하여 발생한 원가 10,000원을 리스제공자가 부담하였을 경우, 2X16년 1월 1일에 리스제공자가 인식할 금융리스채권은 얼마인가? 단, 리스제공자는 리스자산의 제조자나 판매자가 아니다.

① 177,172원 ② 180,000원
③ 187,172원 ④ 190,000원

20 주어진 상황과 관련하여 리스기간 종료 시 실제 리스자산의 잔존가액이 5,000원인 경우, 2X18년 12월 31일에 리스제공자가 인식할 리스보증이익은 얼마인가?

① 0원 ② 5,000원
③ 10,000원 ④ 15,000원

연습문제 주관식

01 리스제공자 ㈜동대문은 리스이용자 ㈜남대문에게 특별히 주문 제작된 디젤엔진의 사용권을 10년간 이전하는 계약을 체결하고, 이 기간 중 동 엔진 사용에 따르는 제반 보상과 위험을 같이 떠맡기로 하였다. 이 리스계약은 취소불능이며 2X16년 1월 1일부터 유효하다. 이때 ㈜남대문의 증분차입이자율은 5%이며, ㈜동대문의 내재이자율이 6%라는 것을 ㈜남대문도 알고 있다. 임차료는 매년 12월 31일에 310,000원씩 지급하기로 하였으며, 사용기간 만료 후 ㈜남대문은 이 엔진을 10,000원에 구입할 수 있는 권한이 있다. 이 가격은 추정 중고시장 가격에 비해 아주 싼 가격이므로 구입은 확실할 것으로 판단된다. 임차료의 회수가능성은 비교적 확실하며 추가발생비용에 관한 불확실성은 거의 없다. 한편 엔진의 취득원가는 2,500,000원이며 내용연수는 12년, 추정잔존가치는 50,000원이다. 또한 ㈜남대문은 비슷한 종류의 엔진을 정액법으로 감가상각하고 있다.

요구사항

1) 상기 거래에 대한 실질을 파악하기 위해 리스의 분류에 대하여 논하시오.

2) 2X16년 1월 1일부터 2X17년 12월 31일까지 ㈜남대문에게 필요한 회계처리를 행하시오.

3) ㈜남대문이 2X16년 말에 보고할 부분 재무제표를 작성하시오.

풀이1 :

리스는 계약의 형식보다는 거래의 실질에 따라 분류하는데 리스자산의 소유에 따른 위험과 보상의 대부분을 리스제공자에서 리스이용자에게 이전하는 리스를 금융리스로 분류하고, 리스자산의 소유에 따른 위험과 보상의 대부분을 이전하지 않는 리스를 운용리스로 분류한다. 다음에 예시한 경우 중 하나 이상에 해당하면 일반적으로 금융리스로 분류하므로 상기 거래는 금융리스로 분류한다.

① 소유권이전 조항 ×

② 염가매수선택권 행사 ○

③ 내용연수의 상당기간 ○ (∵ 리스기간이 '내용연수 12년 × 0.75 = 9년' 이상)

④ 공정가치의 대부분 ○ (∵ 최소리스료의 PV는 '₩2,500,000 × 0.90 = ₩2,250,000' 이상)

⑤ 범용성 없는 자산 ○

연습문제 주관식

풀이2 :

① 2X16. 1. 1. 회계처리

(차) 금융리스자산	2,287,215	(대) 금융리스부채	2,287,215*

* 연금 1원의 현가계수(10년, 6%)는 7.3601, 1원의 현가계수(10년, 6%)는 0.5584이므로 최소리스료의 현재가치는 (₩310,000×7.3601) + (₩10,000×0.5584) = ₩2,281,631 + ₩5,584 = ₩2,287,215 (자산의 공정가치 ₩2,500,000 한도이내에 해당)이다.

② 2X16. 12. 31. 회계처리

(차) 이자비용	137,233*	(대) 현금	310,000
금융리스부채	172,767**		
(차) 감가상각비	186,435***	(대) 감가상각누계액	186,435

* ₩2,287,215 × 6% = ₩137,233 (소수첫째자리에서 반올림)

** ₩310,000 - ₩137,233 = ₩172,767

*** (₩2,287,215 - ₩50,000) ÷ 12 = ₩186,435 (소유권이 이전되므로 내용연수와 추정잔존가치를 이용, 소수첫째자리에서 반올림)

③ 2X17. 12. 31. 회계처리

(차) 이자비용	126,867*	(대) 현금	310,000
금융리스부채	183,133**		
(차) 감가상각비	186,435***	(대) 감가상각누계액	186,435

* (₩2,287,215 - ₩172,767) × 6% = ₩126,867 (소수첫째자리에서 반올림)

** ₩310,000 - ₩126,867 = ₩183,133

*** (₩2,287,215 - ₩50,000) ÷ 12 = ₩186,435 (정액법이므로 2X16년 12월 31일과 동일)

풀이3 : 부분 재무제표

부분 재무상태표 2X16. 12. 31. 현재			부분 손익계산서 2X16. 1. 1. ~ 2X16. 12. 31.	
금융리스자산	2,287,215		:	
감가상각누계액	(186,435)	2,100,780	감가상각비	186,435
:			:	
금융리스부채		2,114,448	이자비용	137,233

연습문제 주관식

02 ㈜한국리스는 새로운 크레인을 ㈜교덕건설에 7년간 임대하는 취소불능 리스계약을 체결하였다. 리스실행일은 2X16월 1월 1일이며, 매년 12월 31일에 임대료 50,000원을 수령한다. 단, 임대료 50,000원에는 보험료 800원, 세금 500원, 수선유지비 4,200원이 포함되어 있다. 리스실행일에 크레인의 공정가치는 300,000원, 내용연수는 7년이다. 리스기간 말에 예상되는 크레인의 잔존가치는 70,000원이며, 크레인의 감가상각은 정액법을 적용한다. 두 회사의 결산일은 매년 12월 31일이고, ㈜교덕건설의 증분차입이자율은 연 4%이다. 리스료의 회수가능성은 비교적 확실하며 추가발생비용에 관한 불확실성은 거의 없다고 가정한다.

요구사항

1) 이 리스계약은 어떤 리스로 분류되는지 근거와 함께 제시하시오.

2) 리스실행일부터 리스종료일까지 ㈜교덕건설에게 필요한 회계처리를 행하시오.

풀이1 :

다음에 예시한 경우 중 하나 이상에 해당하면 일반적으로 금융리스로 분류하므로 상기 리스계약은 금융리스로 분류한다.

① 소유권이전 조항 ×

② 염가매수선택권 행사 ×

③ 내용연수의 상당기간 ○ (∵ 리스기간이 '내용연수 7년 × 0.75 = 5.25년' 이상)

④ 공정가치의 대부분 × (∵ 최소리스료의 PV는 '₩300,000 × 0.90 = ₩270,000' 이상)

⑤ 범용성 없는 자산 ×

연습문제 주관식

풀이2 :

① 2X16. 1. 1. 회계처리

(차) 금융리스자산	267,093	(대) 금융리스부채	267,093*

* 연금 1원의 현가계수(7년, 4%)는 6.0021이므로 최소리스료(₩50,000 - ₩800 - ₩500 - ₩4,200 = ₩44,500)의 현재가치는 ₩44,500 × 6.0021 = ₩267,093 (자산의 공정가치 ₩300,000 한도 이내에 해당)

② 2X16. 12. 31. 회계처리

(차) 이자비용	10,684*	(대) 현금	50,000
금융리스부채	33,816**		
보험료	800		
세금과공과	500		
수선비	4,200		
(차) 감가상각비	38,156***	(대) 감가상각누계액	38,156

* ₩267,093 × 4% = ₩10,684

** ₩44,500 - ₩10,684 = ₩33,816

*** (₩267,093 - ₩0) ÷ 7 = ₩38,156 (소유권이전이나 염가매수선택권 조항이 없으므로, 리스기간과 내용연수 중 짧은 기간과 보증잔존가치를 적용)

③ 2X17. 12. 31. ~ 2X22. 12. 31. 회계처리

아래에 제시된 유효이자율법으로 계산한 매년 말 이자비용과 금융리스부채상환액을 참조하여 2X16년 12. 31. 분개와 동일하게 회계처리한다.

일 자	최소리스료 지급액 (a)	이자비용 (b) = 기초(d) × 4%	리스부채상환액 (c) = (a) - (b)	리스부채잔액 (d) = 기초(d) - (c)
2X16. 1. 1.	-	-	-	₩267,093
2X16. 12. 31.	₩44,500	₩10,684	₩33,816	233,277
2X17. 12. 31.	44,500	9,331	35,169	198,108
2X18. 12. 31.	44,500	7,924	36,576	161,532
2X19. 12. 31.	44,500	6,461	38,039	123,493
2X20. 12. 31.	44,500	4,940	39,560	83,933
2X21. 12. 31.	44,500	3,357	41,143	42,790
2X22. 12. 31.	44,500	1,710	42,790*	0

* 리스거래가 종료되는 마지막 연도에는 리스부채 잔액을 0으로 만들기 위해 끝수조정을 한다. 따라서 기초잔액을 리스부채상환액으로 인식한 후, 최소리스료와 이 상환액의 차액을 이자비용으로 계상한다.

연습문제 주관식

03 다음의 리스는 금융리스로 분류된다. 이 경우 리스이용자에게 필요한 리스관련 모든 회계처리를 행하시오.

- 2X16년 1월 1일은 리스계약을 체결하여 리스료가 최초로 발생되는 날이다.
- 리스대상 자산인 기계장치의 내용연수와 리스기간은 3년으로 동일하며, 리스종료 후 기계는 리스제공자에게 반환한다.
- 기계장치의 공정가치(시가)는 290,000원이다.
- 리스료는 매년 말 100,000원씩 지급되며, 보험료로 매년 2,000원씩을 추가로 리스제공자에게 지급한다.
- 리스이용자는 리스종료 후에 예상되는 잔존가치 20,000원을 전액 보증하였다. 그러나 2X18년 12월 31일 현재 리스자산의 실제잔존가치는 2,000원이다.
- 리스이용자의 증분차입이자율은 연 4%이며, 리스제공자의 내부수익률은 6%로서 리스이용자도 이를 알고 있다.
- 리스이용자는 유사한 자산의 감가상각을 정액법으로 하고 있다.

풀이 :

유효이자율법으로 계산한 매년 말 이자비용과 금융리스부채상환액을 제시하면 아래 상각표와 같다. 따라서 각 시점별 해당 금액을 근거로 필요한 회계처리를 행한다.

일 자	최소리스료 지급액 (a)	이자비용 (b) = 기초(d) × 6%	리스부채상환액 (c) = (a) - (b)	리스부채잔액 (d) = 기초(d) - (c)
2X16. 1. 1.	-	-	-	₩284,092*
2X16. 12. 31.	₩100,000	₩17,046	₩82,954	201,138
2X17. 12. 31.	100,000	12,068	87,932	113,206
2X18. 12. 31.	100,000	6,794	93,206**	20,000

* 연금 1원의 현가계수(3회, 6%)는 2.6730, 단일금액 1원의 현가계수(3회, 6%)는 0.8396이므로, 최소리스료의 현재가치는 (₩100,000 × 2.6730) + (₩20,000 × 0.8396) = ₩267,300 + ₩16,792 = ₩284,092 (자산의 공정가치 ₩290,000 한도 이내에 해당)

** 리스거래가 종료되는 마지막 연도에는 리스부채 잔액을 20,000원으로 만들기 위해 끝수조정을 한다. 따라서 기초잔액을 리스부채상환액으로 인식한 후, 최소리스료와 이 상환액의 차액을 이자비용으로 계상한다.

연습문제 주관식

① 2X16. 1. 1. 회계처리

(차) 금융리스자산	284,092	(대) 금융리스부채	284,092

② 2X16. 12. 31. 회계처리

(차) 보험료	2,000	(대) 현금	102,000
이자비용	17,046		
금융리스부채	82,954		
(차) 감가상각비	88,031*	(대) 감가상각누계액	88,031

* (₩284,092 - ₩20,000) ÷ 3 = ₩88,031 (리스종료 후 반환되므로 추정잔존가치가 아닌 보증잔존가치를 이용, 소수첫째자리에서 반올림)

③ 2X17. 12. 31. 회계처리

(차) 보험료	2,000	(대) 현금	102,000
이자비용	12,068		
금융리스부채	87,932		
(차) 감가상각비	88,031	(대) 감가상각누계액	88,031

④ 2X18. 12. 31. 회계처리

(차) 보험료	2,000	(대) 현금	102,000
이자비용	6,794		
금융리스부채	93,206		
(차) 감가상각비	88,030*	(대) 감가상각누계액	88,030
(차) 감가상각누계액	264,092	(대) 금융리스자산	284,092
금융리스부채	20,000		
(차) 리스보증손실	18,000	(대) 현금	18,000

* (₩284,092 - ₩20,000) - ₩88,031 - ₩88,031 = ₩88,030 (리스자산 감가상각대상금액과 일치되도록 마지막 연도의 감가상각비에서 끝수조정)

연습문제 주관식

04 **리스이용자는 2X16년 초에 리스제공자로부터 아래와 같은 최신형 컴퓨터의 사용권을 이전하는 리스계약을 체결하였다. 전체 리스기간 동안에 리스이용자에게 필요한 회계처리를 행하시오.**

- 리스기간 : 2X16. 1. 1 ~ 2X19. 12. 31 (4년)
- 리스료 : 매년 말 1,000,000원씩 지급
- 염가매수선택권 : 리스기간 종료 시 50,000원을 지급하고 리스물건 취득
- 증분차입이자율 : 4%, 리스회사의 내부수익률과 동일
- 리스자산 : 취득원가 4,000,000원, 추정잔존가액 400,000원, 내용연수 5년
- 감가상각방법 : 정액법 사용

풀이:

리스는 계약의 형식보다는 거래의 실질에 따라 분류하는데 리스자산의 소유에 따른 위험과 보상의 대부분을 리스이용자에게 이전하는 리스를 금융리스로 분류하고, 금융리스 이외의 리스를 운용리스로 분류한다. 따라서 염가매수선택권이 주어진 상기 거래는 금융리스로 분류하여 아래와 같은 회계처리를 행한다.

① 2X16. 1. 1. 회계처리

(차)	금융리스자산	3,672,640	(대) 금융리스부채	3,672,640*

* 연금 1원의 현가계수(4년, 4%)는 3.6299, 단일금액 1원의 현가계수(4년, 4%)는 0.8548이므로 최소리스료의 현재가치는 (₩1,000,000×3.6299) + (₩50,000×0.8548) = ₩3,672,640(리스자산의 공정가치 ₩4,000,000 한도 이내)이다.

② 2X16. 12. 31. 회계처리

(차)	이자비용	146,906*	(대) 현금	1,000,000
	금융리스부채	853,094		
(차)	감가상각비	654,528**	(대) 감가상각누계액	654,528

* ₩3,672,640 × 4% = ₩146,906 (소수첫째자리에서 반올림)

** (₩3,672,640 - ₩400,000) ÷ 5 = ₩654,528 (소유권이 이전되므로 내용연수와 추정잔존가치를 사용)

③ 2X17. 12. 31. 회계처리

(차) 이 자 비 용	112,782*	(대) 현 금	1,000,000
금융리스부채	887,218		
(차) 감 가 상 각 비	654,528	(대) 감가상각누계액	654,528

* (₩3,672,640 - ₩853,094) × 4% = ₩112,782 (소수첫째자리에서 반올림)

④ 2X18. 12. 31 회계처리

(차) 이 자 비 용	77,293*	(대) 현 금	1,000,000
금융리스부채	922,707		
(차) 감 가 상 각 비	654,528	(대) 감가상각누계액	654,528

* (₩3,672,640 - ₩853,094 - ₩887,218) × 4% = ₩77,293 (소수첫째자리에서 반올림)

⑤ 2X19. 12. 31 회계처리

(차) 이 자 비 용	112,782*	(대) 현 금	1,000,000
금융리스부채	959,621*		
(차) 감 가 상 각 비	654,528	(대) 감가상각누계액	654,528

* (₩3,672,640 - ₩853,094 - ₩887,218 - ₩922,707) - ₩50,000 = ₩959,621 (끝수조정을 위해 염가매수행사가 ₩50,000을 남기고 모두 상환)

⑥ 2X19. 12. 31 염가매수권 행사 회계처리

(차) 금융리스부채	50,000	(대) 현 금	50,000

연습문제 주관식

05 ㈜삼청상사의 요약 재무자료와 리스에 관한 주석사항은 다음과 같다.

(단위: 백만원)

요약 재무자료 (2X16)	
유형자산	6,800
총자산	14,278
총부채	8,306
자 본	5,972
순이익	1,130
이자비용	580

(단위: 천원)

주석사항		
	금융리스	운용리스
2X17	977,934	605,000
2X18	699,722	605,000
2X19	546,857	605,000
2X20	318,478	605,000
2X21	143,852	205,000
계	2,686,843	2,600,000
미경과이자	(488,516)	
순 액	2,198,327	

추가자료 :

1) 평균잔여리스기간 : 5년

2) 증분차입이자율 : 12%

3) 평균총리스기간 : 8년

4) 감가상각방법은 정률법을 사용하며, 2X16년 중 평균감가상각률은 20%임.

5) 2X16년 중 운용리스의 리스료 지급액은 605,000천원이며, 이중 5,000원은 보험료임.

6) 유효법인세율은 30%임.

7) 향후 지급할 운용리스료에는 연간 보험료 5,000천 원이 포함 되어 있음.

요구사항

1) 운용리스를 사실상의 금융리스로 볼 때 금융리스부채 및 금융리스자산증가액, 감가상각비증가액, 이자비용증가액, 세전 및 세후 순이익증감액은 각각 얼마인가?

2) 수정 전과 수정 후의 고정비율, 이자보상율, 총자산순이익률, 부채비율은 각각 어떻게 변동하는가?

연습문제 주관식

풀이 :

본 문제는 제5절에 제시한 간이계산법인 현가법을 이용하여 리스자산과 리스부채액을 추산하고, 이러한 리스부채 잔액과 리스부채액에 기초하여 이자비용, 감가상각비, 세전순이익 및 세후순이익 등 재무제표에 미치는 영향을 파악해야 한다. 또한 재무제표에 미치는 영향이 다르면 재무비율도 다르기 때문에 수정된 재무제표를 기초로 하여 재무비율을 계산하면 될 것이다. 아래에 제시된 수치는 향후 5년간 지급할 운용리스료의 현재가치를 이용하여 설정한 리스자산 및 부채액이다. 문제풀이를 위한 나머지 절차나 과정에 대하여는 제5절에 제시된 <사례 II-5>를 참조하여 푼다.

리스자산 및 리스부채 증가액 = 1,935,860원

감가상각비 증가액 = 387,172원

이자비용 증가액 = 232,303원

세전순이익 증감액 = -19,475원

당기순이익 증감액 = -13,633원

정답 및 해설

01 ④

≫ 리스는 리스자산의 소유권을 가진 리스제공자가 자산의 사용권을 합의된 기간 동안 리스이용자에게 이전하고, 리스이용자는 그 대가로 사용료를 리스제공자에게 지급하는 계약을 말한다.

02 ④

≫ 할부로 구입한 A기업은 손익계산서에 감가상각비와 이자비용 모두를 손익계산서에 비용으로 계상한다.

03 ④

≫ 리스제공자가 소유권을 가지게 되어 자산의 적시처분이나 용도변경 및 증설 등에 많은 제약이 따른다.

04 ①

≫ ② 조정리스료는 확정된 금액이 아니라 기간경과 이외의 요소(예 : 매출액의 일정비율, 사용량, 물가지수)를 기초로 하여 결정되므로 현재가치로 측정되는 최소리스료에 포함하지 않는다. ③ 리스실행일에 금융리스자산과 금융리스부채는 리스자산의 공정가치와 최소리스료의 현재가치 중 작은 금액으로 인식한다. ④ 금융리스자산의 상각기간은 리스자산의 소유권이전 유무에 따라 다르다. 소유권이 이전되는 경우에는 리스자산의 내용연수 동안에 상각하며, 소유권이 이전되지 않는 경우에는 리스기간과 내용연수 중 짧은 기간 동안 상각한다.

05 ④

≫ 리스거래는 아래의 5가지 예시 중 한 가지 이상에 해당하는 경우 금융리스로 분류한다. (1) 리스기간 종료 시 또는 그 이전에 리스자산의 소유권이 리스이용자에게 이전되는 경우, (2) 리스실행일 현재 리스이용자가 염가매수선택권을 가지고 있고, 이를 행사할 것이 확실시되는 경우, (3) 리스자산의 소유권이 이전되지 않을지라도 리스기간이 리스자산 내용연수의 상당부분을 차지하는 경우, (4) 리스실행일 현재 최소리스료를 내재이자율로 할인한 현재가치가 리스자산 공정가치의 대부분을 차지하는 경우, (5) 리스이용자만이 중요한 변경 없이 사용할 수 있는 특수한 용도의 리스자산인 경우

정답 및 해설

06 ②

≫ 리스의 분류기준으로 예시된 5가지 경우에서 실무지침은 리스자산 내용연수의 상당부분을 75% 이상으로 간주하고, 리스자산 공정가치의 대부분을 90% 이상으로 간주하여 판단한다. 따라서 최소리스료의 현재가치는 ₩350,000 × 2.78 = ₩973,000이므로 리스자산의 공정가치 ₩1,000,000의 대부분을 차지하기에 금융리스로 분류한다.

07 ③

≫ 리스의 분류와 상관없이 리스자산의 부대시설과 관련하여 발생한 비용과 리스실행일 이후 리스자산과 직접 관련되어 발생하는 수선비(리스이용자의 부담분에 한한다) 중 자산으로 인식되는 금액은 이를 리스개량자산으로 인식한다.

08 ②

≫ 운용리스에서 보증잔존가치를 제외한 최소리스료는 리스이용자의 기간적 효익의 형태를 보다 잘 나타내는 다른 체계적인 인식기준이 없다면 리스기간에 걸쳐 균등하게 배분된 금액을 손익계산서에 비용으로 인식한다. 따라서 매년 인식할 운용리스료는 (₩40,000 × 2 + ₩60,000 × 3) ÷ 5 = ₩52,000이다.

09 ④

≫ 리스이용자는 리스실행일에 최소리스료의 현재가치와 리스자산의 공정가치 중 작은 금액을 금융리스자산과 금융리스부채로 각각 인식한다. 이 경우 최소리스료의 현재가치를 계산할 때 적용해야 할 할인율은 리스제공자의 내재이자율이며, 만약 이를 알 수 없다면 리스이용자의 증분차입이자율을 적용한다. 리스이용자의 리스개설직접원가는 금융리스자산으로 인식될 금액에 포함한다.

정답 및 해설

10 ①

≫ ② 리스이용자와 제조자도 판매자도 아닌 리스제공자의 금융리스의 경우, 리스개설직접원가는 별도의 자산이 아닌 금융리스자산과 금융리스채권의 최초인식액에 포함하여 리스기간 동안에 인식되는 수익을 감소시킨다. ③ 운용리스의 협상 및 계약단계에서 발생한 리스개설직접원가는 별도의 자산(예: 리스개설직접원가)으로 인식하고 리스료수익에 대응하여 리스기간 동안 비용으로 처리한다. ④ 제조자 또는 판매자인 리스제공자에 의해 리스의 협상 및 계약단계에서 리스와 관련하여 직접 그리고 추가적으로 발생한 리스개설직접원가는 당기비용으로 인식한다.

11 ②

≫ 최소리스료는 리스기간에 리스이용자가 리스제공자에게 지급해야 하는 금액이지만, 조정리스료와 리스제공자가 지급하고 리스이용자에게 청구할 수 있는 용역에 대한 비용 및 세금 등은 제외한다.

12 ④

≫ 금융리스자산의 감가상각은 만약 리스이용자가 리스기간 종료 시 또는 그 이전에 자산의 소유권을 획득할 것이 확실시된다면 자산의 내용연수에 걸쳐 감가상각하며, 그러하지 않은 경우에는 리스기간과 내용연수 중 짧은 기간에 걸쳐 감가상각한다.

13 ③

≫ 리스는 거래의 실질에 따라 리스자산의 소유에 따른 위험과 보상의 대부분을 리스이용자에게 이전하는 경우 금융리스로 분류하여 회계처리한다. 즉 이러한 경우 리스이용자는 경제적 실질을 반영하기 위해서 리스자산의 법적 소유권이 없음에도 불구하고 금융리스자산과 금융리스부채를 인식한다. 리스계약의 형식보다 거래의 실질을 우선하는 이러한 회계처리는 회계정보의 질적특성 중에서 표현의 충실성을 높이기 위함이다.

정답 및 해설

14 ②

≫ 염가매수선택권이 주어진 경우에는 리스자산의 소유권이 염가매수선택권 행사 시 리스이용자에게 이전되므로 경제적 실질은 리스이용자가 처음부터 리스자산을 구입한 것과 같다. 따라서 내용연수는 10년이므로 2X18년 말 현재 리스이용자는 향후 7년간 더 감가상각을 해야 한다.

15 ④

≫ 리스는 거래의 대상이 주로 기업의 설비투자와 직결되는 물적 금융이다. 따라서 국내에서 실행되는 리스의 대부분은 장기리스이며 여신전문 리스회사가 행하므로 법률형식상 운용리스라 하더라도 사실상에 있어서는 금융리스의 성격이 강하다는 사실을 인지해야 한다.

16 ③

≫ 금융리스의 리스이용자는 최소리스료의 현재가치를 공정가치와 비교하여 둘 중 작은 금액을 금융리스자산과 금융리스부채를 계상한다. 이때 보험료는 최소리스료에서 제외시킨다. 따라서 아래와 같은 계산근거에 따라 최소리스료의 현재가치는 177,172원이며, 공정가치는 180,000원이므로 금융리스자산과 금융리스부채는 177,172원으로 인식한다.

• 정기적인 리스료 지급액의 현재가치	= ₩60,000 × 2.6730	= ₩160,380
• 보증잔존가액의 현재가치	= ₩20,000 × 0.8396	= ₩ 16,792
	합계	= ₩177,172

17 ③

≫ 2X16년 말 재무상태표에 표시될 금융리스부채는 (1) 2X16년 초 금융리스부채 ₩177,172에서 (2) 유효이자율법에 의해 계산된 2X16년 말 금융리스부채상환액을 차감한 잔액이다. 2X16년 말 금융리스부채의 상환액은 보험료를 제외한 2X16년 말 리스료 ₩60,000에서 2X16년 말 유효이자율법에 의해 계산된 이자비용 ₩177,172 × 0.06 = ₩10,630을 차감한 ₩49,370이다. 따라서 2X16년 말 재무상태표에 표시될 금융리스부채는 ₩177,172 − ₩49,370 = ₩127,802이다.

정답 및 해설

18 ②

≫ 2X16년도 손익계산서에 표시될 금융리스자산의 감가상각비는 정액법으로 계산하면 (₩177,172 - ₩20,000) ÷ 3 = ₩52,391이다.

19 ④

≫ 2X16년 초 리스제공자가 인식할 금융리스채권은 리스자산의 공정가치와 리스제공자가 부담한 리스개설직접원가의 합계액이다. 다만, 제조자나 판매자가 리스제공자인 경우에는 리스의 협상 및 계약단계에서 리스와 관련하여 발생한 원가는 주로 매출이익 획득과 관계가 있으므로 리스개설직접원가가 아닌 비용으로 인식한다. 따라서 2X16년 초 리스제공자가 인식할 금융리스채권은 ₩190,000이다.

20 ④

≫ 2X16년 초 리스계약에서 리스이용자는 리스기간 종료 시 잔존가치 예상액 ₩20,000원을 전액 보증하였다. 따라서 리스제공자는 리스계약 종료 시 실제 잔존가치 ₩5,000인 리스자산과 함께 현금 ₩15,000을 리스이용자로부터 수령하므로 리스회수손실 ₩15,000과 리스보증이익 ₩15,000을 동시에 인식한다.

제III장 환율변동효과

학습목표

- 재무제표에 반영되는 환율변동효과의 유형을 구분하여 설명할 수 있다.
- 화폐성항목과 비화폐성항목으로 구분 인식되는 외화거래의 환산과 현행환율법에 의한 재무제표의 표시통화로의 환산을 이해할 수 있다.
- 신용분석 시 미래의 환율변동을 예측하여 기업의 미래 현금흐름에 미치는 영향을 파악할 수 있다.

학습개요

본 장에서는 재무제표에 반영되는 환율변동효과의 유형과 유형별로 필요한 회계처리를 설명하여 신용분석 시 환율변동효과에 대한 정확한 해석을 제시하고, 또한 미래의 현금흐름에 영향을 미치는 향후 환율변동의 예측방법을 소개한다. 이를 위해

첫째, 외화거래의 환산유형과 화폐성·비화폐성항목을 구분하여 이들의 환율변동효과를 인식하는 방법에 대하여 설명한다.

둘째, 재무제표의 표시통화로의 환산방법을 비교 설명하여 현행 환산방법인 현행환율법에 대한 특징을 제시한다.

셋째, 신용분석 시 환율변동효과에 대한 해석과 향후 환율변동이 미래 현금흐름에 미칠 영향을 파악할 때 고려할 사항을 소개한다.

제1절 환율변동효과의 개관

1.1 환율변동효과의 의의와 유형

기업은 외화거래나 해외사업장의 운영과 같은 방법으로 외화 관련 활동을 수행할 수 있으며, 또한 재무제표를 외화로 표시하기도 한다. 이러한 경우 환율변동의 효과를 재무제표에 반영하는 외화환산(外貨換算: foreign currency translation)이 행해진다. 따라서 기업은 외화거래나 해외사업장의 운영을 재무제표에 반영할 때나, 재무제표를 다른 통화로 환산할 때 적용환율은 어떻게 결정되고, 이들의 환율변동효과는 재무제표에 어떻게 보고하는지 알아야 한다.

환율변동의 효과를 재무제표에 반영하는 외화환산의 유형은 기능통화에 의한 외화거래의 환산과 기능통화로 표시된 재무제표의 표시통화로의 환산으로 분류할 수 있다. 이때 기능통화에 의한 외화거래의 환산은 다시 외화거래의 환산(완결거래의 환산)과 외화표시잔액의 환산(미완결거래의 환산)으로 세분화된다. 또한 기능통화로 표시된 재무제표의 표시통화로의 환산은 재무제표에 표시되는 통화가 기능통화와 다른 경우로서 일반적으로 해외지사, 해외사업소, 해외소재 지분법 적용대상회사, 해외자회사의 재무제표를 보고기업 재무제표에 포함시키기 위한 환산이 여기에 해당된다. 따라서 환율변동효과의 유형을 요약하여 제시하면 〈그림 Ⅲ-1〉과 같다.

그림 III-1 환율변동효과1)의 유형

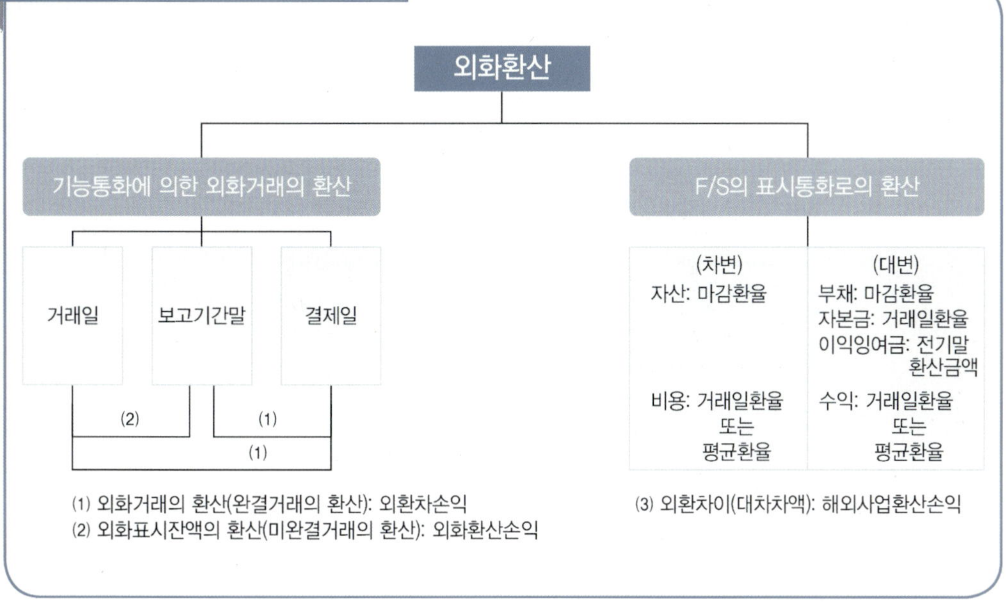

실제 환율변동효과에 대한 회계기준[2]은 3가지 통화개념과 회계처리 목적을 3가지로 구분하여 각각에 어떤 환율을 사용하여 환율변동효과를 재무제표에 보고할 것인지에 관한 방법을 규정하고 있다. 이에 대한 주요 내용을 요약하면 〈사례 III-1〉과 같다. 그러나 본 장에서 설명할 구체적인 회계처리는 상기한 바와 같이 2가지 목적에 한한다. 즉, 기능통화에 의한 외화거래의 보고가 첫 번째 목적이며, 이는 다시 구체적으로 결제시점의 외화거래(완결거래)와 기말시점의 외화표시잔액(미완결거래)에 대한 회계처리로 나뉜다. 두 번째 목적은 기능통화로 작성된 재무제표를 표시통화로 환산하는 것으로 이에 대한 회계처리는 소위 현행환율법이라는 방법을 적용하도록 규정하고 있다.

---

1) K-IFRS 제1021호 '환율변동효과'는 재무제표의 표시통화로의 환산에 따른 외환차이는 기타포괄손익으로 인식하고, 기능통화에 의한 외화거래의 환산에 따른 외환차이는 당기손익항목으로 인식하도록 제시할 뿐 구체적인 계정을 구분하지는 않았다.

2) IAS 21 The Effects of Changes in Foreign Exchange Rates은 환율변동효과에 대한 포괄적인 회계처리 내용을 규정하고 있지만 외화파생상품은 일반적으로 금융상품에 관한 별도의 기준서들에서 규정한 내용을 따르게 하였다. 일반기업회계기준 제23장 환율변동효과는 이러한 IAS 21에 대응하는 K-IFRS 제1021호 환율변동효과와 중요한 차이가 없다. 따라서 본 장은 외화파생상품이나 K-IFRS 제1021호에 대한 별도의 언급은 생략한다.

사례 III-1 환율변동효과 회계기준의 주요 내용[3)]

① 3가지 통화개념

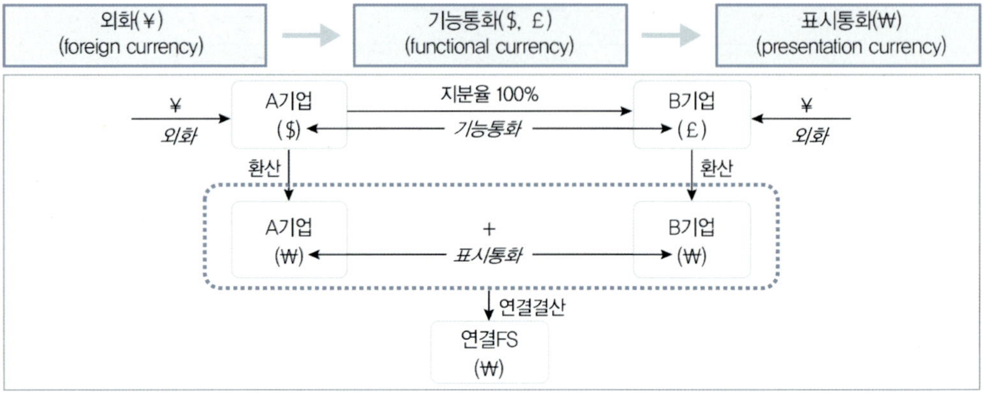

② 3가지 회계처리의 목적과 개념

구분	목적	개념
(1)	외화거래와 외화표시잔액의 회계처리 (기능통화에 의한 외화거래의 보고)	A, B 기업은 기능통화를 각각 결정하고[A는 달러화($), B는 파운드화(£)], 외화인 엔화(¥) 거래를 기능통화인 달러화($)와 파운드화(£)로 각각 환산
(2)	재무제표를 표시통화로 환산	기능통화인 달러화($)로 작성된 A의 재무제표를 A의 표시통화인 원화(₩)로 환산
(3)	해외사업장의 운영을 재무제표에 반영 (연결, 비례연결, 지분법의 적용)	연결재무제표 작성을 위해 파운드화(£)로 작성된 B의 재무제표를 보고기업 A의 표시통화인 원화(₩)로 환산하고 연결결산 수행

3) '한국채택국제회계기준 문답식 요해 시리즈(3) 환율변동효과'(월간 "상장" 2008년 12월, 한국상장회사협의회에 제시된 그림과 표 인용)

1.2 환율변동효과의 기본문제

환율변동효과의 기본문제는 어떤 항목에 어떤 환율을 적용할 것이며, 외환차이인 차익이나 차손은 어떻게 처리할 것인가 하는 문제이다. 이러한 기본문제는 〈그림 Ⅲ-1〉에 제시된 3가지 유형에 따라 다르다.

외화환산 시 적용할 환율은 기본적으로 마감환율(=결산일 현물환율), 거래일환율(=거래일 현물환율, 역사적 환율) 두 가지가 있다. 어떤 외화항목에 거래일환율을 적용하는 경우에는 해당 항목이 결제되거나 처분되지 않는 한, 시간이 경과하고 환율이 변동하여도 외환차이가 발생하지 않는다. 즉, 측정속성 중 역사적원가를 선택한 것과 동일한 의미이기에 환율변동효과도 인식하지 않는 것이다. 반면, 어떤 외화항목에 마감환율을 적용하는 경우에는 외화항목의 잔액을 보고기간말의 현물환율로 재환산하는 것이므로 외환차이가 발생한다. 이는 측정속성 중 공정가치 즉, 현행원가를 적용하는 것과 동일한 의미이기에 마감환율을 소위 현행환율이라 부르며 환율변동효과를 인식하게 된다. 예를 들면, 2X16년 초에 화폐성항목인 외화매출채권 US$1,000이 발생하였다고 가정하자. 이때 현물환율은 2X16년 초 US$1.00 = ₩1,000, 2X16년 말 US$1.00 = ₩970이다. 이러한 경우 2X16년 초에 최초로 인식되는 외화매출채권은 거래일환율 US$1.00 = ₩1,000을 적용하여 1,000,000원이 인식된다. 그러나 기말에는 마감환율 US$1.00 = ₩970이 적용되어 외화매출채권은 970,000원으로 변동되므로 환율변동효과인 외화환산손실 30,000원의 회계처리가 필요하게 된다.

따라서 환율변동효과의 인식 유무에 대한 일차적인 문제는 재무제표의 어떤 항목에 거래일환율을 적용하고, 어떤 항목에 마감환율을 적용하느냐이며, 이차적인 문제는 외환차이가 발생하여 환율변동효과를 인식하는 경우에는 이를 어떻게 회계처리할 것인가이다. 예를 들면, 상기된 외화매출채권에 마감환율을 적용하여 발생한 외환차이 30,000원은 당기 손익계산서의 영업외비용으로 즉시 인식한다. 반면, 외화표시 매도가능채무증권의 경우에 외환차이는 평가손익에 반영하여 기타포괄손익으로 보고한다.

1.3 기능통화와 표시통화

기능통화(functional currency)란 영업활동이 이루어지는 주된 경제환경의 통화를 말하는데 기업은 이러한 기능통화[4]를 식별해야 한다. 이 경우 영업활동이 이루어지는 주된 경제환경은 일반적으로 현금을 주요하게 창출하고 사용하는 환경을 말한다. 따라서 기업이 기능통화를 결정할 때 주요 지표인 ① 재화와 용역의 공급가격에 주로 영향을 미치는 통화(흔히 재화와 용역의 공급가격을 표시하고 결제하는 통화) 및 재화와 용역의 공급가격을 주로 결정하는 경쟁요인과 법규가 있는 국가의 통화, ② 재화를 공급하거나 용역을 제공하는 데 드는 노무원가, 재료원가 및 그 밖의 원가에 주로 영향을 미치는 통화(흔히 이러한 원가를 표시하고 결제하는 통화)를 최우선적으로 고려한다. 또한 추가적인 기능통화의 증거로 재무활동(즉, 채무상품이나 지분상품의 발행)으로 조달되는 통화나 영업활동에서 유입되어 통상적으로 보유하는 통화가 해당될 수 있다. 예를 들면, 대부분의 우리나라 기업은 주된 영업활동이 국내에서 이루어지므로 일반적으로 원화가 기능통화이며 동시에 재무제표를 표시하는 표시통화(presentation currency)가 된다. 반면, 거의 모든 거래가 달러화로 결제되고 운용되는 조선업의 경우에 기능통화는 원화가 아닌 달러화가 된다. 즉, 기능통화제도 하에서는 우리나라 기업이라 하더라도 기능통화가 원화가 아닌 달러화나 유로화라면 재무제표를 원화가 아닌 기능통화로 작성할 수 있다. 이렇게 기능통화인 달러화로 장부를 기록하고 재무제표를 표시하면 환율변동으로 인하여 재무상태와 경영성과가 왜곡되는 현상을 방지할 수 있다. 그러나 우리나라에서는 기능통화가 아닌 원화로 표시된 재무제표의 공시를 요구할 수 있다. 이러한 경우에는 기능통화와 재무제표에 표시하는 표시통화가 다르기 때문에 기능통화인 달러화로 표시된 재무제표를 원화로 표시된 재무제표로 환산하는 절차가 필요하게 된다.

또한 해외사업장의 기능통화를 결정할 때 그리고 이러한 해외사업장의 기능통화가 보고기업(여기서 보고기업은 종속기업, 지점, 관계기업, 조인트벤처 형태로 해외사업

4) 다만, 해당 국가의 통화와 기능통화가 다른 경우에는 해당 국가의 통화를 기능통화로 간주할 수 있다.

장을 갖고 있는 기업)의 기능통화와 같은지 판단할 때는 다음과 같은 보조지표를 추가적으로 고려한다. 첫째, 해외사업장의 활동이 보고기업 활동의 일부로서 수행되는지 아니면 상당히 독자적으로 수행되는지 파악한다. 예를 들면, 해외사업장이 보고기업에서 수입한 재화를 판매하고 그 판매대금을 보고기업으로 송금하는 역할만 한다면 해외사업장이 보고기업의 일부로서 활동하는 예에 해당한다. 반면, 해외사업장이 대부분 현지통화로 현금 등의 화폐성항목을 축적하고 비용과 수익을 발생시키며 차입을 일으킨다면 해외사업장의 활동이 상당히 독자적으로 수행되는 예에 해당한다. 둘째, 보고기업과의 거래가 해외사업장의 활동에서 차지하는 비중이 높은지 낮은지 판단한다. 셋째, 해외사업장 활동에서의 현금흐름이 보고기업의 현금흐름에 직접 영향을 주고 보고기업으로 쉽게 송금될 수 있는지, 넷째, 보고기업의 자금 지원 없이 해외사업장 활동에서의 현금흐름만으로 현재의 채무나 통상적으로 예상되는 채무를 감당하기에 충분한지를 고려하여 판단한다. 예를 들면, 해외사업장(=자기업)이 상기된 지표에 따라 보고기업(=모기업)에 종속적이지 않고 독립적으로 이루어지면 해외사업장의 기능통화는 보고기업의 표시통화와 다른 통화로 결정될 수 있다. 이 경우 해외사업장의 재무제표를 보고기업의 표시통화로 환산하는 절차가 필요하게 된다. 반면, 해외사업장이 상기된 지표에 따라 보고기업에 종속적인 경우에는 해외사업장의 기능통화와 보고기업의 표시통화가 동일하여 해외사업장의 재무제표를 보고기업의 표시통화로 환산하는 절차가 생략될 수도 있다.

만약 상기된 기능통화를 결정하는 지표들이 서로 다른 결과를 제시하여 기능통화가 분명하지 않은 경우에는 경영진이 판단하여 실제 거래, 사건 및 상황의 경제적 효과를 가장 충실하게 표현하는 기능통화를 결정한다. 이때 경영진은 맨 앞에 전술한 주요 지표 ①과 ②를 우선하여 고려한다. 또한 기능통화는 그와 관련된 실제 거래, 사건 및 상황을 반영하므로 일단 결정되면 변경하지 아니한다. 다만, 실제 거래, 사건 및 상황에 변화가 있어 변경되는 경우에는 변경한 날부터 전진적으로 적용한다.

한편 기능통화와 표시통화의 차이[5]를 살펴보면 〈표 3-1〉과 같고, 다음에서 다룰

5) '한국채택국제회계기준 문답식 요해 시리즈(3) 환율변동효과'에 제시된 표 인용

환율변동효과에 대한 회계처리를 이해하는 데 도움이 되는 관련 용어를 제시하면 〈표 3-2〉와 같다.

표 3-1 기능통화와 표시통화의 차이

구 분	기능통화	표시통화
결정	주요 지표와 보조지표로 판단	어떤 통화도 표시통화로 결정 가능
목적	실체별 기중 회계처리 (기중 기능통화로 장부 기록)	기말 공시용 재무제표 마련
연결실체별 통일성	실체별로 다른 기능통화를 가질 수 있음	연결재무제표 작성을 위해 연결실체는 하나의 표시통화만을 가져야 함
손익에의 영향	영향을 미침	영향을 미치지 않음(측정이 끝난 자산·부채 등의 단순한 환산)

표 3-2 환율변동효과 용어의 정의

용 어	정 의
외화	기능통화 이외의 다른 통화
기능통화	영업활동이 이루어지는 주된 경제환경의 통화
표시통화	재무제표를 표시할 때 사용하는 통화
환율	두 통화 사이의 교환비율
현물환율	즉시 인도가 이루어지는 거래에서 사용하는 환율
마감환율	보고기간말의 현물환율
화폐성항목	보유하는 화폐단위들과 확정되었거나 결정가능한 화폐단위 수량으로 회수하거나 지급하는 자산·부채
외환차이	특정통화로 표시된 금액을 변동된 환율을 사용하여 다른 통화로 환산할 때 생기는 차이
외환차손익	외화자산의 회수 또는 외화부채의 상환 시에 발생하는 차손익
외화환산손익	결산일에 화폐성외화자산 또는 화폐성외화부채를 환산하는 경우 환율의 변동으로 인하여 발생하는 환산손익
해외사업장	보고기업과 다른 국가에서 또는 다른 통화로 영업활동을 하는 종속기업, 관계기업, 조인트벤처나 지점
연결실체	지배기업과 그 지배기업의 모든 종속기업

제2절 기능통화에 의한 외화거래의 환산

기업이 자신의 기능통화와 다른 통화 즉, 외화로 거래를 행하고 이를 최초로 인식하는 경우에는 거래일의 외화와 기능통화 사이의 현물환율[6]을 외화금액에 적용하여 기록한다. 그 이후 변동된 환율로 발생하는 외환차이는 결제시점과 보고기간말로 구분하여 인식하며 보고하는 방법도 구분된다. 따라서 본 절에서는 기능통화 및 표시통화가 원화인 국내기업이 외국기업들과 행하는 상거래에서 발생하는 외화거래를 어떻게 보고하는지 결제시점과 보고기간말로 구분하여 그 환산방법을 설명한다.

2.1 결제시점의 외화거래

1) 완결거래의 의의

완결거래란 외화거래가 발생한 이후 대금결제가 모두 완결되어 장부상에 외화표시 자산이나 부채가 남아 있지 않는 경우를 의미한다. 이러한 완결거래의 유형은 대금결제 발생시점에 따라 첫째, 외화거래가 발생된 시점에 대금결제도 동시에 발생한 경우, 둘째, 외화거래가 발생되고 당해 연도 중 일정기간이 경과된 후에 대금결제가 발생된 경우, 셋째, 전년도에 외화거래가 발생되고 당해 연도에 대금결제가 발생된 경우로 구분된다. 또한 이러한 외화거래에는 부분적으로 완결되고 일부만 미완결되는 경우도 존재한다. 따라서 이러한 외화거래의 회계처리 유형은 2가지이다. 우선, 완결된 부분은 결제시점에 실현된 환율변동손익을 인식하고, 나머지 미완결된 부분은 항목에 따라 보고기간말에 미실현된 환율변동손익을 인식할 수도 인식하지 않을 수도 있다.

6) 다만, 환율이 유의적으로 변동하지 않은 경우에는 일정기간의 평균환율을 사용할 수 있다.

2) 외환차이의 인식

당해 연도 외화거래 발생일에 기능통화로 최초 인식한 외화항목은 당기나 차기 결제시점의 환율이 최초로 인식한 시점이나 전기 말의 환율과 다른 경우에는 외환차이가 발생한다. 따라서 결제 시 이러한 외환차이는 환율변동손익으로 인식하는데, 이때 외화자산과 외화부채는 서로 정반대의 손익계정이 인식된다. 예를 들면, 결제시점에 실제 거래액이 장부상 금액보다 크다면 외화자산인 경우에는 실제 회수액이 커지므로 외환차익계정을 인식하는 반면, 외화부채인 경우에는 실제 지급액이 커지므로 외환차손계정을 인식한다. 또한 결제시점에 실제 거래액이 장부상 금액보다 적다면, 외화자산일 때는 외환차손계정을 인식하고 외화부채일 때 외환차익계정을 인식하면 된다. 이렇게 인식한 외환차익계정과 외환차손계정은 서로 상계하지 않고 별도의 계정과목으로 처리하여 손익계산서 작성 시 각각 영업외수익과 영업외비용에 포함시켜 당기손익에 반영한다. 결제시점(완결거래)의 외화환산 회계처리를 구체적으로 제시하면 〈사례 Ⅲ-2〉와 같다.

사례 Ⅲ-2 결제시점의 외화환산

2X16년 3월 11일 세계무역상사는 Sight L/C에 의하여 미국의 제조회사로부터 상품 1,000달러를 수입하고 은행에서 선적서류 도착통지를 받아 이를 결제하고 당일로 선박회사로부터 물건을 찾았다. 이날 은행의 대고객 매도율은 $1 = ₩1,050이었다. 당사의 기능통화와 표시통화는 원화이다.

요구사항

1) 2X16년 3월 11일에 필요한 회계처리를 행하시오.
2) 위 사례에서 Sight L/C가 아닌 30일 Usance L/C라 가정하여 도착일인 2X16년 3월 11일에 30일짜리 기한부어음을 인수하고, 어음은 30일 후인 2X16년 4월 10일에 결제하였다면 2X16년 3월 11일, 4월 10일에 필요한 회계처리를 행하시오. 나머지 상황은 위 사례와 모두 동일하며, 2X16년 4월 10일 대고객 매도율은 $1 = ₩1,060이다.
3) 요구사항2)에서 2X16년 4월 10일 대고객 매도율을 $1 = ₩1,030이라 가정하고 2X16년 4월 10일에 필요한 회계처리를 행하시오. 나머지 상황은 요구사항2)와 모두 동일하다.

(풀이1) 2X16. 3. 11. 회계처리

(차) 상 품	1,050,000*	(대) 현금과 예금	1,050,000

* $1,000 × ₩1,050 = ₩1,050,000

(풀이2)

① 2X16. 3. 11. 회계처리

(차) 상 품	1,050,000	(대) 매 입 채 무	1,050,000

② 2X16. 4. 10. 회계처리

(차) 매 입 채 무	1,050,000	(대) 현금과 예금	1,060,000*
외 환 차 손	10,000**		

* $1,000 × ₩1,060 = ₩1,060,000
** $1,000 × (₩1,060 - ₩1,050) = ₩10,000

(풀이3) 2X16. 4. 10. 회계처리

(차) 매 입 채 무	1,050,000	(대) 현금과 예금	1,030,000*
		외 환 차 익	20,000**

* $1,000 × ₩1,030 = ₩1,030,000
** $1,000 × (₩1,050 - ₩1,030) = ₩20,000

2.2 보고기간말의 외화잔액

1) 미완결거래의 의의

미완결거래란 외화거래가 보고기간말까지 완결되지 않아서 기말에 외화자산이나 외화부채 잔액이 남아 있는 경우를 의미한다. 이러한 미완결거래의 유형은 외화거래의 최초 발생시점에 따라 외화거래가 당해 연도 이전에 발생하여 당해 연도 말까지 아직 잔액이 존재하는 경우와 외화거래가 당해 연도에 발생하여 당해 연도 말까지 아직 잔액이 존재하는 경우로 나뉜다. 이렇게 미완결된 외화자산이나 외화부채는 항목에 따라 보고기간말에 미실현된 환율변동손익을 인식할 수도 인식하지 않을 수도 있다.

2) 화폐성항목과 비화폐성항목의 구분

보고기간말에 외화자산이나 외화부채의 잔액이 존재하는 경우에는 미실현된 환율변동손익을 인식해야 하는가에 대한 문제가 대두된다. 이에 대하여 회계기준은 화폐성항목과 비화폐성항목을 구분한 후 적용환율을 달리 규정하여 인식 여부를 결정하고 있다. 즉, 매 보고기간말의 외화잔액은 화폐성 외화항목의 경우에는 마감환율로 환산하고, 역사적원가로 측정하는 비화폐성외화항목의 경우에는 거래일의 환율로 환산하며, 공정가치로 측정하는 비화폐성외화항목의 경우에는 공정가치가 결정된 날의 환율로 환산하여야 한다.

화폐성항목과 비화폐성항목의 구분에 대한 논리적 근거는 다음과 같다. 화폐성외화항목은 역사적원가로 측정된 경우라 하더라도 장부가액이 현행원가와 일치한다. 따라서 화폐성외화항목은 현행원가와 일치하도록 보고기간말의 현물환율을 적용하여 미실현된 외환차이를 인식한다. 반면, 비화폐성외화항목은 보고기간말 회계처리를 어떻게 행하느냐에 따라 외환차이의 인식 여부와 측정방법이 결정된다. 즉, 보고기간말에 역사적원가로 측정되는 비화폐성외화항목은 거래일환율이 유지되도록 외환차이를 인식하지 않으며, 보고기간말에 공정가치로 측정되는 비화폐성외화항목은 공정가치인 현행원가가 유지되도록 공정가치가 결정된 날의 환율을 적용하여 외환차이를 평가손익에 반영시켜야 한다.

화폐성항목이란 확정되었거나 결정가능할 수 있는 화폐단위의 수량으로 받을 권리나 지급할 의무를 말한다. 예를 들면, 현금으로 지급하는 연금과 그 밖의 종업원급여, 현금으로 상환하는 충당부채, 부채로 인식하는 현금배당 등이 화폐성항목에 속한다. 반면, 비화폐성항목은 확정되었거나 결정가능할 수 있는 화폐단위의 수량으로 받을 권리나 지급할 의무가 없다는 특징을 가진다. 예를 들면, 재화와 용역에 대한 선급금(예: 선급임차료), 영업권, 무형자산, 재고자산, 유형자산, 비화폐성 자산의 인도에 의해 상환하는 충당부채 등이 여기에 속한다. 일반적인 화폐성항목과 비화폐성항목의 구분을 예시하면 〈표 3-3〉과 같다.

표 3-3 화폐성항목과 비화폐성항목

구분	자산	부채
화폐성항목	현금, 요구불예금, 정기예금, 매출채권 등 수취채권	매입채무 등 지급채무, 사채 등 장기부채, 각종 보증금 등
비화폐성항목	선급금, 선급비용, 재고자산, 주식, 토지나 건물 등 유형자산, 영업권이나 특허권 등 무형자산	선수금, 선수수익, 품질보증서에 의한 채무 등

* 개별분석을 요하는 항목

(자산의 예)

- 우선주(전환 또는 참가적) 및 전환사채에 대한 투자: 증권시장에서 사채처럼 평가되면 화폐성, 주식처럼 평가되면 비화폐성
- 재고자산: 가격 변화에도 현금수취액의 변화가 없는 경우에는 화폐성, 인도 시 시가적용분은 비화폐성
- 선급보험료, 선급광고료, 선급집세 및 기타 선급금: 일정한 서비스를 받을 권리를 나타내면 비화폐성, 단순한 보증금 선지급 또는 채권의 성질이면 화폐성
- 기업의 통제 하에 놓여있는 연금, 감채기금 등의 기금: 건별로 화폐성 혹은 비화폐성인가를 개별심사

(부채의 예)

- 연금채무: 확정금액채무는 화폐성, 기타는 비화폐성

(자본의 예)

- 우선주 발행액: 청산 시 일정금액 지급채무를 가지므로 일반적으로 화폐성이나, 성격에 따라 비화폐성이 될 수도 있음.

3) 외환차이의 인식

화폐성외화항목의 환산은 현행원가와 일치하도록 보고기간말의 현물환율을 적용하므로 미실현된 환율변동손익인 외화환산이익이나 외화환산손실을 인식하여 당기손익에 보고한다.[7] 반면, 비화폐성외화항목의 환산은 항목별로 적용환율이 다르므로 구체적으로 몇 가지만 살펴보면 다음과 같다.

첫째, 유형자산은 관련 회계기준에 따르면 원가모형이나 재평가모형 중 하나를 회계정책으로 선택하여 보고기간말에 역사적원가나 공정가치로 보고하게 된다. 따라서 재평가모형을 선택하여 외화표시 유형자산을 공정가치로 평가하는 경우에는 공정가치와 일치하도록 공정가치가 결정된 날의 환율 예를 들면, 마감환율을 적용하여 외환차이를 재평가손익에 반영시켜야 한다. 결국 외환차이는 재평가손익에 반영되어 기타포괄손익이나 당기손익으로 보고되는 것이다. 둘째, 손상을 시사하는 징후가 있는 자산의 장부금액은 자산손상 관련 기준에 근거하여 잠재적 손상차손을 고려하기 전에 장부금액과 회수가능액 중 적은 금액으로 결정한다. 따라서

7) 단, 외화표시 매도가능채무증권의 경우 동 금액을 기타포괄손익에 인식한다.

손상차손의 징후가 있는 비화폐성 외화자산의 장부금액은 거래일환율로 환산한 장부금액과 회수가능액이 결정된 날의 환율로 환산한 금액 중 적은 금액이므로 손상차손을 인식하는 경우에 한하여 외환차이는 손상차손에 반영되어 당기손익으로 보고된다. 셋째, 재고자산은 보고기간말에 저가법을 적용하여 취득원가와 순실현가능가치 중 적은 금액으로 장부금액이 결정된다. 따라서 보고기간말 외화표시 재고자산이 거래일환율로 환산한 취득원가로 결정되면 외환차이는 인식하지 않으며, 취득원가가 아닌 순실현가능가치가 결정되는 날의 환율로 환산한 순실현가능가치로 결정되면 외환차이는 평가손실에 반영되어 당기손익으로 보고된다.

결과적으로 비화폐성외화항목의 외환차이는 평가손익이나 손상차손에 반영되므로 이에 따라 기타포괄손익이나 당기손익으로 보고된다. 즉, 보고기간말 비화폐성항목에서 발생한 평가손익이 기타포괄손익으로 보고되면 그 손익에 포함된 환율변동효과도 기타포괄손익에 반영되며, 비화폐성항목에서 발생한 평가손익이 당기손익으로 보고되면 그 손익에 포함된 환율변동효과도 당기손익에 반영된다. 이러한 회계처리는 인플레이션손익이 외환차이와 밀접한 관련이 있다는 구매력등가설이라는 환율이론에 근거한 것이라 할 수 있다.

2.3 외화거래의 환산 종합사례

사례 III-3 화폐성 단기외화부채의 환산

2X16년 3월 11일 세계무역상사는 30일 Usance L/C에 의하여 미국의 제조회사로부터 상품 1,000달러를 수입하고 은행에서 선적서류 도착통지를 받아 30일짜리 기한부어음을 인수하고 당일로 선박회사로부터 물건을 찾았다. 어음은 30일 후인 2X16년 4월 10일에 결제하였으며 당사의 결산일은 매년 3월 31일이다. 일자별 대고객 매도율은 2X16년 3월 11일 $1 = ₩1,050, 2X16년 3월 31일 $1 = ₩1,020, 2X16년 4월 10일 $1 = ₩1,060이고 당사의 기능통화와 표시통화는 원화라 가정할 때 일자별 필요한 회계처리를 행하시오.

(풀이)

① 2X16. 3. 11. 회계처리

(차) 상　　품	1,050,000*	(대) 매 입 채 무	1,050,000

* $1,000 × ₩1,050 = ₩1,050,000

② 2X16. 3. 31. 회계처리

(차) 매 입 채 무	30,000*	(대) 외화환산이익	30,000

* $1,000 × (₩1,050 - ₩1,020) = ₩30,000

③ 2X16. 4. 10. 회계처리

(차) 매 입 채 무	1,020,000	(대) 현금과 예금	1,060,000*
외 환 차 손	40,000**		

* $1,000 × ₩1,060 = ₩1,060,000
** $1,000 × (₩1,060 - ₩1,020) = ₩40,000

사례 III-4 화폐성 장기외화부채의 환산

2X16년 3월 11일 세계무역상사가 미국의 한 회사로부터 장기의 차관을 도입하였다. 이 차관은 물자차관으로서 1,000달러짜리 기계가 반입되었다. 차관은 3년 후인 2X19년 3월 11일에 한꺼번에 상환하기로 하였으며 편의상 이자는 없다고 가정하자. 이 회사의 결산일은 매년 3월 31일이며 당사의 기능통화와 표시통화는 원화이다. 일자별 대고객 매도율이 다음과 같을 때 일자별 필요한 회계처리를 행하시오.

2X16. 3. 11. $1 = ₩1,060
2X16. 3. 31. $1 = ₩1,090
2X17. 3. 31. $1 = ₩1,070
2X18. 3. 31. $1 = ₩1,120
2X19. 3. 11. $1 = ₩1,130

(풀이)

① 2X16. 3. 11. 회계처리

(차) 기 계 장 치	1,060,000*	(대) 장기외화차입금	1,060,000

* $1,000 × ₩1,060 = ₩1,060,000

② 2X16. 3. 31. 회계처리

(차) 외화환산손실	30,000*	(대) 장기외화차입금	30,000

* $1,000 × (₩1,090 - ₩1,060) = ₩30,000

③ 2X17. 3. 31. 회계처리

(차) 장기외화차입금	20,000*	(대) 외화환산이익	20,000

* $1,000 × (₩1,090 - ₩1,070) = ₩20,000

④ 2X18. 3. 31. 회계처리

(차) 장기외화차입금	1,070,000	(대) 유동성장기부채 *	1,070,000
(차) 외화환산손실	50,000**	(대) 유동성장기부채	50,000

* 유동성장기부채는 사채나 장기차입금 등의 장기차입부채항목 중 만기가 보고기간 종료일로부터 1년 이내에 도래하는 항목을 기입하는 과목이다. 따라서 이 경우 장기외화차입금의 완결은 현금유출을 수반하지 않은 부채의 감소이므로 신용분석 시 이 점을 고려하여 유동성장기부채항목을 검토해야 한다.

** $1,000 × (₩1,120 - ₩1,070) = ₩50,000

⑤ 2X19. 3. 11. 회계처리

(차) 유동성장기부채	1,120,000	(대) 현금과 예금	1,130,000*
외환차손	10,000**		

* $1,000 × ₩1,130 = ₩1,130,000

** $1,000 × (₩1,130 - ₩1,120) = ₩10,000

사례 III-5 비화폐성 외화자산인 유형자산의 환산

㈜서초는 2X16년 4월 1일 미국 뉴욕에 소재하는 토지를 10,000달러에 취득하였다. 그러나 당초에 사업을 확장하려던 계획을 취소함에 따라 2X17년 4월 1일에 동 토지 전체를 12,000달러에 매각처분하였다. 2X16년도 결산일인 12월 31일 현재 토지의 공정가치(감정가액)는 11,000달러이다. 당사의 기능통화와 표시통화는 원화이며 일자별 환율은 다음과 같다.

2X16. 4. 1. $1 = ₩1,030
2X16. 12. 31. $1 = ₩1,000
2X17. 4. 1. $1 = ₩1,010

요구사항

1) 당사가 토지에 대하여 원가모형을 적용하는 경우 일자별 필요한 회계처리를 행하시오.
2) 당사가 토지에 대하여 재평가모형을 적용하는 경우 일자별 필요한 회계처리를 행하시오.

(풀이1) 원가모형에 따른 일자별 회계처리

① 2X16. 4. 1. 회계처리

(차) 토 지	10,300,000*	(대) 현금과 예금	10,300,000

* $10,000 × ₩1,030 = ₩10,300,000

② 2X16. 12. 31. 회계처리

분개없음*

* 역사적원가로 측정하므로 외환차이는 인식하지 않는다.

③ 2X17. 4. 1. 회계처리

(차) 현금과 예금	12,120,000*	(대) 토 지	10,300,000
		유형자산처분이익	1,820,000**

* $12,000 × ₩1,010 = ₩12,120,000
** ($12,000 × ₩1,010) - ₩10,300,000 = ₩1,820,000

(풀이2) 재평가모형에 따른 일자별 회계처리

① 2X16. 4. 1. 회계처리

(차) 토 지	10,300,000*	(대) 현금과 예금	10,300,000

* $10,000 × ₩1,030 = ₩10,300,000

② 2X16. 12. 31. 회계처리

(차) 토 지	700,000*	(대) 재평가잉여금	700,000

* ($11,000 × ₩1,000) - ₩10,300,000 = ₩700,000. 따라서 별도구분이 불가능한 외환차이는 재평가잉여금에 반영하여 기타포괄손익으로 보고한다.

③ 2X17. 4. 1. 회계처리

(차) 현금과 예금	12,120,000*	(대) 토 지	11,000,000
재평가잉여금[8]	700,000	유형자산처분이익	1,820,000**

* $12,000 × ₩1,010 = ₩12,120,000
** ₩12,120,000 + ₩700,000 - ₩11,000,000 = ₩1,820,000

8) K-IFRS는 유형자산이 제거될 때 재평가잉여금을 이익잉여금으로 대체하거나, 자산을 사용하는 기간 중에 재평가잉여금의 일부를 이익잉여금으로 대체하도록 기업이 회계처리를 선택할 수 있다.

2.4 단일거래관과 이개거래관

〈사례 Ⅲ-2〉에서 제시된 회계처리는 근간이 되는 상품거래와 금융거래가 별개인 두 개의 거래라는 가정, 즉 이개거래관(二個去來觀: two transaction perspective)에 입각하여 외환차손익을 인식한 것이다. 상품거래는 현금으로 결제할 수도 있었던 거래이므로 외상이든 현금지급이든 재고자산이나 매출원가의 금액은 금융거래와 무관하게 동일해야 한다는 입장이다. 이러한 이유에서 금융거래인 외상거래에서 기인한 외환차손익은 근거거래인 재고자산이나 매출원가금액의 증감요인으로는 보지 않고 별도의 회계처리를 행한다. 일반적으로 모든 외화거래에 대한 회계처리는 이러한 이개거래관을 적용한다. 반면, 근거거래와 금융거래가 분리할 수 없는 하나의 거래라는 단일거래관(單一去來觀: one transaction perspective)에 의한다면 외환차손익은 근거거래금액의 증감요인으로 회계처리를 행한다.[9] 이러한 단일거래관에 따른 회계처리를 살펴보면 〈사례 Ⅲ-6〉과 같다.

사례 Ⅲ-6　단일거래관의 회계처리

〈사례 Ⅲ-2〉에 요구사항 2)를 단일거래관에 입각하여 2X16년 4월 10일자 회계처리를 행하시오. 다만 상품의 3/4은 2X16년 4월 3일에 이미 매출되었으며, 당사는 계속기록법[10]을 사용한다고 가정하자.

(풀이) 2X16. 4. 10. 회계처리

(차)	매 입 채 무	1,050,000	(대) 현 금 과 예 금	1,060,000
	상　　　품	2,500*		
	매 출 원 가	7,500**		

* ₩10,000 × 1/4 = ₩2,500

** ₩10,000 × 3/4 = ₩7,500

9) 미래의 현금흐름을 헤지하기 위한 통화선도거래 또는 통화선물거래 등의 경우에는 헤지대상 거래와 통화선도거래 또는 통화선물거래가 상호 분리될 수 없는 거래이므로 외화환산 시 단일거래관이 적용된다.

10) 회사가 실지재고조사법을 사용한다면 10,000원을 모두 매입계정으로 인식한다. 매출원가에는 결산일에 '기초재고 + 당기매입 - 기말재고'의 공식에 의해 자동으로 반영된다.

제3절 재무제표의 표시통화로의 환산

3.1 환산의 필요성

기능통화제도를 채택하고 있는 회계기준에 따라 우리나라 기업은 원화 이외의 통화를 기능통화로 결정할 수 있다. 예를 들면, 국내 해운회사나 항공운송회사들의 경우 상품의 가격결정이 국제적인 경쟁에 의하여 영향을 받고 대부분의 거래가 미국 달러화로 결정된다면 미국 달러화가 기능통화가 될 수 있다. 세계의 많은 해운선사들이 미국 달러화를 기능통화로 하고 있는 것은 바로 이런 이유이다. 또한 영국의 상당수 기업들은 주된 경제활동의 무대가 유럽이기 때문에 영국 파운드화 대신 유로화를 기능통화로 하고 있다. 이러한 기능통화제도는 재무회계에서만 채택하고 있는 것은 아니다. 영국이나 캐나다의 경우 세무에서도 환산손익에 대한 과세를 피할 수 있도록 이를 채택하고 있다.

기능통화제도에서는 기능통화 이외의 통화가 외화가 되며 기업은 일단 기능통화로 회계처리를 하여야 한다. 이는 국내에 있든 해외에 있든 소재국과 관계가 없다. 따라서 기능통화 이외의 통화로 행한 거래는 앞에서 설명한 외화거래의 환산방법을 적용하여 기능통화로 회계처리한다. 이때 해외사업장의 경우에는 최종 회계보고의 주체인 보고기업의 기능통화와 해외사업장의 기능통화가 다를 수 있다. 이 경우 보고기업의 재무제표에 반영하기 위하여 해외사업장의 재무제표를 보고기업의 표시통화로 환산해야 한다. 또한 재무제표는 어떤 통화로도 보고할 수 있으므로 어떤 기업이 기능통화와 다른 표시통화로 재무제표를 보고해야 할 때도 환산이 필요하다.

3.2 환산절차

재무제표의 표시통화로의 환산에는 해외사업장이 아니라도 기능통화와 다른 표시통화로 재무제표를 보고하기 위하여 환산하는 경우가 있다. 즉, 기능통화에 의한 재무제표는 여러 가지 목적으로 다른 통화로 환산하여 보고할 수 있다. 예를 들면, 우리나라 기업이라도 미국의 주주나 세무당국을 위하여 원화인 기능통화를 미국 달러화로 표시된 재무제표로 환산할 수 있다. 또한 해운회사나 항공운송회사와 같이 우리나라 기업이라도 미국 달러화를 기능통화로 하며 국내 주주들이나 증권당국, 또는 금융기관에 제출하거나 세무당국에 신고할 목적으로 원화로 환산한 재무제표를 작성할 필요가 있다.

또한 해외사업을 연결 또는 지분법을 적용하여 보고기업의 재무제표에 포함하기 위하여 해외사업장의 경영성과와 재무상태를 표시통화로 환산하는 경우가 있다. 해외사업장의 환산절차를 구체적으로 살펴보면 첫째, 해외사업장의 재무제표가 해외 재무제표의 작성기준에 따라 작성되었으면 이를 국내회계기준에 맞게 수정한다. 이를 위해 실무에서 해외사업장은 소재국의 회계기준과 국내회계기준으로 이중장부를 유지하는 경우도 흔하다. 둘째, 국내회계기준에 따라 기능통화로 표시된 재무제표를 보고기업의 표시통화로 환산한다. 셋째, 보고기업계정의 합산절차나 연결재무제표 작성절차 또는 지분법 적용절차에 따라 최종 재무보고서를 작성한다. 그러나 연결재무제표 작성 등 세 번째 단계에 대한 회계처리는 본 장에서 다룰 내용이 아니다. 따라서 본 절에서는 해외사업장의 재무제표가 국내회계기준에 맞게 작성되었다고 가정하거나, 국내기업이 기능통화와 다른 표시통화로 재무제표를 보고하기 위해 환산한다고 가정하고 두 번째 단계인 재무제표의 환산만 설명한다.

3.3 표시통화로의 환산방법

재무제표를 표시통화로 환산하는 경우에도 어떤 항목에 어떤 환율을 적용할 것인가가 문제이다. 이와 관련하여 이론적으로 4가지 방법이 있으며, 이를 순차적으로 제시하면 〈표 3-4〉와 같다. 〈표 3-4〉에 제시된 방법 중 순차적인 3가지 방법은 역사적으로 유동성·비유동성법의 문제점을 개선하고자 화폐성·비화폐성법이 도출되고, 다시 화폐성·비화폐성법의 문제점을 개선하고자 시제법이 제창된 것이다. 따라서 현재는 시제법과 현행환율법만 존재한다고 하여도 과언은 아니다.

표 3-4 재무제표를 표시통화로 환산하는 방법 비교

환산방법	재무상태표의 환산	손익계산서의 환산	환산차이 회계처리
유동성·비유동성법	• 유동자산·부채: 마감환율(재고자산 포함) • 비유동성자산/부채: 거래일환율(고정부채 포함)	• 감가상각: 해당 자산의 거래일환율 • 매출원가: 기초·기말재고는 B/S금액, 당기매입은 가중평균환율 • 그 밖의 수익과 비용: 거래일환율 또는 가중평균환율[1]	이연처리 가능
화폐성·비화폐성법	• 화폐성자산·부채: 마감환율(고정부채 포함) • 비화폐성자산·부채: 거래일환율(재고자산 포함)	상동	당기손익법
시제법	• 현행원가(시가)표시 자산·부채: 마감환율 • 역사적원가표시 자산·부채: 거래일환율 • 사실상 화폐성/비화폐성법과 동일하지만 다음에서 차이가 남 -시가표시 재고자산: 마감환율 원가표시 재고자산: 거래일환율 -시가표시 유가증권: 마감환율 원가표시 유가증권: 거래일환율	상동	위와 동일
현행환율법	모든 자산·부채: 마감환율 (단, 자본금항목에는 거래일환율을 적용하는 것이 일반적임)	모든 항목: 거래일환율 또는 평균환율[2]	계속이연법[3]

주 1) 매출 등의 수익과 판매비와 관리비 등의 비용은 원칙적으로는 매 거래에 대하여 각각의 거래일환율로 환산하여 합산하여야 한다. 그러나 편의상 월별 또는 연도 전체금액에 월별 또는 연중 가중평균환율을 적용하여 구하는 것을 허용하기도 한다. 실물유출이나 소모가 수반되는 매출원가나 감가상각비는 관련 실물 취득 시의 환율이 비용환산에 적용된다.

2) 우리나라와 같이 편의주의에 입각하는 경우 모든 항목에 평균환율을 적용할 수 있다. 그러나 나라에 따라서는 감가상각과 매출원가는 다른 환산방법을 적용하기도 한다. 또한 모든 손익항목에 평균환율 대신 결산일환율을 적용하는 나라도 있다.

3) 외환차이의 이연처리 시 대부분의 나라는 자본조정항목으로 처리하지만, 우리나라의 경우는 이를 일부 수정하여 기타포괄손익 및 당기손익으로 회계처리한다. 즉, 외환차이를 당기손익으로 인식하지 않고 기타포괄손익항목인 해외사업환산손익으로 처리하고, 추후 해외사업장을 처분하는 경우에 기타포괄손익으로 인식한 해외사업장 관련 외환차이의 누계액을 해외사업장의 처분손익을 인식하는 시점에 당기손익으로 재분류한다.

우리나라 회계기준에서는 현행환율법을 적용하도록 규정하고 있다. 따라서 현행환율법에 따라 기업의 경영성과와 재무상태를 기능통화와 다른 표시통화로 환산[11]하는 방법을 살펴보면 다음과 같다. 첫째, 재무상태표의 자산과 부채는 해당 보고기간말의

11) 비교표시하는 재무상태표를 포함하며, 손익계산서도 동일하게 비교표시하는 손익계산서를 포함하여 환산한다.

마감환율로 환산한다. 둘째, 손익계산서의 수익과 비용은 해당 거래일의 환율 또는 평균환율로 환산한다. 셋째, 첫 번째와 두 번째 환산에서 생기는 대차차액 즉, 외환차이를 기타포괄손익으로 인식한다. 이와 같은 현행환율법을 〈표 3-4〉에 제시된 다른 환산방법과 비교해 보면 현행환율법이 다른 방법에 비하여 비교적 간편하다는 것을 알 수 있다. 예를 들면, 재고자산, 건물, 토지, 기계, 자본금 등의 경우 취득일이 각각 다른 여러 건으로 이루어진 경우 화폐성·비화폐성법이나 시제법을 적용하려면 각 건별로 외화금액에 각각의 취득일자의 환율을 조사하여 곱하고 이를 합산해야 하므로 이는 상당히 번거로운 방법이다. 이에 비하여 현행환율법을 적용하는 경우에는 일정한 환율로 환산하는 아주 용이한 방법이기에 어느 정도 편의주의 관점에서 채택된 제도로 보여 진다. 즉, 재무상태표는 자본을 제외한 모든 항목에 마감환율을 적용하여 환산하고(다만, 자본금에 대해서는 거래일환율을 적용하는 것이 일반적임), 손익계산서는 모든 항목을 편의상 평균환율을 적용하여 간단하게 환산할 수 있다. 이때 재무상태표에 발생하는 대차차액은 해외사업환산손익으로 인식하여 기타포괄손익에 보고한다.

3.4 보고기업[12] 관점과 해외사업장 관점

기능통화와 다른 표시통화로 재무제표를 환산하는 경우에는 모회사인 보고기업을 중시하느냐 아니면 자회사인 해외사업장을 중시하느냐에 따라 환산하는 방법도 달라질 수 있다. 보고기업 관점(parent company perspective)을 중시하는 환산방법은 유동성·비유동성법, 화폐성·비화폐성법, 시제법이 해당된다. 이는 해외사업장의 기능통화에 의한 재무제표를 표시통화로 환산하여 보고기업의 재무제표와 합산하였을 때 나타나는 회계수치가 가급적이면 보고기업이 해외사업장 없이 직접 해외거래를 하였을 경우에 나타나는 결과와 비슷한 수치가 나오도록 하는 환산방법이다. 반면, 해외사업장 관점(local company perspective)을 중시하는 환산방법은 현행환율법이

12) 여기서 보고기업은 종속기업, 지점, 관계기업, 조인트벤처 형태로 해외사업장을 갖고 있는 기업을 말한다.

다. 해외사업장 관점은 해외사업장의 기능통화에 의한 재무제표상 회계수치로 각종 재무비율을 계산하였을 경우와 기능통화와 다른 표시통화로 환산한 재무제표상 회계수치로 각종 재무비율을 계산할 경우의 그 결과가 비교적 같아지게 하는 환산방법을 사용하려는 입장이다. 즉, 보고기업 관점에 따라 환산을 하면 환산 전의 기능통화에 의한 재무제표를 이용한 재무비율과 표시통화로 환산한 후의 재무제표를 이용한 재무비율이 달라지는 문제점이 발생하는데 이를 피하려는 입장인 것이다. 이렇게 하려면 가능한 한 모든 항목을 하나의 환율로 환산해야 하므로 보고기간말 마감환율을 적용하는 현행환율법이 해외사업장의 관점을 잘 반영한다고 볼 수 있다.

미국의 경우에는 해외사업장이 보고기업과는 상당히 독립적으로 운영되는 경우 해외사업장 관점에 따라 현행환율법을 적용하고, 해외사업장이 독립적이지 못하여 보고기업의 연장선상에 있거나 보고기업에 대한 의존도가 높은 경우 보고기업 관점에 따라 시제법을 적용하고 있다. 해외사업장이 보고기업으로부터 독립적인가를 판단함에 있어 미국의 기준에서는 해외사업장 의사결정의 자율성이 어느 정도인가, 보고기업과 해외사업장 간 거래가 어느 정도인가, 보고기업으로부터의 자금조달이 어느 정도인가, 노무비나 자재비용이 현지 통화로 결제되는 정도가 어느 정도인가, 해외사업장의 매출이 보고기업 통화 이외의 통화로 이루어지는 정도가 어느 정도인가, 보고기업의 현금흐름이 해외사업장의 영업활동과 전혀 관계가 없는가 등을 고려한다. 그러나 우리나라 회계기준은 해외사업장이 보고기업과 독립적으로 운영되는가에 관하여 어떠한 가이드라인도 없다. 즉, 기능통화제도에서는 해외사업장이 보고기업 관점에서 회계처리를 할 것인가 해외사업장 관점에서 회계처리를 할 것인가는 논외인 것이다. 기능통화제도를 도입하면서 해외사업장이 독립적인가 종속적인가는 해외사업장의 기능통화가 보고기업의 기능통화와 같은가를 판단할 경우에만 문제가 된다. 따라서 신용분석 시에는 해외사업장과 보고기업 간의 관계에 근거하여 기능통화제도의 결정과 재무제표의 환산방법이 적절한지 파악할 필요가 있다.

3.5 재무제표의 환산 종합사례

사례 Ⅲ-7 재무제표의 환산

㈜한국은 국내기업으로서 기능통화와 표시통화가 원화이다. 최근 미국 소재 해외사업장인 ㈜해외로부터 2X16년도 재무제표를 다음과 같이 보고받았다. 동 재무제표는 ㈜한국이 적용하는 회계기준에 부합하며, ㈜해외의 기능통화는 달러이다. 아래 추가정보를 이용하여 ㈜해외의 재무제표를 표시통화인 원화로 환산하시오. 단, 수익과 비용은 평균환율을 적용한다.

<추가정보>

1. ㈜해외는 2X16년 1월 1일에 설립됨과 동시에 ㈜한국이 지배력을 취득하였다.
2. 기계, 토지는 설립일에 취득하였으며, 자본금도 설립 시에 출자된 후 변동이 없었다.
3. 장기차입금은 2X16년 2월 5일에 조달하였으며, 당시 환율은 1$ = ₩1,016이다.
4. 매출, 판매비와 관리비는 연중 고르게 발생하였다.
5. 재고자산은 선입선출법으로 평가한다. 현재 재고는 10월, 11월, 12월 중 매입된 것임. 10월, 11월, 12월 중의 평균환율은 1$ = ₩1,002이다.
6. 매출원가에 적용될 평균환율(1월~9월)은 1$ = ₩1,030이다.
7. 기계의 기초 장부금액은 $188,000, 내용연수는 10년, 감가상각은 정액법이고, 잔존가치는 $8,000이다.
8. 연말환율 $1 = ₩1,050
   연초환율 $1 = ₩1,010
   연중평균환율 $1 = ₩1,013

재무상태표

㈜해외 2X16. 12. 31. 현재

현 금	$15,300	유 동 부채	$125,500
매출채권	257,000	장기차입금	198,000
재고자산	144,000	자 본 금	250,000
기 계	170,000	당기순이익	62,800
토 지	50,000		
자산 합계	$636,300	부채 및 자본 합계	$636,300

손익계산서

㈜해외 2X16. 1. 1. ~ 2X16. 12. 31.

매 출	$507,800
매 출 원 가	375,000
매 출 총 이 익	132,800
판매비와관리비	54,000
감 가 상 각 비	16,000
당 기 순 이 익	$62,800

(풀이)

① 재무제표의 표시통화로의 환산 : 화폐성·비화폐성법

(표시통화 단위: ₩1,000)

	기능통화($)		적용환율	표시통화(₩)	
	차	대		차	대
현금	15,300		₩1,050	16,065	
매출채권	257,000		1,050	269,850	
재고자산	144,000		1,002	144,288	
기계	170,000		1,010	171,700	
토지	50,000		1,010	50,500	
유동부채		125,500	1,050		131,775
장기차입금		198,000	1,050		207,900
자본금		250,000	1,010		252,500
매출		507,800	1,013		514,401
매출원가	375,000		1,030	386,250	
판매/관리비	54,000		1,013	54,702	
감가상각비	16,000		1,010	16,160	
외환차이 (당기손익)					2,939
	1,081,300	1,081,300		1,109,515	1,109,515

② 재무제표의 표시통화로의 환산 : 현행환율법(일반기업회계기준)

(표시통화 단위: ₩1,000)

	기능통화($)		적용환율	표시통화(₩)	
	차	대		차	대
현금	15,300		₩1,050	16,065	
매출채권	257,000		1,050	269,850	
재고자산	144,000		1,050	151,200	
기계	170,000		1,050	178,500	
토지	50,000		1,050	52,500	
유동부채		125,500	1,050		131,775
장기차입금		198,000	1,050		207,900
자본금		250,000	1,010		252,500
매출		507,800	1,013		514,401
매출원가	375,000		1,013	379,875	
판매/관리비	54,000		1,013	54,702	
감가상각비	16,000		1,013	16,208	
외환차이[1)] (기타포괄손익)					12,324
	1,081,300	1,081,300		1,118,900	1,118,900

주 1) 외환차이는 기타포괄손익으로 보고하며, 일반기업회계기준은 '해외사업환산손익', K-IFRS는 '해외사업장환산외환차이'로 재무제표작성과 표시 기준서에 예시되어 있다.

제4절 환율변동효과와 신용분석

환율변동효과와 관련된 내용을 신용분석에 활용하기 위한 주요 이슈는 미래의 환율변동이 기업의 미래 이익이나 현금흐름에 미치는 영향을 파악하는 것이다. 따라서 신용분석가는 미래 환율변동을 예측하는 기법을 숙지할 필요가 있다. 이와 관련하여 신용분석가가 고려하여야 할 다양한 사항을 제시하면 다음과 같다.

4.1 외화거래의 환산과 관련된 주의사항

1) 환율의 반전가능성과 외화환산손익의 실현가능성

보고기간말 화폐성 외화자산이나 외화부채의 잔액을 환산하는 경우에 인식하는 환율변동손익인 외화환산손실이나 외화환산이익은 성질상 미실현손익이다. 그러나 보고기간말 이후 변동된 환율에 따라서는 실현되지 않을 수 있음에도 불구하고 손익계산서상 외화환산손익은 영업외손익으로 보고하여 당기손익에 영향을 미친다. 즉, 결산 이후 환율이 반전되는 경우 먼저 계상된 외환환산손익은 가공의 손익이 되는 것이다. 예를 들면, 미국 달러화 외화부채를 가진 기업이 외환위기 시기인 2008년에는 원화절하로 외화환산손실을 인식하였으나, 2009년도 중 원화절상되어 '환율변동이익'을 인식한 경우 2008년 말에 계상된 손실은 2009년 중 환율이 반전됨으로써 올리지 말아야 할 것을 올린 가공손실인 셈이다. 이러한 예는 1997년 및 1998년 중에도 있었다. 따라서 신용분석 시 환율변동손익항목과 관련된 해석에는 보고시점 이후 환율 전망이 필수적이다.

2) 구매력등가설과 외화환산손익의 실현가능성

기업은 때로 외화차입으로 조달된 자금으로 해외 소재 유형자산을 구입하는 경우가 있다. 이때 환율이 오른다면 외화부채에서는 외화환산손실이 발생하지만, 유형자산은 비화폐성이므로 기말 회계처리에 따라 외환차이의 인식 유무가 결정된다.

그러나 이 유형자산을 매각한다면 처분손익에 외환차이가 반영되므로 실제로는 헤지효과가 있다. 따라서 외화환산손익을 해석할 때에는 이러한 요인이 있는지도 검토해야 한다. 이론적으로 이를 뒷받침하는 환율결정이론으로는 구매력등가설이 있다.

구매력등가설(PPP theory: purchasing power parity theory)이란 두 나라 간의 환율이 현재 균형점이라면, 일정한 기간이 지난 후의 환율은 두 나라의 물가상승률의 차이만큼 조정되어 나타난다는 이론이다. 예를 들면, 한국 원화 대 미국 달러화의 환율이 A시점에 ₩1,200 : $1이라 가정하고, B시점까지 한국의 물가상승률이 10%이고 미국의 물가상승률이 6%라면 A시점에서 B시점까지의 원화환율의 절하폭은 대략 4%이고, 새로운 환율은 ₩1,248 : $1이 된다는 것이다. 이러한 이론을 검증한 결과, 단기적으로는 잘 맞지 않지만 장기적으로는 상당한 설득력을 갖는 것으로 평가되고 있다.

구매력등가설이 회계문제에 시사하는 바는 물가변동이 환율변동에 따른 환산손익의 인식과 밀접한 관련이 있다는 것이다. 물가변동을 무시하고 외화환산만 한다면, 예컨대 미국 달러화 표시 장기외화차입으로 토지, 건물, 기계, 선박, 비행기 등의 유형자산을 구입하는 경우 원화의 절하가 발생하면 상당한 외화환산손실을 경험한다. 그러나 이러한 환산손실이 과연 진실한 것인가? 구매력등가설에 의하면 원화의 평가절하가 일어나는 이유는 원화의 구매력이 저하되어, 즉 원화의 인플레이션이 상대적으로 커서 일어나는 것인데 원화의 인플레이션이 일어난다면 비유동자산의 가격도 그만큼 상승할 것이기 때문이다. 즉, 원화의 평가절하로 외화환산손실이 일어나면 반대로 비유동자산의 인플레이션이득이 일어나서 서로 상쇄되므로 실질적으로 자연헤징(natural hedging)이 된다.

과거 재평가제도하에서 장기차입에서 생기는 환산손실과 자산의 재평가차익을 상쇄한 것도 이러한 이유이다. 물론 자산재평가를 하지 않아도 차후 감가상각비를 적게 계상함으로써 이익이 증가하여 전체기간에 걸쳐서는 환산손실과 상계된다. 하지만 보고기간단위로는 이익의 증가와 환산손실의 발생이 전혀 다른 기간에 나타남으로써 기간별 대응이 제대로 되지 않는 문제가 있다. 따라서 신용분석가나 투자분석가는 장기의 외화자산·부채에서 발생하는 외화환산손실이나 외화환산이익은 이것이 관련 자산이나 부채의 인플레이션이득과 상쇄될 가능성이 있는지를 검토해야 한다. 또한 기업이 생산하고 판매하는 제품의 경쟁력이 높아서 향후 매출을 통한 이익 증대가 외화환산손실을 상쇄시킬 가능성이 있는지를 검토하여야 한다.

3) 기능통화와 외화환산손익의 실현가능성

해운업이나 항공운수업처럼 선박이나 항공기를 장기할부로 취득하는 경우에는 원화 평가절하 시 외화환산손실이 발생한다. 그러나 선박이나 항공기는 국제시장에서 외화로 거래되어 실제로는 헤지가 되고, 또한 매출의 대부분이 외화표시로 되어 있어 매출로 얻은 미래의 현금흐름으로 할부외화부채를 상환하는 경우에는 실제적으로 아무런 문제가 없으므로 외화환산손익을 단순히 평가하지 말아야 한다. 이러한 이유로 인하여 여러 나라가 매출 등의 수익과 비용이 대부분 외화로 이루어지는 경우에는 해당 외화로 재무제표를 작성함으로써 환율변동손익이 발생하지 않도록 하는 회계처리방법, 소위 기능통화제도를 허용하고 있다. 뉴질랜드 등의 국가에서 장기외화부채의 외화환산손실을 기업의 미래 현금흐름으로 헤지가 가능하면 이를 이연하여 미래 현금흐름으로 상쇄시키는 것도 이러한 논리에서 비롯한 것이다.

4) 국제피셔이론과 환율변동손익

외환차손익과 실현된 외화환산손익은 이론상 이자와 같은 금융비용이다. 경영자들이 외화자산을 보유하거나 외화부채를 사용하기로 결정할 때에는 단순히 외화표시 명목이자율만을 보고 결정하는 것이 아니다. 명목이자율은 물론 앞으로의 환율변동에 따른 예상 환율변동손익을 고려하여 국내이자율과 비교한 후 결정하는 것이므로 환율변동이 어느 정도 예상된 것이라면, 외환차이는 그대로 이자와 같은 금융비용으로 차손의 경우는 이자비용, 차익의 경우는 이자비용의 차감요인으로 보는 것이 타당하다. 환율결정이론에서는 이와 같은 사실이 국제피셔이론(international fisher effect)으로 설명되고 있다.

국제피셔이론이란 현물환율의 변동 폭은 두 나라의 이자율 차이와 같아진다는 주장으로 이자율에 관한 일물일가(一物一價)의 법칙인 피셔이론을 국제적으로 연장한 이론이다. 즉, 균형상태일 때는 원화를 보유한 사람이 국내 금융자산에 투자하거나 미국의 금융자산에 투자하거나 예상 환율변화까지 고려한 이자율은 동일하여야 한다는 것이다. 이에 따라 예상 환율변동 폭은 두 나라의 이자율 차이와 같게 된다. 예를 들면, 미국의 이자율이 연 6%이고 국내의 이자율이 연 10%라면 원화 대 미화의 현물환율의 예상 변동 폭은 원화의 약 4% 평가절하로 나타나게 된다. 따라서 국제피셔이론은 외환차이를 금융비용의 일부로 간주하고 이들을 영업외비용에 보고하는 것이 타당하다는 논리적 근거를 제시한다. 장기적으로 건설 또는 제조 중인 자산과 관련하여 발생한 외화차입금에서 비롯한 외화환산손실을 이자비용과 마찬가지로 관련 자산의 원가에 가산하는 것도 같은 맥락이다. 따라서 이자보상비율(= 이자 및 법인세비용차감전순이익 ÷ 이자비용)이나 원리금상환능력비율(= 원리금 ÷ 이자 및 법인세비용차감전순이익) 등의 재무비율 산출 시 외화관련 손실과 이익을 포함시키는 것은 이론적으로 타당한 것이다.

4.2 재무제표의 표시통화로의 환산과 관련된 주의사항

재무제표의 표시통화로의 환산과 관련하여 신용분석가가 주의해야 할 사항은 다음과 같다.

첫째, 〈표 3-4〉에 제시된 환산방법 중 어느 것이 최선이냐에 대하여는 아직까지 논쟁이 그치지 않은 상태이다. 즉 어떤 환산방법을 적용하느냐에 따라 손실이냐 이익이냐가 결정되며, 이러한 외환차이는 계속기업의 가정을 전제하므로 해외사업장을 처분하기 전에는 재무제표의 환산에서 발생한 외환차이는 거의 실현될 가능성이 없다. 물론 환율변동을 예상하여 의도적으로 자산이나 부채를 증액 또는 감액시킨 경우에는 이들 자산이나 부채로부터의 외환차이가 실현될 가능성이 없는 것은 아니다.

둘째, 환율변동을 예상하여 정상적 수준보다 증액 또는 감액시킨 자산이나 부채로부터 발생한 외화환산손익은 이 기업의 환율변동에 대한 대처능력을 평가하는 중요한 요소이므로 신용분석가가 확인 조사하여야 할 내용의 한 부분이다. 셋째, 비록 해외 사업장 관점에서 환산하는 현행환율법을 적용하더라도 기능통화와 다른 표시통화로 환산한 재무제표로 비율분석을 하는 경우에는 기능통화에 의한 재무제표로 비율분석을 하는 경우와 다른 결론이 나올 수 있다. 따라서 기능통화와 다른 원화로 표시된 재무제표로 분석하는 것에서 그치지 말고 환산 전인 기능통화로 표시된 재무제표를 이용하여 분석하고, 국외라면 해당 지역의 표준지표와 비교 분석하는 것이 병행되어야 보다 합리적인 결론을 내릴 수 있다.

4.3 환율변동위험에 대한 평가

신용분석 시 환율변동의 효과를 파악함에 있어서 재무회계에 의해 생산된 수치만을 보는 것은 지나치게 과거 지향적인 접근방식이다. 따라서 과거 지향적인 접근법을 사용하여 나타날 수 있는 문제점을 피하기 위해서 신용분석가는 향후 환율변동이 해당 기업의 미래 이익이나 미래 현금흐름에 어떤 영향을 미치는지를 검토하여야 한다. 이를 위해 기업이 얼마나 환율변동위험에 노출되어 있는지를 평가하는 3가지 접근방법을 소개하면 아래와 같다. 또한 기능통화를 결정할 때 어느 정도 경영진의 자의성이 개재될 소지가 있으므로 이런 점도 유의 깊게 주목할 필요가 있다.

1) 회계익스포저(accounting exposure 또는 translation exposure)

미래의 환율변동이 예상될 경우 기업이 보유한 외화자산과 외화부채의 규모에 따라 기업의 미래이익이나 현금흐름에 미치는 영향이 다르다고 보는 입장이다. 보통 환율변동에 따른 기업의 위험지표로서 다음의 공식으로 산출되는 포지션(position)을 중요시하여 해당 기업에 대한 환율변동의 잠재적 영향을 평가해야 한다.

포지션 = 위험노출 외화자산금액 - 위험노출 외화부채금액

이 식의 위험노출 외화자산과 외화부채는 모든 외화자산과 외화부채를 의미하는 것이 아니라 새로운 환율에 영향을 받게 될 자산과 부채를 의미한다. 즉, 마감환율에 의해 재평가되는 외화자산과 외화부채만을 대상으로 하여 포지션이 산출된다. 당초 거래일환율에 의해 보고되는 자산과 부채는 아무리 환율이 변동되어도 환산금액이 변하지 않기 때문에 환율변동손익이 발생하지 않으므로 포지션 계산 대상에서 제외시킨다. 이러한 포지션을 회계익스포저 또는 환산익스포저라고 부른다. 포지션이 양(+)의 값이면 long position(또는 over-bought position)이라 하는데, 환율이 상승하면 이득을 의미하고 환율이 하락하면 손해를 의미하게 된다. 반면, 포지션이 음(-)의 값이면 short position(또는 over-sold position)이라 하는데, 환율이 상승하면 손해를 의미하고 환율이 하락하면 이득을 의미한다. 따라서 회계익스포저에 환율변동 예상 폭을 곱하면 해당 기업의 예상 환율변동손익이 산출된다.

환율변동으로 위험에 노출된 외화자산과 외화부채는 무엇인가는 앞에서 〈표 3-4〉에서 설명한 4가지 접근에 따라 그 내용이 달라진다. 즉, 화폐성·비화폐성법의 경우에는 화폐성 자산에서 화폐성 부채를 차감한 금액이 포지션이며, 시제법의 경우에는 시가표시 자산에서 시가표시 부채를 차감한 금액이 포지션이 된다. 또한 현행환율법의 경우에는 모든 자산에서 자본금을 제외한 재무상태표의 모든 대변항목을 차감한 금액이 포지션이 된다. 이와 같이 회계익스포저는 어떤 환산방법을 사용하느냐에 따라 포지션 계산에 포함되는 항목이 달라져 다른 금액의 포지션이 도출된다는 문제점이 있다. 또한 이보다 더 중대한 문제점은 환율변동의 영향을 회계장부상에 나타난 자산과 부채에 국한시켜 그 영향만 고려한다는 점이다.

2) 거래익스포저(transaction exposure)

거래익스포저는 회계익스포저보다 더 광의의 의미로 사용된다. 거래익스포저를 산출하는 데 쓰이는 공식은 회계익스포저를 산출하는 공식과 동일하지만, 회계장부상의 자산이나 부채뿐만 아니라 장부상에는 기록되어 있지 않아도 조만간 외화거래를 유발할 항목까지 모두 포함시켜 계산한다. 이러한 이유는 이들 항목이 미래 환율변동 시 기업의 미래 손익에 영향을 미칠 가능성이 있다고 보기 때문이다.

장부에 기록되지 않은 조만간 외화거래를 유발할 항목이라 함은 매입채무 및 매출채권, 장단기 차입금과 대여금 같은 회계장부상의 자산과 부채뿐만 아니라, 통화선도거래 또는 통화선물거래, 매출약정, 매입계약, 장기리스 등과 같이 앞으로 이행하여야 할 외화거래에 대한 약속이나 계약 내용을 포함한다. 따라서 거래익스포저에 예상 환율변동 폭을 곱하면 회계익스포저보다 광범위한 해당 기업의 예상 환율변동손익이 산출된다. 결과적으로 거래익스포저는 회계익스포저보다는 위험노출 정도를 보다 포괄적으로 파악하는 장점이 있다.

그러나 거래익스포저 역시 이미 결정된 거래나 약속에서 비롯한 위험만 측정에 포함시키는 한계점이 있다. 예를 들면, 약속을 하지는 않았지만 앞으로 환율이 인상되면 수출함으로써 얻게 되는 원화수익은 증가하고, 강세 통화국으로부터 원자재나 기계수입을 할 때 원화비용은 증가된다는 사실을 반영하지 못한다.

3) 경제익스포저(economic exposure)

경제익스포저란 향후 환율변동으로 야기될 기업의 전반적인 미래 현금흐름의 증감가능성을 의미한다. 환율이 변화하면 외화로 표시된 수익과 비용의 원화표시 금액만 변하는 것이 아니라, 기업의 전반적인 수익과 비용에 구조적인 변화가 야기된다. 예를 들면, 환율이 변하면 수출량과 내수판매량의 규모와 비중이 달라지고 수입원자재의 사용비중도 달라지며, 이에 따라 심할 경우 사업의 존망 자체가 크게 달라질 가능성도 있다. 이러한 환율변동에 따른 기업의 미래 수익과 비용의 구조적 변화가능성을 경제익스포저라고 한다. 경제익스포저에서 생기는 외환차이를 수학적으로 표현하면 환율변동 전에 예상되던 미래 현금흐름의 현재가치금액과 환율변동 후에 예상되는 현재가치금액의 차이이다.[13)]

특히 장기적 관점에서 신용분석가가 기업을 분석할 때는 환율의 변동에 따라 기

---

13) 최근 학계에서는 환율변동 전의 기업가치와 환율변동 후에 예상되는 기업가치의 차이로 해석하는 경향이 많다. 기업의 가치는 흔히 증권시장의 주가로 측정한다. 따라서 경제적 익스포저는 미래 현금흐름의 현재가치가 주가와 같다는 전제를 하면, 최근 학계에서 해석하는 경제적 익스포저와 같은 의미를 지니게 된다. 그러나 미래의 현금흐름은 측정이 어려운 반면, 주가는 관찰가능하기 때문에 자본시장이 잘 발달된 나라에서는 최근 이러한 학계의 정의가 더 널리 받아들여지고 있다.

업의 미래 매출액, 매출원가, 기타 비용 등의 현금흐름은 어떠한 영향을 받는가에 관심을 기울여야 한다. 해외사업장이 국내에서만 생산품을 판매하고 원료를 매입하는 경우라도 수입품과의 경쟁관계가 변하여 환율변동 전후에 현금흐름이 간접적으로 영향을 받을 것이다. 반면, 상당부분의 생산품을 수출하고 원료는 현지에서 조달하는 경우라면 보다 직접적으로 현금흐름의 양태가 변할 것이다. 예를 들면, 1993년 일본 엔화가 미국 달러화에 비하여 크게 상승하자 국내 기업들의 대외경쟁력이 상당히 호전되어 이들 기업의 수출물량이 상당히 증가하였다. 이와는 대조적으로 1996년 중에는 일본 엔화가 미국 달러화 대비 약세를 보이자 일본과 경쟁관계에 있는 우리나라 기업들의 수출이 급격히 감소하는 것을 경험하였다. 이처럼 일본의 환율이 변하면, 특정기업이 일본 엔화로 행하는 거래가 없다 하더라도 일본 기업과 경쟁관계에 있으면 현금흐름의 행태가 바뀐다. 2004년 중에는 미국 달러화가 약세가 됨에 따라 많은 국내 기업들이 미국 달러화에 고정되어 있는 위안화를 사용하는 중국 기업들에 비하여 가격경쟁력 면에서 상대적인 약세에 있었다. 이 또한 미국 달러화 약세에 따른 국내 기업들의 미래 현금흐름의 변화가 어떻게 되는지를 시사하고 있다.

따라서 이러한 경제익스포저를 구체적인 수치로 측정하는 것은 매우 어려운 일이다.[14] 그러나 신용분석가나 투자분석가는 환율변동으로 해당 기업의 영업 내용과 현금흐름이 어떻게 바뀔지 파악해야 하므로 구체적인 변화 내용 파악이 어렵다면, 최소한 미래 현금흐름이 호전 또는 악화될 것인지에 대한 방향성이라도 파악할 필요가 있다.

14) 최근 학계에서는 주식시장의 주가자료를 이용한 통계적 모형으로 경제적 익스포저를 종합적으로 측정하는 방법이 제시되고 있고 또한 이는 예측에 사용되고 있다.

[보론] 파생상품과 신용분석

금융시장 및 외환시장의 자율화로 인하여 이자율 및 통화 등 기초변수의 변동위험은 날로 증가하고 있으며, 투자자들은 이러한 기초변수에 의한 가치변동에 따른 위험을 소액의 투자로 사전에 방지하거나 최소화하기 위한 수단으로 파생상품을 이용한다. 또한 투자한 기초자산 가격이 하락하는 상황 하에서도 이익을 낼 수 있는 양방향투자에 대한 투자자들의 관심이 높아짐에 따라 파생상품거래는 더욱 더 발달하고 있다. 특히, 유럽단일통화(EUR)의 출현, 정보통신기술의 발전, 각국의 금융산업에 대한 규제완화 등도 파생상품거래를 증대시키는 데 기여하고 있다.

파생상품의 특징은 전통적인 금융상품과는 달리 계약 당시 거래당사자들 사이에서 자금의 흐름이 일어나지 않는 부외거래이며, 거래비용에 비하여 기대수익률이 높은 만큼 투기적 거래도 많이 발생한다는 점이다. 이는 또한 파생상품에 잘못 투자하는 경우 엄청난 손실을 볼 수 있다는 의미를 가질 수 있어 개인이나 기업에 막대한 재무위험을 증가시킬 수 있다. 따라서 본 서는 파생상품에 대한 구체적인 회계처리를 포함하지 않지만, 파생상품과 관련하여 신용분석가가 주의해야 할 몇 가지 사항을 소개하면 아래와 같다.

첫째, 파생상품과 관련한 회계처리방법은 선진국에서도 논쟁이 치열하고 실제에 있어서도 여러 차례 개정되어 왔다. 이 같은 사실은 현재의 파생상품 관련 회계처리 규정의 문제가 적지 않다는 것을 반증하는 것이다. 따라서 투자분석가나 신용분석가는 재무제표 본문에 반영된 결과만을 분석대상으로 삼지 말고 광범위한 주석사항을 잘 활용해야 한다. 공시사항에는 파생상품거래의 목적, 기업의 헤지 전략, 목적별 파생상품평가손익과 그 처리내역 등이 포함된다. 여기에서 더 나아가 미국의 경우 상장기업에 대하여는 별도의 규정(SEC FRR No.48 및 FASB Statement No.119)으로 (i) 통화별, 기간별로 포지션 크기를 공시하든가, (ii) 환율, 주가, 이자율 등이 일정한 수준만큼 나빠지는 경우(예컨대 대미환율이 100원 절상되는 경우) 기업이 어느 정도의 손실이 예상되는지를 보여주는 민감도 분석결과를 보여주든지, (iii) 일정한 신뢰수준(예컨대 95% 신뢰수준)을 전제로 하여 기업이 입게 될 가상의 손실금액 규모인 VaR(Value-at-Risk)[15] 등을 선택하여 공시하도록 하고 있다. 따라서 투자분석가나 신용분석가들은 이러한 공시요구를 고려하여 분석대상 기업으로부터 추가 자료를 받아 검토할 필요도 있다.

둘째, 파생상품을 재테크의 수단으로 활용하다가 기업, 금융기관 또는 정부기관이 도산한 예가 적지 않다. 파생상품을 헤지수단으로 사용하지 않고 매매 목적, 투기 목적으로 활용하는 경우 소액의 증거금으로 거액을 거래할 수 있어 레버리지(leverage) 효과가 크기 때문이다. 이로 인하여 상황이 예측대로 되지 않으면 큰 손실을 입을 우려가 있다. 즉, 파생상품거래와 관련하여 내부통제시스템이 제대로 작동하지 않으면 한두 사람의 딜러가 기업을 망하게 할 정도로 큰 위험이 있는 거래를 할 우려가 있다. 사실 이제까지 있었던 파생상품으로 인한 대부분의 사고(예: KIKO 상품)는 이러한 내부통제시스템의 부작동으로 인한 것이었다. 따라서 거액의 파생상품을 취급하는 분석대상 기업에 대하여는 내부통제시스템의 점검이 필수적이다.

셋째, 파생상품을 헤지 목적으로 사용하더라도 상습적으로 헤지하는 경우에는 거래비용으로 인해 그 효과가 의문일 수 있다. 효율적 시장가설[16]을 전제로 하면 선물환율 등에 누구나 예측할 수 있는 환율변동 폭이 이미 반영되어 있다고 본다. 따라서 선물환율은 미래 현물환율의 기대값(평균값)과 같다는 것이다. 이러한 이론을 전제로 하면 장기적으로는 헤지를 하거나 헤지를 하지 않거나 거래비용을 제외하면 그 효과는 동일하다는 것이다. 따라서 장기간에 걸쳐 습관적으로 헤지하는 행위가 과연 그 기업에게 이득이 되는지를 면밀히 검토해야 한다.

---

15) VaR이란 95% 신뢰수준을 전제로 하면 환율, 이자율, 주가 등이 5% 정도로 발생할까 말까한 최악의 상황에서 기업이 입게 될 손실금액의 규모를 말한다.

16) 시장은 이용가능한 모든 정보를 환율, 이자율, 주가 등의 가격에 이미 반영하고 있다는 가설이다. 일반적으로 주가, 환율 등은 공개된 모든 정보가 그 가격에 반영되어 있다는 '중형 효율적 시장가설'에 따른다고 본다.

연습문제 객관식

01 다음 중 기능통화에 대한 설명으로 옳지 않은 것은?

① 기능통화란 영업활동이 이루어지는 주된 경제환경의 통화를 말한다.
② 기능통화는 재화나 용역의 공급가격 결정에 영향을 미치는 통화를 고려하여 결정한다.
③ 기능통화는 재무제표를 표시할 때 사용하는 통화를 말한다.
④ 기능통화가 해당 국가 통화와 다른 경우 해당 국가의 통화를 기능통화로 간주할 수 있다.

02 다음 중 보고기간말 화폐성 외화자산이나 외화부채에서 인식되는 환율변동손익의 회계처리로 옳은 것은?

① 당기손익법만 허용　② 당기손익법이 원칙
③ 계속이연법만 허용　④ 이연후상각법만 허용

03 다음 중 보고기간말 외화자산과 외화부채의 환산에 적용할 환율로 옳지 않은 것은?

① 매출채권 - 마감환율
② 저가법에 따라 순실현가치로 평가된 재고자산 - 취득일환율
③ 재평가한 해외 소재 부동산 - 재평가일환율
④ 장기차입금 - 마감환율

04 다음 중 보고기간말 재평가모형을 적용하는 해외 소재의 외화표시 유형자산을 기능통화인 원화로 환산할 경우 필요한 환율로 옳은 것은?

① 유형자산 취득 당시의 환율　② 보고기간말의 환율
③ 자산재평가 당시의 환율　④ 당해 연도의 평균환율

05 다음 중 외화항목의 화폐성 여부와 보고기간말 해당항목에 적용할 환율로 옳지 않은 것은?

	화폐성 여부	적용환율
① 장기차입금	화폐성	마감환율
② 취득원가로 보고될 재고자산	비화폐성	거래일환율
③ 매도가능채무증권	비화폐성	마감환율
④ 원가모형을 적용하는 건물	비화폐성	거래일환율

연습문제 객관식

06 외화환산 관련 회계처리는 이론적으로 2개의 관점인 단일거래관과 이개거래관으로 구분할 수 있다. 이개거래관은 상품거래와 관련된 대금결제행위를 금융거래로 보는 관점이며 일반적인 외화거래의 환산은 이러한 이개거래관에 따라 회계처리한다. 다음 중 이개거래관에 따른 회계처리로 인식되는 외화환산손실이나 외환차손의 성격으로 가장 옳은 것은?

① 유형자산처분손실　　② 이자비용
③ 재고자산평가손실　　④ 지급수수료

07 다음 중 보고기간말 외화잔액의 환산 시 마감환율이 적용되는 항목으로 옳지 않은 것은?

① 예치금　　② 매출채권
③ 선급금　　④ 장기차입금

08 다음 중 비화폐성항목으로 옳지 않은 것은?

① 무형자산　　② 매입채무
③ 주식에 대한 투자　　④ 재고자산

09 2X16년 2월 10일에 중앙상사가 미국의 한 회사로부터 장기의 차관을 도입하여 $1,000짜리 기계장치를 구입하였다. 차관은 2년 후인 2X18년 2월 10일에 상환할 예정이다. 편의상 이자는 없다고 가정하자. 이 회사의 결산일은 매년 12월 31일이며 각 날짜별 대고객 매도율이 다음과 같을 때, 2X16년 12월 31일에 인식할 화폐성외화항목의 환율변동손익으로 옳은 것은?

2X16. 2. 10. $1=₩1,150	2X16. 12. 31. $1=₩1,100
2X17. 2. 10. $1=₩1,050	2X17. 12. 31. $1=₩1,010
2X18. 2. 10. $1=₩1,000	

① 외화환산손실 50,000원　　② 외화환산이익 50,000원
③ 외환차익 50,000원　　④ 외환차손 50,000원

10 다음 중 외화거래의 환산에 대한 설명으로 옳지 않은 것은?

① 외환차손익과 실현된 외화환산손익은 이론상 이자와 같은 금융비용이다.
② 결산일에 인식되는 외화자산이나 외화부채의 외환차이는 성질상 미실현손익이다.
③ 장기외화차입으로 유형자산을 구입하는 경우에는 실질적으로 자연헤징이 된다.
④ 단기적으로 물가변동은 환율변동에 따른 환산손익의 처리와 밀접한 관련이 있다.

연습문제 객관식

11 12월말이 결산법인인 ㈜삼청은 2X16년 12월 1일 일본 거래처에 ¥3,000,000의 상품을 판매하고 대금은 5개월 후인 2X17년 4월 30일에 회수하였다. 이 기간 중 환율변동은 다음과 같을 때 다음 중 2X16년도에 인식할 외화환산손익과 2X17년도에 인식할 외환차손익으로 옳은 것은?

2X16년 12월 1일 ¥100 = ₩850
2X16년 12월 31일 ¥100 = ₩830
2X17년 4월 30일 ¥100 = ₩870

① 외화환산손실 ₩600,000, 외환차손 ₩1,200,000

② 외화환산손실 ₩600,000, 외환차익 ₩1,200,000

③ 외화환산이익 ₩600,000, 외환차손 ₩1,200,000

④ 외화환산이익 ₩600,000, 외환차익 ₩600,000

12 다음 중 당기손익에 즉시 반영되는 외환차이로 옳지 않은 것은?

① 결제시점에 인식한 외환차손

② 보고기간말에 화폐성외화항목에서 인식한 외화환산이익

③ 재평가모형을 적용하는 해외 소재 유형자산의 처분시점에 인식한 외환차이

④ 보고기간말에 외화표시 매도가능채무증권의 평가손익에 포함된 외환차이

13 다음 중 국내 보고기업의 원화표시 재무제표와 연결하기 위하여 연결대상 해외사업장의 달러표시 재무제표를 원화로 환산할 때 적용하는 방법으로 옳은 것은?

① 속성법 ② 시제법

③ 현행환율법 ④ 유동성·비유동성법

14 다음 중 재무제표를 기능통화와 다른 표시통화로 환산할 때 보고기업(parent company) 관점보다 해외사업장(local company) 관점을 잘 반영한 방법으로 옳은 것은?

① 유동성·비유동성법 ② 화폐성·비화폐성법

③ 시제법 ④ 현행환율법

연습문제 객관식

15 미국 소재 삼청회사의 2X16년도 매출원가 및 환율과 관련된 자료가 다음과 같으며 당사는 재무제표를 원화로 환산하고자 한다. 재무제표의 일부 내용과 환율에 관한 정보가 다음과 같을 때 현행환율법에 따른 원화표시 재무제표에 표시될 매출원가금액으로 옳은 것은?

기초재고자산	$100	기초재고자산 매입시점:	₩1,008/$
당기매입	$1,000	기말재고자산 매입시점:	₩1,050/$
기말재고자산	$200	연평균:	₩1,017/$
매출원가	$900	회계연도 말:	₩1,020/$

① 907,200원 ② 915,300원
③ 918,000원 ④ 945,000원

16 2X16년 1월 1일에 자본금 $30,000로 설립된 미국 현지법인 ㈜삼청은 2X16년도 당기순이익(=이익잉여금) $1,000을 보고하였다. 환율이 다음과 같을 때 원화표시 재무제표에 나타나는 해외사업환산손익으로 옳은 것은? 단, 괄호는 차변금액을 의미한다.

2X16년 1월 1일	$1 = ₩1,010
2X16년 평균환율	$1 = ₩1,050
2X16년 12월 31일	$1 = ₩1,120

① ₩(3,410,000) ② ₩(3,370,000)
③ ₩3,370,000 ④ ₩3,410,000

17 다음 중 영국의 이자율이 5%이고 우리나라의 이자율이 3%라면 균형상태 하에서 원화가 영국 파운드화 대비 약2% 평가절상될 것이라는 이론으로 옳은 것은?

① 구매력등가이론 ② 국제피셔이론
③ 이자율등가이론 ④ 외환의 수요공급이론

연습문제 객관식

18 **다음 중 환율변동효과의 회계처리와 관련된 설명으로 옳지 않은 것은?**

① 외환차손이나 외환차익은 성격상 금융비용의 일부이거나 차감요인으로 취급하는 것이 신용분석상 타당하다.

② 외화환산손실은 손익계산서에 즉각 반영하고 외화환산이익은 보수주의에 따라 이연시킨다.

③ 기능통화제도 하에서는 원화 이외의 통화가 기능통화가 될 수 있다.

④ 연결대상 해외사업장의 외화표시 재무제표는 현행환율법으로 환산한다.

19 **다음 중 환율변동으로 기업의 미래 수익과 비용의 구조가 변하고, 이에 따라 기업의 미래 현금흐름에 대한 현재가치 금액이 변화할 가능성을 의미하는 용어로 옳은 것은?**

① 회계익스포저
② 거래익스포저
③ 경제익스포저
④ 환산익스포저

20 **다음 중 신용분석가가 환율변동손익에 대한 해석 시 고려해야 할 사항으로 옳지 않은 것은?**

① 외화환산손익이 가공의 손익인지 아닌지 그 실현가능성을 평가하기 위해 환율 전망은 필수적이다.

② 외화환산손익은 관련 자산이나 부채의 인플레이션 이득과 상쇄될 가능성이 있는지 검토해야 한다.

③ 신용분석 시 필요한 환율변동위험에 관한 지표는 경제익스포저보다 회계익스포저가 더 중요하다.

④ 기능통화에 따른 재무재표를 표시통화로 환산된 수치로 비율분석을 하는 경우에는 환산 전의 재무비율을 분석하여 해당 지역의 표준지표와 비교 분석한다.

연습문제 주관식

01 다음은 동호물산의 거래내용이다. 각 거래는 ①의 장기외화차입금거래와 관련한 것이며 동호물산의 결산일은 매년 12월 31일이다. 각 일자별로 필요한 회계처리를 행하시오. 단, 편의상 이자는 없다고 가정하자.

① 2X16년 5월 1일자로 장기외화차입 ₩60,000,000(US$ 100,000, US$1 = ₩1,010)을 도입하였다. 3년 거치 6년 분할상환이다. 원금은 2X19년 4월 30일부터 매년 1/6씩 상환한다.

② 2X16년 12월 31일 환율이 US$1 = ₩1,008로 변하였다.

③ 2X17년 12월 31일 환율이 US$1 = ₩1,087로 변하였다.

④ 2X18년 12월 31일 환율이 US$1 = ₩1,095로 변하였다.

⑤ 2X19년 4월 30일 차입금의 1/6을 상환하였고 환율은 US$1 = ₩1,080이었다.

풀이 :

① 2X16. 5. 1. 회계처리

(차) 현 금	101,000,000	(대) 장기외화차입금	101,000,000*

* $100,000 × ₩1,010 = ₩101,000,000

② 2X16. 12. 31. 회계처리

(차) 장기외화차입금	200,000	(대) 외화환산이익	200,000*

* $100,000 × (₩1,010 - ₩1,008) = ₩200,000

③ 2X17. 12. 31. 회계처리

(차) 외화환산손실	7,900,000	(대) 장기외화차입금	7,900,000*

* $100,000 × (₩1,087 - ₩1,008) = ₩7,900,000

④ 2X18. 12. 31. 회계처리

(차) 외화환산손실	800,000	(대) 장기외화차입금	800,000*
(차) 장기외화차입금	18,250,000	(대) 유동성장기외화차입금	18,250,0000**

* $100,000 × (₩1,095 - ₩1,087) = ₩800,000
** ($100,000 × ₩1,095) ÷ 6 = ₩18,250,000

⑤ 2X19. 4. 30. 회계처리

(차) 유동성장기외화차입금	18,250,000	(대) 현 금	18,000,000*
		외 환 차 익	250,000**

* ($100,000 × ₩1,080) ÷ 6 = ₩18,000,000
** {$100,000 × (₩1,095 - ₩1,080)} ÷ 6 = ₩250,000

02 국내기업인 ㈜한국은 해외사업장 ㈜나라를 100% 소유하고 있으며, 두 기업의 결산일은 모두 12월 31일이다. ㈜나라의 2X16년 12월 31일로 종료되는 회계연도의 잔액시산표와 환율정보는 아래와 같으며 ㈜한국의 기능통화 및 표시통화는 원화(₩)이고 ㈜나라의 기능통화는 $이다. 이 경우 ㈜한국의 표시통화로 환산한 ㈜나라의 잔액시산표를 작성하시오.

잔 액 시 산 표

(단위: $)

차변	계정과목	대변
4,000	현금	
7,000	매출채권	
4,000	상품	
9,000	건물	
	매입채무	5,000
	장기차입금	6,000
	자본금	10,000
	매출	15,000
	이자수익	1,000
10,000	매출원가	
2,000	급여	
1,000	이자비용	
37,000	합 계	37,000

환율정보

2X16년 1월 1일	₩1,250/$
2X16년 12월 31일	₩1,000/$
2X16년 평균	₩1,200/$

연습문제 주관식

풀이 : 외화표시 잔액시산표의 원화환산 내역

	기능통화($)		적용환율	표시통화(₩)	
	차	대		차	대
현금	4,000		₩ 1,000	4,000,000	
매출채권	7,000		1,000	7,000,000	
상품	4,000		1,000	4,000,000	
건물	9,000		1,000	9,000,000	
매입채무		5,000	1,000		5,000,000
장기차입금		6,000	1,000		6,000,000
자본금		10,000	1,250		12,500,000
매출		15,000	1,200		18,000,000
이자수익		1,000	1,200		1,200,000
매출원가	10,000		1,200	12,000,000	
급여	2,000		1,200	2,400,000	
이자비용	1,000		1,200	1,200,000	
외환차이[1] (기타포괄손익)				3,100,000	
	37,000	37,000		42,700,000	42,700,000

1) 당기순이익(이익잉여금)은 $3,000(₩3,600,000)이고, 해외사업환산손실(기타포괄손익)이 ₩3,100,000 발생하여 기말 자본은 ₩13,000,000이 된다.

연습문제 주관식

03 **다음은 ㈜청룡의 대만 해외사업장의 2X16년 12월 31일 재무상태표이며 화폐단위는 NT$이다. 동 재무제표는 ㈜청룡이 적용하는 회계기준에 부합하며, 현재 환율은 환율변동이 없어서 거래일 환율과 동일한 NT$1 = ₩32라고 가정하자.**

현 금	1,000	매 입 채 무	3,900
매출채권	2,500	장기차입금	3,000
재고자산[1]	3,000		
투자자산[2]	1,400		
유형자산(순)	4,000	주주 지분	5,000
자산총계	11,900	합 계	11,900

1) 원가는 3,300이다.
2) 원가로 측정한다.

요구사항

1) 당기 환산에 있어 다음의 각 방법을 쓸 때 대만 해외사업장으로부터 발생하는 환위험은 얼마인지 포지션을 산출하라.

① 시제법 또는 수정 화폐성/비화폐성법

② 현행환율법

2) 대만 달러의 환율이 NT$1 = ₩32에서 NT$1 = ₩40로 변할 것으로 기대된다고 가정하자. 시제법을 사용하여 대만 해외사업장의 재무상태표를 원화 재무상태표로 환산하라. 이 경우 발생할 외환차이는 얼마가 되는가? 이렇게 산출한 외환차이를 1)번에서 계산한 포지션을 이용하여 산출한 외환차이와 비교하라.

3) 대만 달러의 환율이 NT$1 = ₩32에서 NT$1 = ₩40로 변할 것으로 기대된다고 가정하자. 현행환율법을 사용하여 대만 해외사업장의 재무상태표를 원화 재무상태표로 환산하라. 이 경우 발생할 외환차이는 얼마인가? 이렇게 산출한 외환차이를 1)번에서 계산한 포지션을 이용하여 산출한 외환차이와 비교하라.

4) 위에서 계산된 외환차이는 어떤 의미를 가지는가? 실제적으로 실현될 가능성이 있는 것인가?

5) 일반적으로 환율이 변동하는 경우 외환차이 이외에 기업이 입게 되는 영향은 무엇인가?

연습문제 주관식

풀이 :

1) ① 시제법의 경우

포지션 = 시가표시 자산 - 시가표시 부채

= (1,000 + 2,500 + 3,000) - (3,900 + 3,000) = - NT$400

② 현행환율법의 경우

포지션 = 자산총액 - 부채총액

= 11,900 - 6,900 = NT$5,000

2) ① 시제법을 이용한 재무상태표의 환산

현 금	40,000	매입채무	156,000
매출채권	100,000	장기차입금	120,000
재고자산	120,000		
투자자산	44,800		
유형자산	128,000	주주지분	160,000
외환차이	3,200		
합 계	436,000	합 계	436,000

② 포지션을 이용한 외환차이 = - NT$400 × (₩40 - ₩32) = - ₩3,200

따라서 재무제표를 시제법에 따라 원화로 환산한 결과 인식한 외환차이 ₩3,200과 포지션을 이용한 외환차이 ₩3,200이 같다. 이런 이유로 포지션을 위험측정의 지표로 사용하고 있음에 주목하자. 아래 3)의 결과도 이와 동일함을 확인할 수 있다.

3) ① 현행환율법을 이용한 재무상태표의 환산

현 금	40,000	매입채무	156,000
매출채권	100,000	장기차입금	120,000
재고자산	120,000		
투자자산	56,000	주주지분	160,000
유형자산	160,000	외환차이	40,000
합 계	476,000	합 계	476,000

② 포지션을 이용한 외환차이 = NT$5,000 × (₩40 - ₩32) = ₩40,000

연습문제 주관식

4) 현재와 미래의 영업활동 현금흐름에 직접적 영향을 미치지 않거나, 거의 미치지 않으므로 이를 당기손익이 아닌 기타포괄손익에 포함시킨다. 즉, 실현가능성이 없으며 해외사업장을 처분하였을 때만이 당기손익에 영향을 미친다.

5) 경제적 익스포저에 대한 설명으로 본문에 제시된 내용을 참고한다.

04 **㈜새길은 2X16년 11월 1일에 상품 US$3,000를 수입하고 대금은 4개월 후에 주기로 하였다. 당사는 결산일이 매년 12월 31일이며 계속기록법을 사용하고, 각 날짜의 환율은 다음과 같다.**

일 자	현물환율
2X16년 11월 1일	$1 = ₩1,200
2X16년 12월 31일	$1 = ₩1,160
2X17년 3월 1일	$1 = ₩1,220

요구사항

1) 당사는 상품거래 시 발생한 금융거래와 관련하여 각 날짜별로 필요한 회계처리를 행하시오.

2) 1)의 회계처리에 따라 보고될 매입채무와 환율변동손익을 2X16년도 부분 재무제표에 나타내시오.

3) 단일거래관에 따라 2X16년 12월 31일과 2X17년 3월 1일자에 필요한 회계처리를 행하시오. 단, 2X16년 12월 31일까지 해당 상품의 40%를 판매하고, 2X17년 3월 1일까지는 90%를 판매하였다고 가정하자.

4) 3)의 회계처리에 따라 보고될 매입채무와 환율변동손익을 2X16년도 부분 재무제표에 나타내시오.

5) 일반적으로 거의 모든 외화환산의 경우는 이개거래관을 따르고 있다. 그러나 일부 거래의 환산에 있어서는 단일거래관을 따르고 있다. 단일거래관을 따르는 거래에는 어떤 것이 있으며, 그 이유는 무엇인가?

연습문제 주관식

풀이 :

1) ① 2X16. 11. 1. 회계처리

(차) 상 품	3,600,000	(대) 매 입 채 무	3,600,000*

* $3,000 × ₩1,200 = ₩3,600,00

① 2X16. 12. 31. 회계처리

(차) 매 입 채 무	120,000*	(대) 외화환산이익	120,000

* $3,000 × (₩1,200 - ₩1,160) = ₩120,000

① 2X17. 3. 1. 회계처리

(차) 매 입 채 무	3,480,000	(대) 현 금	3,660,000*
외 환 차 손	180,000		

* $3,000 × ₩1,220 = ₩3,660,000

2) 부분 재무제표

① 2X16년도 부분 재무상태표

	매입채무 ₩3,480,000

② 2X16년도 부분 손익계산서

영업외수익
외화환산이익 ₩120,000

3) ① 2X16. 12. 31. 회계처리

(차) 매입채무	120,000*	(대) 상품	72,000**
		매출원가	48,000***

* $3,000 × (₩1,200 - ₩1,160) = ₩120,000

** ₩120,000 × 60% = ₩72,000

*** ₩120,000 × 40% = ₩48,000

① 2X17. 3. 1. 회계처리

(차) 매입채무	3,480,000	(대) 현금	3,660,000*
상품	18,000**		
매출원가	162,000***		

* $3,000 × ₩1,220 = ₩3,660,000

** ($3,660,000 - $3,480,000) × 10% = ₩18,000

*** ($3,660,000 - $3,480,000) × 90% = ₩162,000

4) 부분 재무제표

① 2X16년도 부분 재무상태표

	매입채무 ₩3,480,000

② 2X16년도 부분 손익계산서

영업외수익
외화환산이익 ₩0

5) 현금흐름 위험회피 목적의 파생상품거래가 이에 해당되며, 그 이유는 헤지거래와 헤지대상거래를 분리하여 생각할 수 없는 거래이기 때문이다.

연습문제 주관식

05 ㈜갑의 기능통화는 원화이며, 달러화 대비 원화의 환율이 다음과 같을 때 아래의 각 독립적인 요구사항에 답하시오. (2010 CPA 기출문제 응용)

일자	2X16. 11. 1.	2X16. 12. 31.	2X17. 4. 1.
환율	₩1,000	₩1,040	₩1,020

요구사항

1) ㈜갑은 2X16년 11월 1일 미국에 $1,000의 외상매출을 하였다. ㈜갑이 2X17년 4월 1일에 동 매출채권 전액을 회수하였을 때 필요한 회계처리를 행하시오.

2) ㈜갑은 2X16년 11월 1일 미국으로부터 상품 $1,000를 매입하여 2X16년 12월 31일 현재 재고자산으로 보고하고 있다. ㈜갑은 재고자산을 취득원가와 순실현가능가치 중 낮은 가격으로 측정한다. 2X16년 12월 31일 현재 외화표시 재고자산의 순실현가능가치가 $980일 경우에 ㈜갑이 기능통화 재무제표에 표시할 재고자산의 장부금액을 계산하시오.

3) ㈜갑은 2X16년 11월 1일 미국에 소재하는 사업목적의 토지를 $12,000에 취득하였고, 2X16년 12월 31일 현재 토지의 공정가치는 $13,000이다. ㈜갑이 2X17년 4월 1일에 토지의 1/4을 $5,000에 매각하였을 때 원가모형에 의한 회계처리를 행하시오.

4) ㈜갑은 매년 재평가를 실시한다고 가정하고, 요구사항 3)에서 2X17년 4월 1일에 토지의 1/4을 $5,000에 매각하였을 때 재평가모형에 의한 회계처리를 행하시오.

5) ㈜갑은 2X16년 11월 1일 미국회사가 발행한 지분상품을 단기 매매차익을 목적으로 $5,000에 취득하였고, 2X16년 12월 31일 현재 지분상품의 공정가치는 $6,000이다. 2X17년 4월 1일에 지분상품 전부를 $7,000에 처분하였을 때 필요한 회계처리를 행하시오.

풀이1 :

2X17. 4. 1. 회계처리

(차)	현금	1,020,000*	(대) 매출채권	1,040,000**
	외환차손	20,000		

* $1,000 × ₩1,020 = ₩1,020,000

** $1,000 × ₩1,040 = ₩1,040,000

풀이2 :

2X16. 12. 31. 재고자산 장부금액

다음 둘 중의 작은 금액을 장부금액으로 한다.

① 취득원가 = $1,000 × ₩1,000 = ₩1,000,000

② 순실현가능가치 = $980 × ₩1,040 = ₩1,019,200

∴ 재고자산 장부금액 = ₩1,000,000

풀이3 :

2X17. 4. 1. 회계처리

(차) 현 금	5,100,000*	(대) 토 지	3,000,000**
		유형자산처분이익	2,100,000

* $5,000 × ₩1,020 = ₩5,100,000

** $12,000 × 1/4 × ₩1,000 = ₩3,000,000

풀이4 :

2X17. 4. 1. 회계처리

(차) 현 금	5,100,000*	(대) 토 지	3,380,000**
재평가잉여금	380,000***	유형자산처분이익	2,100,000

* $5,000 × ₩1,020 = ₩5,100,000

** $13,000 × 1/4 × ₩1,040 = ₩3,380,000

*** ($13,000 × 1/4 × ₩1,040) - ($12,000 × 1/4 × ₩1,000) = ₩380,000

풀이5 :

2X17. 4. 1. 회계처리

(차) 현 금	7,140,000*	(대) 단기매매증권	6,240,000**
		단기매매증권처분이익	900,000

* $7,000 × ₩1,020 = ₩7,140,000

** $6,000 × ₩1,040 = ₩6,240,000

제3장 환율변동효과

정답 및 해설

01 ③

≫ 재무제표를 표시할 때 사용하는 통화는 표시통화라 한다.

02 ②

≫ 보고기간말에 화폐성 외화자산 및 외화부채를 마감환율로 환산하여 인식한 외화환산손익은 당기손익에 반영하도록 규정하고 있다. 다만, 외화표시 매도가능채무증권의 동 금액은 평가손익에 반영하여 기타포괄손익으로 보고한다.

03 ②

≫ 재고자산은 비화폐성항목으로 보고기간말 회계처리에 따라 적용환율이 결정된다. 즉 재고자산은 저가법에 따라 순실현가치가 결정된 날의 환율을 적용한 순실현가능가치 환산액과 거래일환율을 적용하여 환산한 취득원가를 비교하여 둘 중 적은 금액으로 보고한다. 따라서 순실현가능가치로 평가된 재고자산은 순실현가능가치가 결정된 날인 마감환율이 적용환율이 된다.

04 ③

≫ 재평가모형을 적용하여 유형자산을 환산할 때는 재평가일의 환율을 적용하여 환산한다.

05 ③

≫ 화폐성항목(장기차입금, 매도가능채무증권 등)은 보고기간말의 현물환율인 마감환율로 환산한다. 반면 비화폐성항목(재고자산, 건물 등)은 보고기간말 해당 항목의 회계처리에 따라 적용환율이 구분된다. 보고기간말에 해당 항목을 시가로 재평가하면 재평가일의 환율을 적용하여 환율변동효과를 인식하고, 원가로 보고하면 거래일환율을 적용하여 환율변동효과를 인식하지 않는다.

06 ②

≫ 이개거래관의 입장에서 볼 때 대금결제와 관련된 행위를 금융거래로 본다면 금융거래에서 발생한 손실과 이익은 일종의 금융비용의 성격인 이자비용으로 봐야 한다.

정답 및 해설

07 ③

≫ 화폐성 외화자산과 화폐성 외화부채는 보고기간말에 마감환율을 적용하여 환산한다. 그러나 비화폐성은 해당 항목의 보고기간말 회계처리에 따라 적용환율이 다르다. 이때 비화폐성 외화자산인 선급금은 거래일환율을 적용한다.

08 ②

≫ 매입채무는 화폐성항목이다.

09 ②

≫ 환율변동손익은 환율하락으로 인한 외화환산이익이며 금액은 $1,000 × (₩1,150 - ₩1,100) = ₩50,000이다.

10 ④

≫ 일정기간이 지난 후의 환율은 두 나라의 물가상승률의 차이만큼 조정되어 나타난다는 구매력등가설은 단기적으로는 잘 맞지 않지만 장기적으로는 상당한 설득력을 갖는 것으로 평가되고 있다.

11 ②

≫ 외화자산은 환율상승 시 이익, 환율하락 시 손실을 인식하므로 미완결거래 시 외화환산손실 ₩600,000(= ¥3,000,000 × ₩20/¥100)과 완결거래 시 외환차익 ₩1,200,000(= ¥3,000,000 × ₩40/¥100)을 인식한다.

12 ④

≫ 외화표시 매도가능채무증권은 화폐성외화항목이지만 외환차이를 별도의 외화환산손익으로 인식하지 않고 평가손익에 포함되어 인식하므로 기타포괄손익에 반영된다.

제3장 환율변동효과

정답 및 해설

13 ③

≫ 재무제표를 환산할 때는 현행환율법을 적용한다.

14 ④

≫ 해외사업장의 관점을 가장 잘 반영한 재무제표 환산방법은 현행환율법이다. 현행환율법은 자산과 부채 모두에 마감환율을 적용하고, 수익과 비용에 거래일환율이나 평균환율을 일괄적으로 적용하여 환산한 후 각종 재무비율을 계산하면 해외사업장의 기능통화로 계산된 재무비율과 유사하게 나타나기 때문이다.

15 ②

≫ 매출원가는 거래일환율이나 편의상 평균환율을 적용하여 환산한다. 따라서 $900 × ₩1,017(평균환율) = ₩915,300이다.

16 ③

≫ 재무제표의 표시통화로의 환산은 현행환율법에 따라 자산과 부채는 모두 현행환율, 자본금은 거래환율, 당기순이익은 평균환율로 환산한다. 따라서 자본에 해당되는 자본금과 이익잉여금을 각각 해당 환율로 환산한 ₩30,300,000(= $30,000 × ₩1,010/$)과 ₩1,050,000(= $1,000 × ₩1,050/$)을 합산한 ₩31,350,000과 총자본 $31,000을 마감환율 ₩1,120/$로 환산한 ₩34,720,000 간 차액 ₩3,370,000을 해외사업환산손익 대변잔액으로 인식한다.

17 ②

≫ 국제피셔이론에 의할 때 현물환율의 변동 폭은 두 나라 이자율의 차이와 같아진다는 이론이다. 균형상태라면 원화를 보유한 사람이 국내 금융자산에 투자하나, 예컨대 미국의 금융자산에 투자하나, 예상 환율변화까지 고려한 이자율은 동일하여야 한다. 이에 따라 예상 환율변동 폭은 두 나라의 이자율 차이와 같게 된다는 것이다.

정답 및 해설

18 ②

≫ 보고기간말에 화폐성외화항목의 환산으로 인식된 미실현손익인 외화환산손실이나 외화환산이익은 모두 당기손익으로 인식한다.

19 ③

≫ 경제익스포저는 환율변동으로 인하여 기업의 미래 수익과 비용의 구조가 변하고 이에 따라 기업의 미래 현금흐름의 현재가치가 변화할 가능성을 말한다.

20 ③

≫ 회계익스포저는 회계장부상에 나타난 자산과 부채에만 국한시켜 환율변동이 기업에 미치는 영향을 검토한다는 문제점이 있다.

제IV장 법인세회계

학습목표

- 법인세회계의 필요성과 법인세의 기본적인 계산구조를 이해할 수 있다.
- 일시적차이와 이월결손금에 대한 이연법인세 회계처리를 이해할 수 있다.
- 법인세 기간내 배분의 의의와 회계처리를 이해할 수 있다.
- 신용분석 시 법인세회계의 한계점을 이해하고 이를 극복하기 위한 유의사항을 이해할 수 있다.

학습개요

본 장에서는 법인세회계의 의의와 필요성을 제시하고, 법인세 기간간 배분과 법인세 기간내 배분의 회계처리를 설명하여 신용분석 시 이러한 회계처리로 야기되는 오해를 최소화시키는 유의사항을 소개한다. 이를 위해

첫째, 법인세회계의 필요성과 법인세의 계산구조를 설명한다.

둘째, 세무조정항목 중 일시적차이와 이월결손금에 대한 이연법인세 회계처리를 상세히 설명한다.

셋째, 법인세 기간내 배분의 필요성을 설명하고, 회계처리방법을 간단히 제시한다.

넷째, 신용분석 시 법인세로 야기되는 오해를 최소화시키는 유의사항을 소개한다.

제1절 법인세회계의 기초

1.1 법인세회계의 의의

기업이 영업활동을 수행함에 따라 이익이 발생하면 가득한 이익에 대해서 법인세를 부담해야 한다. 이때 법인세를 과세하는 대상은 회계기준에 따라 산출된 회계이익이 아니라 과세당국이 제정한 「법인세법」에 따라 산출된 과세소득이다. 「법인세법」상 과세소득은 현금주의와 유사한 권리·의무 확정주의에 따라 인식된 익금과 손금의 차액으로 산정한다. 반면, 회계기준은 발생주의에 따라 인식된 수익과 비용의 차액으로 회계이익을 산정하므로 과세소득을 기초로 산정된 법인세부담액을 그대로 회계이익에 대응하는 법인세비용으로 인식한다면 발생주의에 따른 인식기준에 어긋나므로 문제가 된다. 즉, 회계이익과 무관한 법인세비용이 인식되므로 수익비용대응의 원칙에 어긋나는 것이다. 또한 비용의 인식에 문제가 발생하면 상대 계정인 자산이나 부채의 인식에도 문제가 발생하므로 자산이나 부채의 적절한 평가도 이루어지지 못하게 된다. 다만, 이러한 인식의 중점을 자산이나 부채의 적절한 평가에 두느냐, 법인세비용의 측정에 두느냐에 따라 측정결과는 차이가 발생할 수 있다.

따라서 회계이익에 대한 법인세비용의 올바른 대응을 위해서는 회계이익과 관련된 법인세비용으로 재계산하고 이를 회계이익에서 적절히 대응시켜 차감하면 된다. 이를 위해 법인세회계를 제정하여 법인세에 대한 회계처리와 공시에 필요한 사항을 정하고 있다. 법인세회계에 대한 주요 회계처리 내용은 ① 여러 회계기간에 걸쳐 배분하는 이연법인세 회계처리 즉, 법인세 기간간 배분과 ② 최종적으로 계산된 법인세비용을 동일한 회계기간 내에서 발생원인별로 대응시키는 법인세 기간내 배분으로 구분할 수 있다. 구체적인 회계처리는 후술하겠지만, 특히 법인세 기간간 배분에 대한 회계처리는 자산·부채의 적절한 평가에 중점을 둔 자산부채법을 적용하여 법인세비용을 측정한다.

1.2 회계이익과 과세소득

회계이익은 발생기준에 따라 인식한 수익과 비용의 차액으로 계산하는 반면, 과세소득은 세법에 따라 인식한 익금과 손금의 차액으로 계산된다. 이 경우 익금과 손금을 수익과 비용처럼 별도의 장부에 기록하고 관리하여 과세소득을 도출한다면 법인세의 산출비용은 엄청날 것이다. 따라서 세법에서는 이미 기록된 수익과 비용 장부로부터 익금과 손금을 도출하여 과세소득을 계산하는 방법을 적용하고 있다. 즉, 회계이익으로부터 수익과 익금, 비용과 손금 간에 존재하는 차이를 조정하여 과세소득을 도출하는 것이다. 이렇게 회계이익과 과세소득 간 차이를 조정하는 것을 세무조정이라 한다. 세무조정에는 〈그림 Ⅳ-1〉과 같이 4가지 종류가 있는데 이 중 익금산입과 손금불산입은 과세소득을 증가시키고, 익금불산입과 손금산입은 과세소득을 감소시키는 효과를 갖는다.

그림 Ⅳ-1 세무조정

회계기준 (GAAP)	세무조정		세법 (Tax)
수익	+ 익금산입 - 익금불산입	=	익금
(-)비용	+ 손금산입 - 손금불산입	=	(-)손금
॥	+ (익금산입 + 손금불산입)	=	॥
회계이익	- (손금산입 + 익금불산입)		과세소득

- 익 금 산 입: 회계기준상 수익은 아니지만 세법상 익금에 해당하는 경우
- 익금불산입: 회계기준상 수익이지만 세법상 익금에 해당하지 않는 경우
- 손 금 산 입: 회계기준상 비용은 아니지만 세법상 손금에 해당하는 경우
- 손금불산입: 회계기준상 비용이지만 세법상 손금에 해당하지 않는 경우

1.3 세무조정의 구분

회계이익과 과세소득의 차이는 〈그림 Ⅳ-1〉에 제시된 4가지 종류와 달리, 다음과 같이 그 차이가 일시적인 것인지, 일시적이지 않은 것인지에 따라 구분할 수 있다.

첫째, 일시적인 차이(temporary difference)[1]란 자산·부채의 장부금액과 세무기준액의 차이를 말하는데 이러한 항목들은 미래의 회계기간에 걸쳐 과세소득에 반대의 영향을 미친다. 예를 들면, 당기의 회계이익에 가산된 세무조정항목은 차기 이후의 회계이익에는 차감할 세무조정항목이 되고, 당기의 회계이익에 차감된 항목은 차기 이후의 회계이익에는 가산할 세무조정항목이 되는 것이다. 따라서 일시적차이는 미래 과세소득에 미치는 효과에 따라 자산·부채가 회수·상환되는 ① 미래기간의 과세소득을 증가시키는 효과를 가지는 일시적차이(= 가산할 일시적차이)와 자산·부채가 회수·상환되는 ② 미래기간의 과세소득을 감소시키는 효과를 가지는 일시적차이(= 차감할 일시적차이)로 구분된다. 즉, 특정한 일시적인 차이의 세무조정은 그 이후의 상반된 세무조정을 통하여 일정기간 동안 배분되면서 모두 소멸하는 기간간 배분의 성격을 가진다.

둘째, 일시적인 차이 이외의 차이[2]란 당기의 과세소득에만 영향을 미치고 차기 이후의 과세소득에는 영향을 미치지 않는 차이를 말한다. 따라서 이 경우에는 회계기준과 「법인세법」 간에 자산·부채 가액의 차이를 유발하지 않는다. 그 대신 당기 회계기준에서 수익이나 비용으로 인정되지만 「법인세법」에서는 익금이나 손금으로 인정되지 않거나, 당기 회계기준에서 수익이나 비용으로 인정되지 않지만 「법인세법」에서

---

1) 이는 세법에서 제시한 소득처분의 유형 중 유보를 의미한다. 소득처분이란 세무조정의 결과가 누구에게 귀속되었는지 여부를 결정하는 것으로 유보와 사외유출로 구분된다. 여기서 유보란 세무조정의 결과가 회사 외부로 유출되지 아니하고 법인의 내부에 남아있는 상태를 지칭하는 소득처분을 말한다. 이때 회계이익에서 가산하는 경우는 '유보', 회계이익에서 차감하는 경우는 'Δ유보'로 표시한다.

2) 이는 〈표 4-1〉에 제시한 세법상 소득처분의 유형 중 사외유출과 기타를 의미한다. 사외유출이란 세무조정금액이 회사 외부로 유출되어 제3자에게 귀속되는 경우의 소득처분을 말한다. 사외유출의 경우에는 그 유출분의 귀속자가 누구냐에 따라 다시 상여, 배당, 기타소득, 기타사외유출로 구분된다. 한편 세무조정항목이 자산·부채의 가액에 차이를 유발하는 유보항목도 아니고, 그렇다고 사외로 유출된 것도 아닌 경우가 있다. 기타소득처분으로 구분되는 이러한 항목들은 사외유출이 일어나지 않았기 때문에 귀속자에 대한 납세의무도 유발되지 않고, 결산서상 자산·부채가 왜곡되지 않았기 때문에 차기 이후에 반대의 세무조정도 유발되지 않는다. 따라서 이러한 소득처분은 사실상 아무런 기능이 없는 예외적인 세무조정 유형이다.

는 익금이나 손금으로 인정되는 경우 등을 말한다. 예를 들면, 접대비한도초과액에 대한 손금불산입항목이 여기에 속한다.

상기한 세무조정의 구분을 요약하여 제시하면 〈표 4-1〉과 같다.

표 4-1 세무조정의 구분

<table>
<tr><th>세무조정의 종류</th><th colspan="2">소득처분의 유형</th><th>자산·부채의 차이 유무</th></tr>
<tr><td rowspan="6">익금산입 및 손금불산입</td><td colspan="2">유보</td><td>일시적차이</td></tr>
<tr><td rowspan="4">사외유출</td><td>배당</td><td rowspan="5">일시적차이 이외의 차이*</td></tr>
<tr><td>상여</td></tr>
<tr><td>기타소득</td></tr>
<tr><td>기타사외유출</td></tr>
<tr><td colspan="2">기타</td></tr>
<tr><td rowspan="2">손금산입 및 익금불산입</td><td colspan="2">Δ유보</td><td>일시적차이</td></tr>
<tr><td colspan="2">기타</td><td>일시적차이 이외의 차이</td></tr>
</table>

* 과거 회계기준에서는 영구적차이라고 불렀으나, 현재 회계기준은 영구적차이라는 용어를 언급하지 않고 있다.

1.4 법인세의 계산구조

당기법인세부담액은 과세소득에 법인세율을 곱한 금액으로 계산되는 것은 아니다. 이월결손금이나 비과세소득 혹은 소득공제가 있는 경우 동 금액들을 과세소득에서 차감한 금액으로 과세표준을 계산하고, 과세표준에 당기법정세율을 곱한 금액으로 산출세액을 계산한다. 그리고 당기법인세부담액은 이러한 산출세액에서 세액공제 등을 차감한 금액이 된다. 이러한 복잡한 구조를 요약하여 제시하면 〈표 4-2〉와 같다.

이월결손금은 부(-)의 과세소득인 결손금이 발생하는 경우 차기 이후에 발생한 과세소득에서 차감해주는 것으로 차기 이후의 법인세를 감소시킨다. 또한 소득공제, 세액공제 등의 경우에도 당해 회계기간의 과세소득이나 산출세액이 부족하여 공제받지 못한 경우에는 차기 이후에 이월공제하도록 하여 차기 이후의 법인세를 감소시킬 수 있다. 따라서 이월결손금이나 이월공제되는 소득공제 및 세액공제 등은 모두 차기 이후의 법인세를 감소시키므로 미래에 차감할 일시적차이와 동일한 세금효과를 갖는다. 이렇게 차기 이후의 법인세부담액을 감소시키는 당기 말의 일시적차이와 이월결손금 등은 자산의 정의와 부합되므로 당기 말에 이연법인세자산으로 인식할 수 있다. 그러나 세무상 결손금이 존재한다는 것은 미래 과세소득이 발생하지 않을 수 있다는 강한 증거가 된다. 따라서 기업이 최근 결손금 이력이 있는 경우, 미래에 차감할 일시적차이가 충분히 존재하거나 세무상 결손금이 사용될 수 있도록 미래 과세소득이 충분히 발생할 것이라는 설득력 있는 증거가 있는 경우에만 그 범위 안에서 이연법인세자산을 인식할 수 있다. 구체적인 일시적차이와 이월결손금의 이연법인세 회계처리에 대한 내용은 절을 달리하여 상세히 다룬다.

표 4-2 법인세의 계산구조

	결산서상 당기순이익	XXX	
+	익금산입·손금불산입	XXX	‘법인세과세표준 및 세액조정계산서’와 ‘소득금액조정합계표’에 상세히 표시됨
-	손금산입·익금불산입	(XXX)	
	차가감 소득금액	XXX	
+	기부금한도초과액	XXX	
-	기부금한도초과이월액 손금산입	(XXX)	
	각 사업연도소득금액	XXX	
-	이월결손금	(XXX)	
-	비과세소득·소득공제	(XXX)	
	과세표준	XXX	
×	법인세율	00%	
	산출세액	XXX	
-	세액공제·세액감면·가산세 등	(XXX)	
	총부담세액	XXX	
-	기납부세액	(XXX)	
	차감납부할 세액	XXX	

1.5 법인세배분의 종류

법인세회계의 주요 내용인 법인세배분(tax allocation)은 ① 법인세를 기간별로 어떻게 배분할 것인가를 다루는 법인세 기간간 배분(inter-period allocation)과 ② 특정기간에 법인세를 대상별로 어떻게 배분할 것인가를 다루는 법인세 기간내 배분(intra-period allocation)으로 구분된다. 이러한 법인세배분의 개념은 회계이익의 세전과 세후 간 비례관계를 유지하기 위해 등장한 것이다. 즉, 이러한 비례관계를 유지하기 위해서는 세법에 따라 계산된 법인세부담액이 아닌, 발생주의를 반영하여 재계산된 법인세비용을 관련 회계이익에 대응하여 보고해야 한다는 것이다.

과세소득과 회계이익 간에 발생하는 차액은 차기 이후 기간에 배분되어 소멸되는 일시적차이와 당기에만 관련되고 차기 이후 기간과는 무관하여 영원히 소멸하지 않는 차이로 구분되는데 전자만이 법인세 기간간 배분의 대상이 된다. 따라서 법인세비용의 인식과정을 설명하면 ① 과세소득(과세표준)에 당기세율을 곱하여 계산된 법인세부담액을 당기법인세부채[3]로 인식하여 법인세비용에 반영하고, ② 세무조정항목 중 법인세 기간간 배분의 대상인 일시적차이에 대한 법인세효과를 측정하여 이연법인세항목(이연법인세자산·부채)으로 인식하고 그 증감액을 법인세비용에 반영한다. ③ ① 법인세부담액인 당기법인세부채에 대한 당기법인세와 ② 일시적차이에 대한 당기법인세효과, 즉 이연법인세항목의 증감액이 반영된 이연법인세를 합산하여 당기세전이익에 대응되는 총법인세비용을 계산한다. ④ 이렇게 계산된 총법인세비용은 일괄하여 계상되지 않고, 재무제표상의 이익을 항목별(계속사업손익, 중단사업손익 등)로 구분하여 각 항목에 대응시켜 보고하는데 이를 법인세 기간내 배분이라 한다.

법인세 기간간 배분과 법인세 기간내 배분에 대한 자세한 내용은 각각 별도의 절로 구분하여 상세히 설명한다. 이에 본 절에서는 후술하는 내용의 이해를 돕고자 법인세

3) 법인세법에서는 회계기간 중에 원천징수나 중간예납의 방식으로 법인세액이 확정되기 이전에 법인세액을 선납하는 경우가 있는데 이를 선급법인세로 처리한다. 따라서 회사가 납부하여야 할 법인세부담액 중 아직 납부하지 않은 금액은 당기법인세부채로 인식하고, 법인세부담액을 초과해서 납부한 금액은 당기법인세자산으로 인식한다. 본 장에서는 특별한 언급이 없는 한 기납부액은 없는 것으로 가정하여 법인세부담액과 당기법인세부채는 동일한 금액으로 간주하고 설명한다.

회계 관련 용어들을 제시하면 <표 4-3>과 같다.

표 4-3 법인세회계 용어의 정의

용어	정의
회계이익 (회계손실)	기업회계기준에 의하여 산출되는 법인세비용차감전순이익(법인세비용차감전순손실)을 말한다.
과세소득 (세무상 결손금)	「법인세법」에 따라 법인세부담액을 산출하는 대상 소득(결손)을 말한다.
법인세부담액	「법인세법」 등의 법령에 의하여 각 회계연도에 부담할 법인세 및 법인세에 부가되는 세액의 합계액을 말한다.
법인세비용	법인세부담액에 이연법인세 변동액을 가감하여 산출된 금액을 말한다.
자산·부채의 세무기준액	세무회계상 자산·부채의 금액을 말한다.
일시적차이	자산·부채의 장부금액과 세무기준액의 차이를 말하는데 다음의 두 가지로 구분된다. (가) 가산할 일시적차이: 자산·부채가 회수·상환되는 미래기간의 과세소득을 증가시키는 효과를 가지는 일시적인 차이 (나) 차감할 일시적차이: 자산·부채가 회수·상환되는 미래기간의 과세소득을 감소시키는 효과를 가지는 일시적인 차이
이연법인세부채	가산할 일시적차이로 인하여 미래에 부담하게 될 법인세부담액을 말한다.
이연법인세자산	다음의 항목들로 인하여 미래에 경감될 법인세부담액을 말한다. (가) 차감할 일시적차이 (나) 이월공제가 가능한 세무상 결손금 (다) 이월공제가 가능한 세액공제 및 소득공제 등

제2절 법인세 기간간 배분

과세소득(taxable income)은 국가의 재정을 확보하기 위해 「법인세법」에 따라 산정된 과세대상 소득을 의미한다. 이러한 과세소득에 당기법인세율을 적용하여 당해연도에 실제 납부할 법인세부담액이 산출되는 것이다. 반면, 회계이익(accounting income)은 기업의 재무성과나 재무상태를 파악하기 위해 회계기준에 따라 산정된 세전이익을 의미한다. 이처럼 세법과 회계기준 간 제정 목적의 차이로 각각의 관련 규정에 따라 측정되는 과세소득과 회계이익은 다를 수밖에 없다. 그러나 과세소득은 회계이익으로부터 산출되기 때문에 세무조정이라 불리는 이들 간의 차이는 두 규정에서 매우 중요한 의미를 가진다. 세무조정에서는 그 차이가 기간이 경과되면 소멸되는지, 아닌지에 따라 일시적차이와 일시적차이 이외의 차이로 구분된다. 이 중 기간간 배분을 통해 소멸되는 일시적차이는 일시적차이 이외의 차이와 달리, 최초 발생시점뿐만 아니라 이후 소멸시점까지 이연법인세항목을 이용한 다소 복잡한 회계처리를 필요로 한다.

2.1 이연법인세의 의의

회계기준에서는 자산 및 부채로 인식하지 않지만 세무기준에서는 자산 및 부채로 인식하는 경우이거나, 반대로 회계기준에서는 자산 및 부채로 인식하지만 세무기준에서는 자산 및 부채로 인식하지 않는 경우가 발생한다. 또한 이렇게 회계기준이나 세무기준에 따라 인식된 당해 기간 동안의 자산 및 부채 증감은 각 기준에서 순자산의 증감으로 이어진다. 따라서 회계기준을 적용하여 계산한 순자산의 증가분은 개략적으로 세전순이익(즉 회계이익)이 되고, 「법인세법」을 적용하여 계산한 순자산의 증가분은 순자산증가설에 따라 과세소득이 되어 회계이익과 과세소득 간에 차이를 발생시킨다. 예를 들면, 회계기준에서는 발생시점에 비용으로 처리한 항목을 세법에서는 이를 이연하여 상각하도록 한 경우에는 자산의 장부금액은 영(0)이지만 그 자산의 세무기준액은 영(0)이 아니다. 또한 회계기준에서는 부채로 인식하지 아니하는 준비금을 세법에서는 부채로 인식하는 경우에도 장부금액과 세무기준액의 차이가 발생한다. 이러한 자산·부채의 장부금액과 세무기준액 간에 발생하는 일시적차이는 발생 시 이연법인세자산이나 이연법인세부채로 인식한 후 실제 일정한 기간이 경과되면서 소멸될 때 해당 잔액을 제거해주면 된다.

예를 들면 당해 연도의 장부금액과 세무기준액의 차이가 미래 연도의 법인세부담액을 감소시킨다면, 당해 연도에 그 차이를 이연법인세자산으로 인식한 후 법인세부담액이 감소하는 미래 소멸연도에 이연법인세자산을 제거해준다. 또한 당해 연도의 장부금액과 세무기준액의 차이가 미래 연도의 법인세부담액을 증가시킨다면, 당해 연도에 그 차이를 이연법인세부채로 인식한 후 법인세부담액이 증가하는 미래 소멸연도에 이연법인세부채를 제거해준다. 결과적으로 장부금액과 세무기준액의 차이를 의미하는 일시적차이는 미래 연도에 소멸되어 장기적으로는 두 기준이 같아지는 과정을 회계처리에 그대로 반영하는 것이다. 따라서 최초 인식한 일시적차이가 미래 연도에 배분되어 소멸되는 이러한 이연법인세 회계처리를 법인세 기간간 배분이라 칭한다.

2.2 이연법인세 인식의 필요성

〈사례 Ⅳ-1〉을 통하여 법인세 기간간 배분에 따른 이연법인세 인식의 필요성을 알아보자. 〈사례 Ⅳ-1〉에 제시된 2개년도의 손익계산서를 비교해 보면 매출액과 매출원가, 판매비와 관리비가 모두 동일하다. 이는 당사의 영업내용이 2년간 동일하다는 것을 의미하므로 2년간 법인세비용차감전순이익, 즉 세전이익도 동일할 수밖에 없다. 그러나 세전이익이 같음에도 불구하고 법인세(법인세부담액)가 다름으로 인하여 세후순이익이 달라지는 결과를 보이고 있다. 즉, 당사의 2년간 경영성과는 동일함에도 불구하고 법인세부담액의 차이로 인하여 당기순이익은 큰 차이를 보이고 있다. 이러한 경우는 세율의 변동 때문에 나타난 현상일 수도 있지만 일반적으로는 법인세 과세대상인 과세소득(과세표준)에 회계이익과 다른 계산방법을 적용하기 때문에 나타난 현상이다. 따라서 세전이익과 세후이익 간의 비례관계를 유지시켜 손익계산서의 유용성을 높이기 위해서는 이러한 차이를 줄여주는 회계처리가 필요하며, 그 회계처리의 대상은 당연히 인식 여부의 차이가 아닌 인식시점의 차이로 장기적으로는 차이가 존재하지 않는 일시적차이인 것이다.

사례 IV-1 이연법인세 인식의 필요성

아래에 제시된 ㈜황금물산의 2개년도 비교손익계산서는 유용한 정보를 제공하고 있는지 논하시오.

	2x16년	2X15년
매출액	₩500,000	₩500,000
매출원가	(310,000)	(310,000)
매출총이익	190,000	190,000
판매비와관리비	(100,000)	(100,000)
법인세비용차감전순이익	₩ 90,000	₩ 90,000
법인세	(40,000)	(70,000)
순이익	₩ 50,000	₩ 20,000

(풀이)

투자가나 신용분석가들은 기업의 경영성과를 대표하는 수치로 세후순이익 수치를 많이 사용한다. 예를 들면, 투자분석가나 신용분석가들이 관심을 갖는 지표 중 투자수익률인 ROE(= 이익 ÷ 주주지분), 경제적 부가가치인 EVA(= 이익 - 투자액 × 최저요구수익률), 주당순이익인 EPS(= 이익 ÷ 주식수), 주가수익률인 PER(= 주가 ÷ EPS) 등의 지표에서 이익은 기업의 영업결과를 대표하는 수치로서 흔히 세후순이익이 사용된다. 그런데 상기된 기업의 경우 법인세금액은 세전순이익과 비례관계에 있지 않기 때문에 세전순이익과 세후순이익 간에는 비례관계를 가질 수 없다. 이렇게 되면 세후순이익은 기업의 경영성과를 대표하는 지표로서 그 역할을 수행하기 어렵게 된다.

따라서 세전순이익이나 세후순이익이 모두 기업의 경영성과를 대표하는 지표로서 의미가 있으려면 비례관계를 유지해야 한다. 그렇지 않으면 세후순이익을 중심으로 분석하는 이용자의 입장에서 볼 때 영업내용 해석 시 오해의 소지가 크다. 예를 들면, 자동차의 유류계기판에 비추어 이를 부연 설명해 보자. 유류계기판의 계기는 유류탱크 속에 들어 있는 유류의 양에 비례하여야 의미가 있다. 여러 가지 이유로 유류계기판이 탱크 속의 유류의 양과 비례관계를 유지하지 못하면 그 계기판은 의미가 없게 된다. 마찬가지로 기업의 경영성과를 나타내는 계기판인 당기순이익이라는 수치가 기업의 경영성과와 비례관계를 유지하지 못하면 그 의미가 크게 축소될 것이며, 이를 믿고 내린 의사결정은 오판을 초래할 소지가 있다. 물론 이런 오해의 소지는 세전순이익을 이용한다면 문제가 적어진다. 그러나 현실에서는 재무정보이용자들이 세후순이익만을 보는 경향이 강하다. 그러므로 법인세비용차감전순이익과 세후이익인 당기순이익 간 비례관계를 유지시켜야 하는 손익계산서 측면에서 살펴보면, 이연법인세 회계처리가 이러한 비례관계를 개선시켜 경영성과에 대한 재무정보의 유용성을 높일 수 있을 것이다.

지금까지 전술한 내용과 〈사례 Ⅳ-1〉을 살펴보면 이연법인세의 목적은 다음과 같이 2가지로 요약할 수 있다. 첫째, 손익계산서에 세전순이익과 세후순이익인 당기순이익이 비례관계를 갖도록 한다. 이러한 비례관계가 유지되도록 세무조정 중 일시적인 차이만이라도 발생기준에 따라 법인세부담액에 추가로 반영하여 법인세비용을 재계산하게 한다. 따라서 현금주의와 유사한 인식기준으로 산정된 법인세부담액이 아니라 발생기준에 따라 재계산된 법인세비용을 세전순이익에 대응시켜 보고해야 한다. 이러한 회계처리가 가능한 이유는 법인세부담액에 추가로 반영한 이연법인세는 일시적차이에 대한 법인세효과이기 때문이다. 법인세비용과 법인세부담액의 차액은 차기 이후 기간에 배분되어 소멸된다. 즉, 장기간에 걸친 법인세비용과 법인세부담액은 결국 동일하므로 발생기준에 따른 일시적차이에 대한 이연법인세 회계처리를 행하는 데 문제는 없다.

둘째, 법인세부담액과 관련된 자산 및 부채를 재무상태표에 올바르게 계상하는 데 목적이 있다. 만약 당기에 발생한 법인세비용 중 실제 법인세부담액이 차기 이후에 포함되어 미래에 지급된다면 이는 미래 법인세부담액을 증가시키는 효과를 가진다. 따라서 당기 재무상태표에는 발생기준상 법인세미납액 부분을 이연법인세부채로 보고해야 한다. 반면, 아직 발생하지 않은 법인세비용이 당기 법인세부담액에 포함되어 지급한다면 이는 미래 법인세부담액을 감소시키는 효과를 가진다. 따라서 당기 재무상태표에는 발생기준상 법인세선납액 부분을 이연법인세자산으로 보고해야 한다.

이처럼 이연법인세를 도입한 근본적인 이유는 자산, 부채 및 당기순이익을 적정하게 표시하여 재무제표의 유용성을 높이기 위한 것이다.

2.3 회계이익과 과세소득의 차이요인

회계이익과 과세소득 간에 차이를 발생시키는 원인은 〈표 4-3〉과 같이 4가지로 요약할 수 있다. 첫째, 조세 정책적 목적에 의한 차이로서 특정한 사항에 대하여 세법상 특혜나 불이익을 부여함에 따라 발생한다. 예를 들면, 접대비한도초과액에 대한 손금불산입이 여기에 속한다. 회계기준에서는 접대비를 한도에 상관없이 비용으로 인식하지만 세법에서는 과소비를 억제하고 기업의 재정건전성을 제고하기 위한 목적으로 한도액 범위 내에서만 손금으로 인정한다. 따라서 회계이익과 과세소득 간에 차이가 발생한다. 둘째, 손익인식기준에 의한 차이로서 회계기준에서는 수익을 실현주의에 따라 인식하고 비용은 수익·비용대응의 원칙에 따라 관련 수익이 보고되는 기간에 인식하는 경우가 있다. 그러나 세법에서는 권리·의무 확정주의에 따라 손익을 인식하기 때문에 회계이익과 과세소득 간에 차이가 발생한다. 셋째, 자산·부채 평가방법상의 차이는 자산·부채의 일부 평가방법에 대하여 회계기준과 세법이 달리 규정함에 따라 발생한다. 회계기준에서는 일부 계정과목에 대하여 공정가치(시가)를 적용하여 평가를 할 수 있는 반면, 세법에서는 역사적 원가주의를 원칙으로 하고 있다. 따라서 회계기준에서 자산을 공정가치로 평가하여 평가손익이 발생한다면, 이러한 평가손익 때문에 회계이익과 과세소득 간에는 차이가 발생한다. 넷째, 회계이익과 과세소득의 개념에 의한 차이로서 회계기준에서는 손익거래에서 발생한 순자산증가만을 가지고 회계이익을 계산하나, 세법에서는 순자산증가설에 따라 자본거래에서 발생한 순자산증가액도 과세소득으로 파악함에 따라 회계이익과 과세소득 간에 차이가 발생한다.

상기된 회계이익과 과세소득의 차이요인에 따른 세무조정은 차기 이후의 과세소득에 반대의 세무조정으로 영향을 미치는지 여부에 따라 일시적차이와 일시적차이 이외의 차이로 구분된다. 즉, 회계이익과 과세소득의 차이를 발생시키는 요인들 중 단지 수익·비용의 귀속시기만을 달리하는 경우가 일시적차이(timing difference 혹은 temporary difference)에 해당한다. 따라서 〈표 4-4〉에 제시된 세무조정의 예 중에서 감가상각비한도초과액, 미수이자, 선수임대료 등이 일시적차이에 속한다. 반면, 과거에 영구적차이(永久的差異 : permanent differences)라고도 불렸던 일시적차이 이외의 차이는 아무리 기간이 경과되어도 그 차이가 소멸되지 않는다. 따라서 이러한 차이는 법인세 기간간 배분의 대상으로서 이연법인세를 인식하여 자산·부채를 올바르게 계상하고 세전이익과 세후이익의 비례관계를 유지하려는 일시적차이의 회계처리를 행할 수 없다. 이러한 이유로 일시적차이 이외의 차이는 세전이익인 법인세차감전순이익과 세후이익인 당기순이익 간의 비례관계를 깨뜨리는 중요한 요인으로 작용한다.

표 4-4 회계이익과 과세소득의 차이요인

요인 구분	차이(세무회계 vs 재무회계)	세무조정 예
조세정책적인 목적	조세 목적에 의한 손금 및 익금 인정·불인정 한도 설정 vs 한도 없음	• 감가상각비한도초과액 손금불산입 • 과다접대비와 과다지급이자 손금불산입 • 비과세소득 익금불산입
손익인식기준	권리·의무 확정주의 vs 발생 및 실현주의, 수익비용대응의 원칙	• 미수이자 익금불산입 • 선수임대료 익금산입
자산·부채 평가방법	원가 vs 원가 및 공정가치	• 유가증권평가손익 손금 및 익금불산입 • 특정자산을 재평가한 경우에 발생한 차익의 익금불산입
과세소득·회계이익의 개념	자본거래 vs 손익거래	자기주식처분이익 익금산입

2.4 일시적차이와 일시적차이 이외의 차이

1) 일시적차이

세무조정의 법인세효과가 어떤 회계연도에 발생하였다가 차후 다른 회계연도에서 반전하여 그 효과가 소멸되는 차이를 일시적차이라 한다. 따라서 이러한 일시적차이는 이에 대한 법인세효과를 이연법인세로 인식하여 향후 법인세 기간간 배분을 요하는 항목이다. 이러한 항목들은 결국 장기적인 관점에서 보면 회계기준과 세법 간의 차이가 유발되지 않는다고 볼 수 있다. 즉, 일시적차이는 회계기준상의 수익·비용과 세법상의 익금·손금 간에 인식 여부의 차이는 없지만 인식시점의 차이가 발생하는 경우를 말한다.

다시 말하면 일시적차이는 재무상태표상 자산 또는 부채의 장부금액과 「법인세법」 기준의 자산 또는 부채금액의 차이로 인하여 발생하는 유보항목을 말한다. 전술한 바와 같이 재무상태표상 자산과 부채의 차액을 순자산이라 하며 이러한 순자산의 증가는 결국 회계이익이고, 이를 「법인세법」에 기초하여 계산하면 과세소득이 된다. 따라서 회계기준상의 자산·부채 장부금액과 「법인세법」상의 자산·부채 세무기준액 간의 차이가 발생하는 유보항목들을 세무조정부호에 따라 구분하면 〈표 4-5〉와 같다.

표 4-5 일시적차이의 유형

당해 연도	일시적차이	
	가산조정(유보)	차감조정(△유보)
미래 연도	차감할 일시적차이	가산할 일시적차이
미래 연도에 미치는 효과	미래의 과세소득 감소	미래의 과세소득 증가
당해 연도 인식항목	이연법인세자산	이연법인세부채

가산조정(유보)항목은 당해 연도 회계이익에서 과세소득을 계산할 때 가산되는 항목으로 미래 연도에는 차감할 일시적차이(future deductible difference)를 의미한다. 당해 연도에는 회계이익에 가산하여 회계이익보다는 과세소득을 크게 해주는 차이로 익금산입 및 손금불산입항목에 해당되지만, 미래 연도에는 회계이익에 차감하여 회계이익보다는 과세소득을 적게 해주는 차이로 익금불산입 및 손금산입항목에 해당된다. 따라서 이러한 차이가 최초에 발생하면 미래의 법인세부담액을 감소시키므로 이연법인세자산으로 인식한다. 구체적인 사례를 제시하면 다음과 같다.

첫째, 재고자산, 유가증권, 유형자산 등 기업활동과 관련된 일반적인 자산의 세무기준액은 미래기간에 세무상 손금(비용)으로 인정될 금액이다. 예를 들면, 취득원가 100원의 기계에 대하여 당 회계연도 말까지 누적하여 40원의 감가상각액을 인식하였는데, 세무상으로는 누적하여 30원을 손금으로 인정받았다면 기계의 세무기준액은 70원이며 장부금액 60원과의 차이가 차감할 일시적차이이다. 둘째, 대여금과 같은 자산은 회계기준상 장부금액이 그대로 세무상 자산으로 인정되므로 세무기준액은 장부금액과 일치한다. 다만, 대여금 등에 대하여 대손을 인식하는 경우에는 취득원가에서 세무상 대손비용으로 인정된 금액(세무상 대손충당금)을 차감한 금액이 세무기준액이 되며 그 금액이 장부금액과 다를 수 있다. 즉, 연말에 대여금 20,000원에 대하여 1,000원(5%)의 대손충당금을 설정하였지만 세무상으로는 400원(2%)만 당기의 대손상각비로 인정되는 경우(즉, 대손상각비로 인식한 1,000원 중 600원이 손금불산입된 경우), 대여금의 기업회계상 장부금액은 19,000원이지만 세무기준액은 19,600원이 되어 600원의 차감할 일시적차이가 존재하게 된다. 셋째, 선수수익의 경우 회계기준상으로는 미래에 제공할 용역의 대가를 미리 현금으로 수령한 것이므로 부채(선수수익)로 인식되나, 세무상 현금주의를 적용하여 당기에 현금으로 수령한 금액 전부를 당기의 세무상 익금으로 인식하므로 세무상으로는 발생하지 않은 수익에 대하여 미리 현금으로 수령한 금액은 없는 것이 된다. 따라서 이 경우 회계기준상 부채로 인식하는 선수수익의 세무기준액은 0이 되어 차감할 일시적차이가 존재하게 된다. 넷째, 미지급비용의 경우 회계기준상으로는 발생한 비용의 지급이 아직 이루어지지 않은 부채에 해당하지만, 세무상 현금주의를 적용하여 당기에 현금으로 지급한 금액만 당기의 세무상 손금(비용)으로 인식하므로 세무상으로는 발생한 비용에 대하여 지급되지 않은 금액은 없는 것이 된다. 따라서 이 경우 회계기준상 부채로 인식하는 미지급비용의 세무기준액은 0이 되어, 차감할 일시적차이가 존재하게 된다. 다섯째, 판매된 상품의 품질보증비용 또는 애프터 서비스비용도 회계기준에서는 판매 시나 연말에 발생기준으로 인식하여 부채로 인식되지만 세무상으로는 현금주의를 적용하여 지급 시에 손금으로 인식하기 때문에 부채로 인식할 세무기준액은 0이 되어 차감할 일시적차이가 존재하게 된다.

차감조정(Δ유보)항목은 당해 연도 회계이익에서 과세소득을 계산할 때 차감되는 항목으로 미래 연도에 가산할 일시적차이(future taxable difference)를 의미한다. 당해 연도에는 회계이익에 차감하여 회계이익보다는 과세소득을 적게 해주는 차이로 손금산입 및 익금불산입항목이 이에 해당된다. 따라서 이러한 차이가 최초에 발생하면 미래의 법인세부담액을 증가시키므로 이연법인세부채를 인식한다. 구체적인 사례를 제시하면 다음과 같다.

첫째, 선급비용의 경우 회계기준상으로는 미래의 비용을 미리 지급한 것이기 때문에 그만큼 자산으로 인식하는 것이나, 세무상 현금주의를 적용하여 당기에 지급된 금액이 전액 당기의 세무상 손금으로 인식되므로 세무상으로는 미래의 비용을 미리 지급한 것이 아니기 때문에 세무상 자산은 존재하지 않는다. 따라서 이 경우 회계기준에서 자산으로 인식하는 선급비용의 세무기준액은 영(0)이 되며 가산할 일시적차이가 존재하게 된다. 둘째, 미수수익의 경우 기업회계상으로는 당기에 발생한 수익을 아직 현금으로 회수하지 못한 것이므로 그만큼 자산으로 인식하는 것이나, 세무상 현금주의를 적용하여 당기에 현금으로 회수한 금액만을 당기의 세무상 익금(수익)으로 인식하므로 세무상으로는 회수 못 한 당기수익은 없는 것이기 때문에 세무상 자산은 존재하지 않는다. 따라서 이 경우 회계기준상 자산으로 인식하는 미수수익의 세무기준액은 0이 되며, 가산할 일시적차이가 존재하게 된다. 셋째, 세법상 인정되어 설정되는 준비금은 회계기준상으로는 비용으로 인정되지 않지만 세무상으로는 당기의 비용으로 인정하여 손금에 산입하여 주는 것이다. 그런데 세무상 비용의 발생을 인정하였지만 그에 대응한 세무상 자산의 감소가 없었으므로 세무상 부채를 인식하게 된다. 따라서 준비금의 설정과 관련하여 회계기준상 부채는 존재하지 않으나 설정액만큼 세무상 부채는 존재하는데 그 금액이 세무기준액이 되어 가산할 일시적차이가 존재하게 된다. 준비금을 환입하는 경우에 회계기준상으로는 수익이 아니지만 세무상으로는 부채가 대가 없이 상환되는 것이고 따라서 세무상으로는 수익을 인식하여 익금에 산입하여 주는 것이다. 그러므로 준비금이 환입되면 세무상 부채가 소멸함으로써 세무기준액이 0이 되므로 가산할 일시적차이는 소멸한다.

2) 일시적차이 이외의 차이

회계이익과 과세소득 간의 차이 중에는 차기 이후에 소멸되지 않는 항목들이 있다. 이들은 일시적차이 이외의 차이로 불리며 과세소득에 미치는 효과가 미래 연도에 반전하여 나타나지 않기 때문에 세무조정으로 인한 법인세 효과가 상쇄되지 않는 경우를 말한다. 일시적차이 이외의 차이를 발생시키는 유형은 다음과 같다. 첫째, 회계기준에서는 수익·비용으로는 인식되지만 과세소득 계산 시에는 익금·손금이 되지 않는 경우이다. 예를 들면, 국가, 지방정부 및 특수기관이 발행하는 채권 등의 이자와 같은 비과세소득과 법정한도를 초과하는 기부접대비, 벌금 등과 같은 손금불산입항목이 여기에 속한다. 둘째, 회계기준에서는 수익·비용으로 인식하지 않지만 세법상으로는 익금·손금에 해당하는 경우이다. 예를 들면, 인정이자가 여기에 속한다. 참고로 인정이자는 기업이 주주, 경영자, 직원과 같은 특수관계자에게 자금을 시중이자율보다 낮게 빌려주는 경우 세법에서는 시중이자율로 빌려 준 것으로 간주하여 이자수익을 인식하도록 하고 있다. 따라서 시중이자율로 의제한 이자수익과 계약상 이자율에 의한 이자수익과의 차액을 인정이자라고 하는데, 회계기준으로는 수익이 아니지만 세법상으로는 익금이 된다. 이러한 인정이자는 또한 자금을 차입한 사람에게는 배당이나 상여금으로 의제된다.

따라서 일시적차이 이외의 차이는 당해 연도의 법인세부담액을 감소시키거나 혹은 증가시키는 역할을 하지만 그 효과가 소멸되지 않는 영구적인 것으로 다른 회계연도의 법인세부담액 계산에는 아무런 영향을 미치지 않는다. 일시적차이 이외의 차이에 해당하는 세무조정액이 있는 경우에는 일시적차이가 존재하지 않은 상황이라도 통상적으로 과세소득(= 회계이익 ± 일시적차이 이외의 차이)이 회계이익보다 높기 때문에 세전순이익에 세율을 곱한 금액 이상의 법인세부담액으로 당기법인세부채를 발생한다. 즉, 일시적차이 이외의 차이를 발생시키는 요인을 보유한 기업은 당해 연도에 법률상 정하여진 세율보다 높은 유효세율을 적용받는 결과가 된다. 따라서 당해 연도의 회계이익과 법인세부담액인 법인세비용 간의 관계는 법정세율과는 다른 유효세율이 적용된 것으로 나타내는데 이러한 유효세율의 차이는 왜 나타났는지를 주석으로 설명해야 한다.

2.5 일시적차이의 기간간 배분

1) 법인세비용의 계산과정

과세소득에 세율을 곱하여 계산한 법인세부담액은 당기법인세부채로 인식하고, 일시적차이에 대한 미래 법인세효과는 이연법인세자산이나 이연법인세부채로 인식하여 이들 항목을 재무상태표에 보고한다. 따라서 세전이익에 대응시킬 총법인세비용은 아래와 같이 당기법인세부채를 반영한 당기법인세에 이연법인세자산이나 이연법인세부채의 당기 증감액을 반영한 이연법인세를 합산한 금액으로 결정한다.

Step 1. 당기법인세부채 = 과세소득(과세표준) × 당해 연도 세율
Step 2. 이연법인세자산(부채) = 차감할(가산할) 일시적차이 × 미래 연도 세율
Step 3. 법인세비용 = 당기법인세부채 - (기말 이연법인세자산 - 기초 이연법인세자산)
+ (기말 이연법인세부채 - 기초 이연법인세부채)

상기 공식에서 매기 회사가 납부할 법인세부담액인 당기법인세부채는 각 보고기간 말 현재의 세율과 세법을 적용하여 측정하는 반면, 이연법인세자산이나 이연법인세부채는 보고기간말 현재 자산이 회수되거나 부채가 상환될 기간에 적용될 것으로 예상되는 미래 세율을 적용하여 측정한다. 즉, 이연법인세자산(부채)은 자산부채법에 따라 일시적차이의 소멸 등으로 인하여 미래에 경감될(추가적으로 부담할) 법인세로 측정한다. 이때 과세소득의 수준에 따라 적용되는 세율이 다른 경우에는 일시적차이가 소멸될 것으로 예상되는 기간의 과세소득(세무상 결손금)에 적용될 것으로 예상되는 평균세율을 사용하여 이연법인세자산(부채)을 측정한다. 일시적차이가 가져오는 미래 법인세효과의 측정은 미래 적용할 세율에 영향을 받기 때문이다.

여기서 세율구조를 고려한 미래 세율의 결정 문제에 관하여 좀 더 자세히 알아보자. 이는 단일세율구조에서는 문제가 없지만 누진세율구조에서는 이연법인세의 계산에 적용할 세율에 대한 결정 문제가 존재하기 때문이다. 2단계 세율구조에서 한계세율은 복잡한 추정 및 계산과정을 거치지 않고도 산출할 수 있는 경우가 많아 처음에는 평균세율을 적용하는 K-IFRS와는 달리 한계세율을 적용하도록 하였다. 그러나 현재 세율구조가 3단계로 바뀜에 따라 한계세율을 적용하더라도 과세소득의 총액을 예상하여야 하는 상황이 많아졌다. 따라서 이러한 변화와 이연법인세자산·부채의 측정원칙이 K-IFRS와 비슷한 점을 고려하여 2017년부터 이연법인세자산을 측정할 때는 K-IFRS와 동일하게 평균세율을 적용하도록 개정하였다. 만약 최저한계세율을 적용받는 회사라도 일시적차이에 대한 법인세효과를 계산할 때는 일반세율을 적용하여 측정해야 한다.

한편 상기된 법인세비용의 계산과정 중 이연법인세자산은 현재가치로 할인하지 않는다. 이러한 이유는 일시적차이(또는 세무상 결손금 등)의 법인세효과를 현재

가치로 평가하기 위해서는 미래 현금흐름에 영향을 주는 일시적차이 등의 소멸시기(미래 과세소득의 발생시기), 소멸되는 금액(과세소득금액의 크기) 및 적정 할인율을 정확히 예측하여야 하나 실무적으로 이를 예측하기가 어렵거나 복잡하기 때문이다.

2) 이연법인세자산의 실현가능성

차감할 일시적차이는 미래기간의 과세소득을 감소시킨다. 그러나 차감할 일시적차이를 활용할 수 있을 만큼 미래기간의 과세소득이 충분하지 않다면 차감할 일시적차이의 법인세효과는 실현될 수 없다. 따라서 차감할 일시적차이가 활용될 수 있는 가능성이 매우 높은 경우에만 이연법인세자산을 인식해야 한다. 즉, 차감할 일시적차이가 소멸될 기간에 과세소득이 충분할 것으로 예상되는 경우 또는 다음의 회계기간에 소멸될 것으로 예상되는 가산할 일시적차이가 충분한 경우에는 차감할 일시적차이가 활용될 가능성이 매우 높으므로 이러한 경우에 차감할 일시적차이에 대한 이연법인세자산을 인식하며, 이러한 이연법인세자산의 실현가능성은 보고기간말에 매번 재검토되어야 한다.

이와 관련하여 이연법인세자산에 대한 공시요건도 강화되어 있다. 차감할 일시적차이 중 실현가능성이 없어 이연법인세자산으로 인식하지 아니한 부분에 대하여 주석으로 공시함으로써 모든 일시적차이로 인한 법인세효과 중 실현가능성이 없는 부분을 차감 표시하는 충당금설정법과 마찬가지로 충분한 정보를 공시할 수 있도록 하였다. 또한 법인세비용의 산출내역은 물론 이연법인세자산의 실현가능성에 대한 판단근거와 실현가능성 변경에 따른 이연법인세자산 및 이연법인세부채의 변동액도 주석으로 공시해야 한다. 즉, 이연법인세자산 및 이연법인세부채의 변동액이 세법이나 세율변경에 따른 것인지 아니면 회수가능성의 변동에 따른 것인지를 주석으로 공시해야 한다.

3) 재무상태표 표시

법인세 관련 자산과 부채는 재무상태표의 다른 자산이나 부채와 구분하여 표시되어야 하며, 이연법인세자산과 이연법인세부채는 당기법인세자산과 당기법인세부채로부터 구분되어야 한다. 또한 당기법인세자산(부채)과 이연법인세자산(부채)을 구분하는 방법도 각각 다르다. 당기법인세자산(부채)은 당연히 유동자산(부채)으로 계상하여야 하며, 이연법인세자산(부채)은 관련된 자산항목 또는 부채항목의 재무상태표상 분류에 따라 재무상태표에 유동자산(유동부채) 또는 기타비유동자산(기타비유동부채)으로 분류한다.[4] 만약 세무상 결손금 등에 따라 인식하게 되는 이연법인세자산의 경우처럼 재무상태표상 자산항목 또는 부채항목과 관련되지 않은 이연법인세자산과 이연법인세부채는 세무상 결손금 등의 예상 소멸시기에 따라서 유동항목과 기타비유동항목으로 분류한다.

당기법인세부채와 당기법인세자산, 동일한 유동 및 비유동 구분 내의 이연법인세자산과 이연법인세부채가 동일한 과세당국과 관련된 경우에는 각각 상계하여 표시한다. 다만, 이러한 상계규정은 하나의 과세대상 기업과 관련된 규정이므로 개별재무제표에서는 관련 금액들이 이에 따라 상계하여 표시되는 것이다. 따라서 연결재무상태표에 포함되는 둘 이상의 기업들의 관련 금액들은 별도의 조건을 충족하는 경우에만 상계표시가 가능하다.

4) 일시적차이의 유형별 사례

사례 Ⅳ-2 자산·부채 인식기준의 차이

2X16년도에 설립한 (주)백호의 당기법인세비용차감전순이익은 1,000,000원이며 법인세율은 30%이다. 그러나 법인세법의 개정으로 2X17년 회계연도 이후 적용되는 법인세율은 26%이다. (주)백호의 당기법인세부담액을 계산하기 위한 세무조정사항은 재무상태표에 계상된 만기일 2X17년 6월 30일인 정기예금에 대한 2X16년도분 미수수익 80,000원 뿐이다. 이 경우 2X16년도에 인식될 법인세비용을 계산하시오.

4) K-IFRS 제1012호 법인세는 재무상태표상 이연법인세의 유동·비유동 구분에 대해서 규정하고 있지 않다. 그러나 재무상태표 작성 시 유동·비유동 구분법에 따라 자산과 부채를 표시하는 방법을 선택한 경우에는 이연법인세자산 및 이연법인세부채를 비유동항목으로 분류하여야 한다.

(풀이)

법인세비용의 계산과정은 다음과 같다.

• 1단계: 당기법인세부채 인식

당기법인세부채(법인세부담액) = 과세소득(과세표준) × 당해 연도 세율
= (₩1,000,000 - ₩80,000) × 30%
= ₩276,000

상기 공식에 대입하여 측정된 당기법인세부채 276,000원을 아래와 같이 인식한다.

① 2X16. 12. 31. 회계처리

(차) 법 인 세 비 용	276,000	(대) 당기법인세부채	276,000

• 2단계: 이연법인세부채 인식

이연법인세부채 = 가산할 일시적차이 × 미래 연도의 세율
= ₩80,000 × 26% = ₩20,800

미래 연도에 가산할 일시적차이의 법인세효과는 이연법인세부채로 인식해야 하므로 차기에 가산할 일시적차이 80,000원을 상기 공식에 대입하여 이연법인세부채 20,800원을 측정하고 아래와 같이 인식한다.

② 2X16. 12. 31. 회계처리

(차) 법 인 세 비 용	20,800	(대) 이연법인세부채	20,800

• 3단계: 총법인세비용 인식

∴ 법인세비용 = 당기법인세부채 - (기말 이연법인세자산 - 기초 이연법인세자산)
+ (기말 이연법인세부채 - 기초 이연법인세부채)
= ₩276,000 + ₩20,800 = ₩296,800

따라서 당기법인세에 이연법인세를 가감한 최종 법인세비용 296,800원을 아래와 같이 인식한다.

③ 2X16. 12. 31. 회계처리

(차) 법 인 세 비 용	296,800	(대) 당기법인세부채	276,000
		이연법인세부채	20,800

사례 IV-3 자산·부채 평가방법의 차이

2X16년도에 설립한 은성기업(주)의 당기법인세비용차감전순이익은 1,000,000원이며 법인세율은 30%이다. 그러나 법인세법의 개정으로 2X17년 회계연도 이후 적용되는 법인세율은 26%이다. 은성기업(주)의 당기법인세부담액을 계산하기 위한 세무조정사항의 관련 자료는 다음과 같다. 이 경우 2X16년도에 인식될 법인세비용을 계산하시오.

〈세무조정사항〉

회사는 보유 재고자산 중 장부금액이 300,000원인 상품의 순실현가능가치가 200,000원으로 하락하여 저가법으로 평가하였다. 세법상 은성기업(주)는 재고자산 평가방법을 원가법 중 총평균법으로 신고하였으며 위의 재고자산평가손실은 법인세법상 손상이 인정되는 평가손실에 해당하지 않는다. 그리고 당해 상품은 2X17년에 모두 판매되었다.

(풀이)

법인세비용의 계산과정은 다음과 같다.

• 1단계: 당기법인세부채 인식

당기법인세부채(법인세부담액) = 과세소득(과세표준) × 당해 연도 세율
= (₩1,000,000 + ₩100,000) × 30%
= ₩330,000

상기 공식에 대입하여 측정된 당기법인세부채 330,000원을 아래와 같이 인식한다.

① 2X16. 12. 31. 회계처리

(차) 법 인 세 비 용	330,000	(대) 당기법인세부채	330,000

• 2단계: 이연법인세자산 인식

이연법인세자산 = 차감할 일시적차이 × 미래 연도의 세율
= ₩100,000 × 26% = ₩26,000

미래 연도에 차감할 일시적차이의 법인세효과는 이연법인세자산으로 인식해야 하므로 차기에 차감할 일시적차이 100,000원을 상기 공식에 대입하여 이연법인세자산 26,000원을 측정하고 아래와 같이 인식한다.

② 2X16. 12. 31. 회계처리

(차) 이연법인세자산	26,000	(대) 법 인 세 비 용	26,000

• 3단계: 총법인세비용 인식

∴ 법인세비용 = 당기법인세부채 - (기말 이연법인세자산 - 기초 이연법인세자산)
+ (기말 이연법인세부채 - 기초 이연법인세부채)
= ₩330,000 - ₩26,000 = ₩304,000

결과적으로 당기법인세에 이연법인세를 가감한 최종 법인세비용 304,000원을 아래와 같이 인식한다.

③ 2X16. 12. 31. 회계처리

(차) 법 인 세 비 용	304,000	(대) 당기법인세부채	330,000
이연법인세자산	26,000		

이렇게 매년의 법인세비용을 법인세부담액에 이연법인세변동액을 가감하여 회계이익에 대응시키는 것은 연도별 재무상태표에 법인세 관련 자산과 부채를 적절히 계상하고 또한 수익비용대응의 원칙에 따른 비례관계를 유지하려는 노력으로 재무정보의 정확성을 제고시키는 것이다. 따라서 이연법인세 회계처리는 회계정보의 유용성을 높여주는 결과를 가져온다.

제3절 법인세 기간간 배분 종합사례

㈜삼청은 2X16년에 영업을 시작하였다. 다음에 제시한 표는 ㈜삼청의 2X16년 12월 31일자로 작성된 법인세 계산서식에서 발췌한 자료이다.

2X16년도의 법인세부담액 계산		
법인세비용차감전순이익		1,000,000
가산조정		
감가상각비한도초과액		70,000
접대비한도초과액		50,000
차감조정		
이자수익(미수분)		(170,000)
비과세이자소득		(40,000)
과세소득		910,000
세율		30%
법인세부담액		273,000

당사는 감가상각비를 법인세법에서 정한 한도를 초과하여 상각하였다. 또한 접대비한도초과액 50,000원이 발생하였다. 따라서 2X16년 법인세 계산 시 손금에 산입시키지 못할 금액이 120,000원이다. 감가상각비한도초과액에 대한 일시적차이는 2X17년에 소멸될 예정이다. 또한 이자수익이 발생하여 회계장부에는 계상하였으나, 이자수익에 대한 실지급일은 익년 1월 31일자이기 때문에 이 금액에 대한 세법상 익금산입은 2X17년에 이루어진다. 그리고 비과세이자소득 40,000원이 발생하여 익금불산입 총액은 210,000원이다. ㈜삼청의 2X17년도 세율은 2X16년도와 동일한 30%라고 가정하자.

2X17년도의 법인세부담액 계산		
법인세비용차감전 순이익		2,500,000
일시적차이 증감액		100,000
2X16년 감가상각비한도초과액소멸	(70,000)	
2X16년 이자수익(미수분)소멸	170,000	
접대비한도초과액	100,000	100,000
과세소득		2,700,000
세율		30%
법인세부담액		810,000

㈜삼청의 2X17년도 회계이익은 2,500,000원이다. 2X17년에 신규로 발생한 접대비한도초과액은 100,000원이며 2X17년도에 신규로 발생한 일시적차이는 없다. 다만, 2X16년도 발생한 일시적차이는 2X17년도에 모두 소멸되어 2X17년도 12월 31일자로 종료되는 회계연도의 법인세 계산서식 자료는 상기와 같다.

〈요구사항〉

1) 2X16년도 당기법인세부채, 이연법인세자산·부채 그리고 법인세비용을 각각 계산하고, 이와 관련된 회계처리를 행하시오.
2) 2X17년도 당기법인세부채, 이연법인세자산·부채 그리고 법인세비용은 각각 계산하고, 이와 관련된 회계처리를 행하시오.
3) 2X16년도 말 세법개정으로 2X17년도부터 법인세율이 30%가 아닌 20%라고 가정할 때 요구사항 1)과 2)에 대하여 답하시오.

(풀이1) 2X16년도 당기법인세부채, 이연법인세자산·부채 그리고 법인세비용

① 당기법인세부채 계산

당기법인세부채는 법인세부담액을 의미하므로 아래 공식에 대입하여 당기법인세부채 273,000원을 측정한다.

당기법인세부채(법인세부담액) = 과세소득(과세표준) × 당해 연도 세율
= ₩910,000 × 30%
= ₩273,000

② 이연법인세자산·부채 계산

미래 연도에 차감할 일시적차이 감가상각비한도초과액 70,000원의 법인세효과는 이연법인세자산으로 인식하고, 미래 연도에 가산할 일시적차이 미수이자분 170,000원의 법인세효과는 이연법인세부채로 인식해야 한다. 그러나 이연법인세자산과 이연법인세부채는 모두 2X17년에 소멸되는 유동항목이므로 상계한다. 따라서 아래 공식에 대입하여 이연법인세부채 30,000원을 측정한다.

이연법인세자산 = 차감할 일시적차이 × 미래 연도의 세율
= ₩70,000 × 30% = ₩21,000(유동자산)

이연법인세부채 = 가산할 일시적차이 × 미래 연도의 세율
= ₩170,000 × 30% = ₩51,000(유동부채)

∴ 이연법인세부채 = ₩30,000(유동부채)

③ 총법인세비용 계산

당기법인세에 이연법인세를 가감하는 최종 법인세비용은 아래 공식에 대입하면 303,000원으로 측정된다.

∴ 법인세비용 = 당기법인세부채 - (기말 이연법인세자산 - 기초 이연법인세자산)
+ (기말 이연법인세부채 - 기초 이연법인세부채)
= ₩273,000 + ₩30,000 = ₩303,000

④ 2X16. 12. 31. 회계처리

(차) 법 인 세 비 용	303,000	(대) 당기법인세부채	273,000
		이연법인세부채	30,000

(풀이2) 2X17년도 당기법인세부채, 이연법인세자산·부채 그리고 법인세비용

① 당기법인세부채 계산

당기법인세부채는 법인세부담액을 의미하므로 아래 공식에 대입하여 당기법인세부채 810,000원을 측정한다.

당기법인세부채(법인세부담액) = 과세소득(과세표준) × 당해 연도 세율
= ₩2,700,000 × 30%
= ₩810,000

② 이연법인세자산·부채 계산

2X16년도에 발생한 모든 일시적차이가 당해 연도에 소멸하므로 감가상각비한도초과액 70,000원에 대한 이연법인세자산과 미수이자분 170,000원에 대한 이연법인세부채는 모두 제거되어 이연법인세자산과 이연법인세부채로 보고될 금액은 없다. 따라서 2X16년도 말에 보고된 이연법인세부채 30,000원은 소멸되면서 당기법인세부담액을 증가시키는 반면, 법인세비용을 감소시키는 효과를 가진다.

이연법인세자산 소멸액 = ₩70,000 × 30% = ₩21,000(유동자산)
이연법인세부채 소멸액 = ₩170,000 × 30% = ₩51,000(유동부채)
∴ 이연법인세부채 감소액 = ₩30,000(유동부채)

③ 총법인세비용 계산

당기법인세에 이연법인세를 가감하는 최종 법인세비용은 아래 공식에 대입하면 780,000원으로 측정된다.

∴ 법인세비용 = 당기법인세부채 - (기말 이연법인세자산 - 기초 이연법인세자산)
+ (기말 이연법인세부채 - 기초 이연법인세부채)
= ₩810,000 - ₩30,000 = ₩780,000

④ 2X17. 12. 31. 회계처리

(차) 법 인 세 비 용	780,000	(대) 당기법인세부채	810,000
이연법인세부채	30,000		

(풀이3) 향후 미래 연도의 세율이 30%에서 20%로 변동하는 경우

1) 2X16년도 당기법인세부채, 이연법인세자산·부채 그리고 법인세비용

① 당기법인세부채 계산

당기법인세부채는 법인세부담액을 의미하므로 아래 공식에 대입하여 당기법인세부채 273,000원을 측정한다.

당기법인세부채(법인세부담액) = 과세소득(과세표준) × 당해 연도 세율
= ₩910,000 × 30%
= ₩273,000

② 이연법인세자산·부채 계산

미래 연도에 차감할 일시적차이 감가상각비한도초과액 70,000원의 법인세효과는 이연법인세자산으로 인식하고, 미래 연도에 가산할 일시적차이 미수이자분 170,000원의 법인세효과는 이연법인세부채로 인식해야 한다. 그러나 이연법인세자산과 이연법인세부채는 모두 2X17년에 소멸되는 유동항목이므로 상계한다. 따라서 아래 공식에 대입하여 이연법인세부채 20,000원을 측정한다.

이연법인세자산 = 차감할 일시적차이 × 미래 연도의 세율
= ₩70,000 × 20% = ₩14,000(유동자산)
이연법인세부채 = 가산할 일시적차이 × 미래 연도의 세율
= ₩170,000 × 20% = ₩34,000(유동부채)
∴ 이연법인세부채 = ₩20,000(유동부채)

③ 총법인세비용 계산

당기법인세에 이연법인세를 가감하는 최종 법인세비용은 아래 공식에 대입하면 293,000원으로 측정된다.

∴ 법인세비용 = 당기법인세부채 - (기말 이연법인세자산 - 기초 이연법인세자산)
+ (기말 이연법인세부채 - 기초 이연법인세부채)
= ₩273,000 + ₩20,000 = ₩293,000

④ 2X16. 12. 31. 회계처리

(차) 법 인 세 비 용	293,000	(대) 당기법인세부채	273,000
		이연법인세부채	20,000

2) 2X17년도 당기법인세부채, 이연법인세자산·부채 그리고 법인세비용

① 당기법인세부채 계산

당기법인세부채는 법인세부담액을 의미하므로 아래 공식에 대입하여 당기법인세부채 540,000원을 측정한다.

당기법인세부채(법인세부담액) = 과세소득(과세표준) × 당해 연도 세율
= ₩2,700,000 × 20%
= ₩540,000

② 이연법인세자산·부채 계산

2X16년도에 발생한 모든 일시적차이가 당해 연도에 소멸하므로 감가상각비한도초과액 70,000원에 대한 이연법인세자산과 미수이자분 170,000원에 대한 이연법인세부채는 모두 제거되어 이연법인세자산과 이연법인세부채로 보고될 금액은 없다. 따라서 2X16년도 말에 보고된 이연법인세부채 20,000원은 소멸되면서 당기 법인세부담액을 증가시키는 반면, 법인세비용을 감소시키는 효과를 가진다.

이연법인세자산 소멸액 = ₩70,000 × 20% = ₩14,000(유동자산)
이연법인세부채 소멸액 = ₩170,000 × 20% = ₩34,000(유동부채)
∴ 이연법인세부채 감소액 = ₩20,000(유동부채)

③ 총법인세비용 계산

당기법인세에 이연법인세를 가감하는 최종 법인세비용은 아래 공식에 대입하면 520,000원으로 측정된다.

∴ 법인세비용 = 당기법인세부채 - (기말 이연법인세자산 - 기초 이연법인세자산)
+ (기말 이연법인세부채 - 기초 이연법인세부채)
= ₩540,000 - ₩20,000 = ₩520,000

④ 2X17. 12. 31. 회계처리

(차) 법 인 세 비 용	520,000	(대) 당기법인세부채	540,000
이연법인세부채	20,000		

제4절 이월결손금과 법인세 기간간 배분

4.1 결손금 이월공제제도의 의의

세법에서는 보통 특정연도에 손실을 입은 기업에 세부담의 형평성을 부여하기 위하여 결손금의 전기이월(소급공제) 또는 차기이월(이월공제)을 허용한다. 우리나라에서는 「조세특례제한법」상 중소기업의 결손금을 직전사업연도에 납부한 법인세에 한하여 환급받을 수 있는 결손금 소급공제제도를 제외하고는 원칙적으로 결손금 이월공제제도만 허용하고 있다. 이월공제시한은 10년이었다가 2020년 1월 1일 이후 개시하는 사업연도에 발생한 결손금부터는 15년으로 연장되었다. 또한 2016년도부터는 이월결손금 연간 공제한도가 신설되어 중소기업이 아닌 일반기업은 당해 연도 소득금액의 일정 부분에 한하여 공제가능하다. 다만, 법원절차에 의한 회생계획이행 중인 기업이거나 「기업구조조정촉진법」상 경영정상화계획을 이행 중인 기업 등은 한도대상기업에서 제외된다. 따라서 이하에서 제시되는 사례 및 연습문제는 당해 연도 소득의 100%를 모두 공제할 수 있는 중소기업을 가정하고 회계처리한다. 한편 미국에서는 2년간에 걸쳐 전기이월(carry back)하고도 손실을 다 보전하지 못한 경우 차후 20년간 차기이월(carry forward)을 인정하는 방법과 전기이월없이 차후 20년간의 차기이월만을 인정하는 방법 중에서 하나를 채택하도록 하고 있다. 따라서 본 절에서는 우리나라의 결손금 이월공제제도에 따른 이월이 가능한 세무상 결손금을 대상으로 법인세 기간간 배분의 회계처리를 설명한다. 이를 위해 우선 〈사례 IV-4〉를 통하여 결손금 이월공제제도의 필요성을 알아보자.

사례 Ⅳ-4 결손금 이월공제제도의 필요성

㈜대한은 2X16년, 2X17년, 2X18년 중 다음과 같은 과세소득[마이너스(-)는 결손금]을 보이고 있다. 이 경우 결손금 이월공제제도의 유무에 따른 법인세부담액의 차이를 비교하여 설명하시오. 당사의 세율은 40%라고 가정하고 아래 화폐단위는 백만원이다.

연도	2X16년	2X17년	2X18년
과세소득	400	-500	600

(풀이)

먼저 법인세법상 결손금 이월공제제도가 인정되지 않는다고 가정하면 당사의 매년 법인세부담액과 3년간의 합계액은 다음과 같다.

연도	2X16년	2X17년	2X18년	합계
과세소득	400	-500	600	500
법인세부담액	160	0	240	400

3년간의 합계를 보면 당사는 5억원의 이익밖에는 올리지 못하였음에도 3년간에 걸쳐 세율 80%에 해당하는 세금 4억원을 납부하고 있다. 이는 결손금 이월공제제도가 인정되지 않는 경우에는 기업의 세부담이 형평성면에서 얼마나 불리한 것인가를 보여준다. 세금을 1년 단위로 계산하는 것은 편의상의 제도이며 세금은 소득에 비례하여 내는 것이 합리적이다. 따라서 결손금 공제제도와 관련하여 대부분의 나라들은 과거 이익에 대하여 납부한 세금 중 금년도 손실분에 해당하는 부분만큼을 환급하여 주거나(전기이월), 차후에 납부할 세금에서 공제해 주는 제도(차기이월)를 채택하고 있다.

조세의 형평성을 위하여 허용한 결손금 이월공제제도를 가정하고 법인세부담액을 계산하면 다음과 같다.

연도	2X16년	2X17년	2X18년	합계
과세소득	400	- 500	600	500
법인세부담액	160	0	40*	200

* (600 - 500) × 40% = 40

결손금 이월공제제도를 이용한 법인세부담액의 3년간 합계란을 보면 당사는 5억원의 이익에 대하여 전체기간에 걸쳐 세율 40%에 해당하는 2억원을 세금으로 납부하고 있다. 이는 결손금 이월공제제도가 세부담의 형평성을 높이는 데 얼마나 필요한 제도인가를 시사해 주고 있다.

4.2 이월결손금의 기간간 배분

세무상 결손금이 발생하면 차기 이후로 이월공제가 가능하므로 차감할 일시적차이와 동일한 법인세효과를 가진다. 즉, 차감할 일시적차이와 세무상 결손금 등[5]은 미래의 과세소득과 법인세부담액을 감소시킴으로써 간접적으로 미래의 현금흐름 창출이라는 효익을 가져온다. 또한 기업은 이러한 미래 효익에 대해 배타적인 권리를 가짐으로써 타인의 접근을 통제할 수 있으므로 이연법인세자산의 자산성이 인정될 수 있다. 따라서 이월공제가 가능한 세무상 결손금은 결손금공제 등이 활용될 수 있는 미래의 과세소득이 예상되는 범위 안에서 이연법인세자산[6]으로 인식해야 한다. 세무상 결손금에 대한 이연법인세자산의 인식기준은 차감할 일시적차이로 인한 이연법인세자산의 인식기준과 원칙적으로 동일하다. 그러나 미사용 세무상 결손금이 존재한다는 것은 미래에 과세소득이 발생하지 않을 수 있는 가능성이 높다는 것을 의미한다. 따라서 기업이 최근에 회계손실을 기록한 경우에는 충분히 가산할 일시적차이가 있는 경우나 미래에 과세소득이 발생할 것이라는 확실한 증거가 있는 경우에만 그 범위 안에서 이연법인세자산을 인식해야 하며, 이렇게 인식한 이연법인세자산의 금액과 그 인식근거를 주석으로 기재해야 한다.

세무상 결손금이 활용될 수 있는 미래 과세소득의 발생가능성을 평가함에 있어서 고려해야 할 사항은 다음과 같다. 첫째, 세무상 결손금과 세액공제의 이월공제가능기간이 소멸되기 전까지 이를 활용할 수 있는 충분히 가산할 일시적차이가 있는지의 여부를 고려한다. 둘째, 세무상 결손금과 세액공제의 이월공제가능기간이 소멸되기 전까지 활용 가능한 과세소득이 발생할 수 있을 것인지의 여부를 고려한다. 셋째, 세무상 결손금이 비반복적이고 확인 가능한 원인으로 발생하였는지의 여부를 고려한다. 넷째, 세무상 결손금의 이월공제가능기간 내에 과세소득을 창출할 수 있는 세무정책(비과세소득을 발생하는 자산을 매각하여 과세소득을 발생시키는 투자자산의 취

5) 이월공제가 가능한 세액공제도 이월결손금의 세효과와 동일하게 회계처리한다.
6) 결손금 소급공제제도로 인해 세무상 결손금이 과거에 납부한 법인세액에 소급적용되어 환급될 수 있다면 결손금이 발생한 기간에 자산(당기법인세자산)으로 인식하여야 한다.

득 등)이 활용 가능한지의 여부를 고려한다. 이러한 평가 시에는 고려사항들에 근거하여 세무상 결손금에 대한 법인세효과와 그의 반영가능성 여부 등을 주석으로 상세히 공시해야 한다.

상기된 내용을 근거로 세무상 결손금의 기간간 배분에 대한 구체적인 회계처리를 살펴보면 〈사례 Ⅳ-5〉와 같다.

사례 Ⅳ-5 이월결손금의 기간간 배분

〈사례 Ⅳ-4〉에서 살펴본 바와 같이 ㈜대한은 2X16년에 5억원의 결손을 보았으며 세율은 변동이 없이 40%라고 할 때, (1) 손실이 발생한 2X16년도에 ㈜대한은 2X17년 이후 10년 이내에 확실히 이익을 올릴지 모르겠다고 판단하였으나 시간이 경과하여 2X17년도에 실제로 6억원의 이익을 올렸다고 가정하자. 또한 이와 달리 (2) ㈜대한이 2X17년도에 5억원 이상의 이익을 확실히 올릴 수 있다고 가정하자. 이렇게 (1)과 (2)의 독립된 2가지 경우에 따라 이월결손금 공제와 관련된 회계처리 내용을 각각 제시하시오. 단, 다른 일시적차이는 없으며 화폐단위는 백만원이다.

(풀이1) 과세소득의 실현가능성이 불확실한 경우

① 2X16. 12. 31. 회계처리

2X17년도에 과세소득이 실현될 가능성이 불확실하므로 2X16년도 결손금 이월공제와 관련된 법인세효과를 이연법인세자산으로 인식할 수 없다.

② 2X17. 12. 31. 회계처리

(차) 법 인 세 비 용	40*	(대) 당기법인세부채	40

* 법인세부담액 = (600 - 500) × 40% = 40

2X16년도에 발생한 이월결손금 5억원은 2X17년도 과세소득에서 모두 공제완료되었으므로 당기말에 보고할 이연법인세자산은 없다. 따라서 이월결손금의 법인세효과에 대한 기간간 배분 회계처리를 행하지 못한 법인세비용의 경우에 2X16년도와 2X17년도의 부분 손익계산서를 작성하면 다음과 같다.

	2X16년	2X17년
법인세비용차감전순이익	-500	600
법인세비용(수익)	0	40
당기순이익	-500	560

(풀이2) 과세소득의 실현가능성이 확실한 경우

① 2X16. 12. 31. 회계처리

(차) 이연법인세자산	200*	(대) 법 인 세 수 익	200

* 이연법인세자산 = 500 × 40% = 200

2X16년도에는 세무상 결손금이 발생하여 법인세부담액은 0이지만, 2X17년도에 과세소득이 실현될 가능성이 확실하므로 2X16년도 결손금 이월공제와 관련된 법인세효과를 이연법인세자산으로 인식해야 한다. 따라서 상대 계정은 법인세비용 대신 법인세수익을 인식한다.

② 2X17. 12. 31. 회계처리

(차) 법 인 세 비 용	240***	(대) 당기법인세부채	40*
		이연법인세자산	200**

* 법인세부담액 = (600 - 500) × 40% = 40
** 이연법인세자산 변동액 = 기말 이연법인세자산 - 기초 이연법인세자산 = 0 - 200 = 200 감소
*** 법인세비용 = 당기법인세부채 - (기말 이연법인세자산 - 기초 이연법인세자산)
= 40 - (0 - 200) = 240

2X16년도에 발생한 이월결손금 5억원은 2X17년도 과세소득에서 모두 공제완료되었으므로 당기에 보고할 이연법인세자산은 없다. 따라서 전기 말에 인식한 이연법인세자산 2억원을 감소시키면 최종 법인세비용은 2억 4천만원이 된다. 이렇게 이월결손금의 법인세효과에 대한 기간간 배분 회계처리를 행한 법인세비용의 경우에 2X16년도와 2X17년도의 부분 손익계산서를 작성하면 다음과 같다.

	2X16년	2X17년
법인세비용차감전순이익	-500	600
법인세비용(수익)	(200)	240
당기순이익	-300	360

2X16년도와 2X17년도 2년간을 합산한 결과를 살펴보면 이연법인세자산의 실현가능성이 확실한 경우와 불확실한 경우는 모두 동일한 결과를 보인다. 그러나 각 경우의 법인세 관련 회계처리 내용을 연도별로 비교해보면 많은 차이가 존재한다. 즉, 이월결손금의 법인세효과를 이연법인세자산으로 인식한 경우가 행하지 않은 경우보다 세전이익과 세후이익 간의 비례관계는 훨씬 높게 유지되고 있다. 따라서 기간단위로 보고하는 회계정보 특히 당기순이익의 유용성을 높이고, 법인세 관련 자산·부채를 재무상태표에 적절히 계상하기 위해서는 일시적차이와 세무상 결손금 등의 기간간 배분에 대한 회계처리를 행할 필요가 있음을 알 수 있다.

제5절 법인세 기간내 배분

5.1 법인세 기간내 배분의 의의

법인세의 기간내 배분(intra-period allocation)은 법인세비용을 일괄하여 계상하지 않고 법인세비용차감전계속사업손익, 중단사업손익, 기타포괄손익 그리고 자본에서 기인한 법인세효과를 분할하여 각각의 항목과 직접 대응시키는 회계제도를 의미한다. 이처럼 법인세 기간내 배분을 행하는 주된 이유는 법인세에서도 수익·비용 대응의 원칙을 적용하기 위한 것에서 찾아 볼 수 있다. 예를 들면, 자기주식처분이익은 자본거래이기 때문에 손익계산서에 포함시킬 수 없다. 그러나 「법인세법」에서는 자본거래에서 발생한 이익도 과세대상으로 익금에 산입되어 법인세를 납부하게 된다. 이러한 경우 지급한 법인세를 법인세비용으로 손익계산서에 반영한다고 가정하자. 이는 결국 자기주식처분이익은 자본변동표에 반영하고 그 거래에서 발생한 법인세효과는 손익계산서에 반영하는 비논리적인 결과를 초래하게 된다.

따라서 당기법인세부담액(환급액)과 이연법인세는 손익계산서상 법인세비용의 계산에 반영되어야 하지만, 자본에 직접 가감되는 항목과 관련된 당기법인세부담액과 이연법인세는 자본에 직접 가감되어야 한다. 또한 손익계산서상 법인세비용은 계속사업손익과 관련된 경우에는 법인세비용차감전계속사업손익에서 차감하는 형식으로 기재하고, 중단사업손익과 관련된 경우에는 해당 손익항목에 직접 가감하여 해당 손익항목을 순액으로 표시해야 한다. 주석에 공시되는 기타포괄손익항목도 관련 세효과를 직접 가감하여 세후 금액으로 표시하고 당기순이익과 합산하여 포괄손익을 공시해야 한다. 이러한 법인세의 기간내 배분이 반영된 손익계산서 양식과 주석의 내용을 살펴보면 〈표 4-6〉과 같다.

또한 당기법인세에 이연법인세를 반영하여 최종 법인세비용을 산출한 후, 해당 항목별로 대응시켜 유용한 정보를 보고하는 전반적인 법인세회계의 처리과정은 〈표 4-7〉과 같은 내용으로 주석에 공시해야 한다. 이렇게 이연법인세자산과 이연법인세부채를 인식하고 그 효과를 당기손익 등에 반영하는 전반적인 순서를 요약하면 다음과 같다. ① 회계기준에 따라 회계처리하고, ② 결산일에 자산부채의 장부금액과 세무기준액을 비교하여 일시적차이의 존재 여부를 확인하여, ③ 가산할 일시적차이에 대하여 예외사항이 인정되는 경우 이외에는 이연법인세부채를 인식하고, ④ 차감할 일시적차이 등에 대하여 실현가능성에 대한 평가를 통하여 이연법인세자산을 인식한다. 그리고 마지막에 ⑤ 인식한 이연법인세자산과 이연법인세부채의 법인세효과가 자본에 직접 반영된 항목과 관련된 경우 당해 자본항목에 반영하고, 기타의 경우에는 당기손익에 반영한다.

표 4-6 법인세 기간내 배분과 손익계산서

구분	항목	금액	구분
손익계산서	매출액	xxx,xxx	
손익계산서	(-) 매출원가	xxx,xxx	
손익계산서	매출총이익	xxx,xxx	
손익계산서	(-) 판매비와관리비	xxx,xxx	
손익계산서	영업이익	xxx,xxx	
손익계산서	(+) 영업외수익	xxx,xxx	
손익계산서	(-) 영업외비용	xxx,xxx	
손익계산서	법인세비용차감전계속사업손익	xxx,xxx	기간내 배분
손익계산서	계속사업손익법인세비용	xxx,xxx	기간내 배분
손익계산서	(-) 계속사업손익	xxx,xxx	기간내 배분
손익계산서	중단사업손익(법인세효과: xxx원)	xxx,xxx	기간내 배분
손익계산서	(±) 당기순이익(손실)	xxx,xxx	기간내 배분
주석	(±) 기타포괄손익		기간내 배분
주석	매도가능증권평가손익(법인세효과: xx원)		기간내 배분
주석	해외사업환산손익(법인세효과: xx원)		기간내 배분
주석	현금흐름위험회피파생상품평가손익(법인세효과: xx원)		기간내 배분
주석	……		기간내 배분
주석	포괄손익	xxx,xxx	

표 4-7 법인세비용의 산출내역과 법인세배분

당기법인세(법인세추납액·환급액 포함)		×××	기간간 배분
± 일시적차이로 인한 이연법인세 변동액	×××		
± 세무상 결손금 등으로 인한 이연법인세 변동액	×××		
= 총법인세효과		×××	
± 자본에 직접 반영된 법인세비용	×××		기간내 배분
± 중단사업손익에 직접 반영된 법인세비용	×××		
± 기타포괄손익에 직접 반영된 법인세비용	×××		
= 계속사업손익법인세비용		×××	

5.2 법인세 기간내 배분의 필요성

신용분석가를 포함한 재무제표이용자들은 당기순이익 수치뿐만 아니라 분석 목적상 손익계산서상의 여러 가지 이익지표(영업이익, 계속사업손익 등)에도 관심을 가지고 있다. 만일 이러한 이익지표를 세후기준으로 파악하고자 한다면 기간내 배분을 행하지 않은 손익계산서는 유용성 측면에서 문제가 발생한다. 물론 이용자가 법인세비용을 적당히 비례 배분하여 이들 지표를 세후기준으로 파악하면 어떠냐고 반문할는지 모른다. 그러나 법인세는 계속사업에서 비롯한 부분도 있고, 중단사업에서 비롯한 것도 있고, 또한 자본항목에서 비롯하는 것도 있다. 이들 각 항목은 흔히 세율이 다르기 때문에 이용자가 금액에 비례하여 그냥 적당히 배분하면 문제가 따른다. 예를 들면, 이연법인세 산정 시 적용할 세율이 자산의 회수방법에 따라 달라질 수 있다. 만약 어느 자산의 장부금액은 100원이고 세무기준액은 60원인데, 이 자산의 처분이익에 대하여는 20%, 계속사용에 따른 이익에 대하여는 30%의 세율이 적용된다고 가정하자. 이 경우 기업이 당해 자산을 더 이상 사용하지 않고 매각할 계획이면 8원(40원의 20%)의 이연법인세부채를 인식하고, 계속 보유하면서 사용을 통하여 자산을 회수할 계획이면 12원(40원의 30%)을 이연법인세부채로 인식해야 한다. 따라서 이런 문제점을 해결하기 위해서는 이들 항목별로 세효과를 별도로 대응시켜 공시하는 법인세 기간내 배분이 필요하다.

이미 전술한 바와 같이 법인세를 대상별로 대응시키는 또 다른 이유는 정상적인 영업활동을 나타내는 이익지표(영업이익 또는 계속사업손익)를 세공제 후 계속사업손익비율로 계산하여 기업의 정상적인 운영효율을 파악하기 때문이다. 예를 들면, 요즘 경영지표로 언급되는 경제적 부가가치(EVA)나 현금흐름 분석 시 정상적인 영업활동에서 조달된 현금흐름을 세공제 후 기준으로 파악하기 위하여 흔히 '법인세비용차감후계속사업손익 + (감가상각비 × 세율)'이란 공식을 사용하고 있다. 이런 경우 법인세 기간내 배분을 행한 손익계산서라면 이를 쉽게 파악할 수 있을 것이다.

또한 영업종목의 일부를 당해 회계기간 중 폐쇄시켰거나 타 회사에 매각한 경우에는 회계연도 개시일부터 종료일까지 발생한 수익과 비용을 계속사업손익과 분리하여 중단사업손익항목으로 처리해야 한다. 이러한 회계처리는 특히 향후 손익계산서를 추정하고자 하는 이용자에게 앞으로도 계속 영위할 영업에서 발생한 세후손익을 중단사업손익과 분리하여 보여줌으로써 미래 이익을 예측하는 데 도움을 주기 때문이다. 따라서 이러한 중단사업 때문에 생긴 손익은 이로 인해 발생한 법인세효과를 직접 가감하여 순액으로 표시해야 한다.

상기된 내용을 근거로 법인세 기간간 배분에 대한 구체적인 회계처리를 살펴보면 〈사례 Ⅳ-6〉, 〈사례 Ⅳ-7〉과 같다.

사례 IV-6 자기주식처분손익에 대한 기간내 배분

2X16년 5월 1일 갑회사는 과거 1,000원에 취득한 자기주식을 1,500원에 처분하였다. 2X16년도 계속사업이익은 1,000원이고 자기주식처분이익 500원을 제외한 다른 세무조정사항은 없다고 가정하자. 결산일은 12월 31일이고 법인세율은 20%라면, (1) 자기주식과 관련된 기중 회계처리를 행하고, (2) 법인세와 관련된 기말 회계처리를 행한 후, (3) 관련 항목을 반영한 부분 재무제표를 작성하시오.

(풀이1) 2X16. 5. 1. 회계처리

(차)	현 금	1,500	(대) 자 기 주 식	1,000
			자기주식처분이익	500

(풀이2) 2X16. 12. 31. 회계처리

① 당기법인세부채의 인식

(차)	법 인 세 비 용	300	(대) 당기법인세부채	300*

* 법인세부담액 = (1,000 + 500) × 20% = 300

② 자본항목에 대한 기간내 배분

(차)	자기주식처분이익	100	(대) 법 인 세 비 용	100*

* 자기주식처분이익의 세효과 = 500 × 20% = 100

자기주식처분이익은 일시적차이 이외의 차이이므로 기간간 배분의 대상이 아니다. 그러나 자기주식처분이익을 익금산입하여 법인세부담액을 증가시킨 세효과 100원은 자본거래에서 발생하였으므로 기간내 배분의 대상이 된다. 따라서 법인세비용 100원은 자기주식처분이익항목에서 차감시키고 해당 항목은 순액으로 보고하며, 나머지 법인세부담액에 대한 법인세비용은 아래 부분 손익계산서와 같이 계속사업이익에 대응시킨다.

(풀이3) 부분 재무제표

손익계산서	재무상태표	
… 계속사업이익 1,000 법인세비용 200 당기순이익 800		… 자기주식처분이익 400[1)] (자본잉여금) …

1) 자본에 직접 가감한 법인세효과의 내역은 주석으로 기재한다.

사례 IV-7 매도가능증권 주식의 평가손익에 대한 기간내 배분

2X16년 5월 1일 갑회사는 매도가능증권을 1,000원에 취득하였다. 갑회사의 결산일은 12월 31일이며, 결산일에 매도가능증권의 시가는 1,100원이다. 법인세율은 변동 없이 30%라면 매도가능증권과 관련하여 기중에는 (1) 취득 시 회계처리를 행하고, (2) 기말에는 평가와 법인세 관련 회계처리를 행한 후, (3) 관련 항목을 반영한 부분 재무제표를 작성하시오.

(풀이1) 2X16. 5. 1. 회계처리

(차) 매도가능증권 1,000 (대) 현 금 1,000

(풀이2) 2X16. 12. 31. 회계처리

① 매도가능증권 평가손익인식

(차) 매 도 가 능 증 권 100 (대) 매도가능증권평가이익 100*

* 평가손익 = 1,100 - 1,000 = 100(이익)

② 매도가능증권평가이익에 대한 기간간 배분

(차) 법 인 세 비 용 30 (대) 이 연 법 인 세 부 채 30*

* 가산할 일시적차이 = 100 × 30% = 30

매도가능증권의 경우 회계기준상 장부금액은 공정가치이지만 세무기준액은 원가이므로 장부금액과 세무기준액 간에 차액 100원은 당기에 차감조정을 하고 미래에는 가산조정하는 일시적차이가 된다. 이렇게 가산할 일시적차이가 나타나면 일반적으로 예외가 아니라면 이연법인세부채로 인식한 후 기간간 배분을 통해 소멸시킨다. 따라서 가산할 일시적차이 100원에 대한 법인세효과 30원을 이연법인세부채로 인식하여 법인세비용에 반영한다.

③ 매도가능증권평가이익에 대한 기간내 배분

(차) 매도가능증권평가이익 30 (대) 법 인 세 비 용 30

매도가능증권평가이익은 계속사업손익이 아니라 기타포괄손익항목이므로 이에 따른 법인세효과 30원을 직접 차감하여 순액으로 보고해야 한다. 따라서 상기와 같은 기간내 배분 회계처리를 통하여 아래와 같은 재무제표가 작성된다.

(풀이3) 부분 재무제표

포괄손익계산서(주석)	재무상태표			
…	…		…	
당기순손익	매도가능증권	1,100	이연법인세부채	30
기타포괄손익	…		…	
매도가능증권평가이익(법인세효과 30) 70			매도가능증권평가이익 (기타포괄손익누계액)	70[1]
…			…	

1) 자본에 직접 가감한 법인세효과의 내역은 주석으로 기재한다.

5.3 주석사항

신용분석 시에는 전술한 법인세회계로 야기되는 문제를 정확히 이해하고 재무정보를 올바르게 해석하기 위하여 본문 이외에 관련 사항에 대한 상세한 정보가 필요하다. 따라서 주석에 기재되는 다음 사항을 충분히 검토하여 재무정보에 대한 오해를 최소화해야 한다.

- 계속사업손익법인세비용 또는 법인세비용(중단사업이 없는 경우)의 산출내역(〈표 4-7〉 참고)
- 법인세비용차감전계속사업손익 또는 법인세비용차감전순손익(중단사업손익이 없는 경우)과 법인세비용 간의 관계 설명
- 중단사업손익 법인세효과의 계산근거
- 일시적차이 및 이연법인세자산(이연법인세부채)의 증감내역
- 모든 차감할 일시적차이 및 세무상 결손금 등에 대한 이연법인세자산 및 이연법인세자산의 실현가능성이 미래 과세소득의 발생 여부에 따라 결정되는 경우 실현가능성에 대한 판단에 따라서 인식한 이연법인세자산과 그의 판단근거
- 재무상태표에 이연법인세자산으로 인식되지 아니한 차감할 일시적차이, 미사용 세무상 결손금 및 세액공제 등의 금액 및 만기일
- 이연법인세부채로 인식되지 않은 종속기업, 지분법피투자기업, 조인트벤처의 지분에 대한 투자자산 및 사업용 유형자산인 토지와 관련된 일시적차이 총액
- 자본에 직접 부가되거나 차감된 당기법인세와 이연법인세의 내역
- 세법의 변경 또는 실현가능성의 변경에 따른 이연법인세 자산 및 부채의 변동액
- 상계 전 총액기준에 의한 이연법인세자산과 이연법인세부채 및 당기법인세부채와 당기법인세자산
- 세무상 결손금과 관련된 다음 사항
  - (가) 세무상 결손금이 발생한 회계연도의 당기순손익에 반영한 법인세효과
  - (나) 세무상 결손금에 대한 법인세효과를 당기까지 인식하지 않은 경우 이후 회계연도에 반영가능성 여부
  - (다) 이연법인세자산을 인식하지 않고 이월된 세무상 결손금 중 당기에 소멸된 세무상 결손금의 법인세효과

제6절 법인세배분과 신용분석

법인세 기간간 배분을 행하지 않던 1998년 이전에는 국세청에 실제 지급하는 법인세부담액을 손익계산서상의 법인세비용으로 계상하였지만, 1998년 4월 이후 개시되는 회계연도부터는 법인세배분제도를 사용하여 이연법인세를 인식하게 되었다. 현재는 국제적 정합성을 고려하여 재무상태표 중심의 자산부채법에 따라 이연법인세를 인식하고 있다. 그러나 신용분석의 목적으로는 규정의 유무와 관계없이 법인세 기간간 배분이나 기간내 배분은 필요하다. 일시적차이나 이월결손금 등으로 인한 자산이나 부채를 적절히 평가하고, 계속사업손익의 세후 수치 등을 이용하여 올바른 해석이 필요하기 때문이다. 따라서 신용분석 시 다양한 법인세 문제로 야기될 수 있는 오해를 최소화하기 위해서는 다음의 사항에 유의하여야 한다.

첫째, 세후순이익률 등이 전년도에 비하여 크게 변한 경우 이것이 영업내용 자체의 변화에 의한 것인지 아니면 법인세 세율의 변화에 의한 것인지를 검토하여야 한다. 둘째, 법인세의 유효세율이 특정연도에 급격히 증가 또는 감소하는 경우에는 이것이 일시적차이, 일시적차이 이외의 차이, 또는 이월결손금 등 이들 중 어떤 요인에 의한 것인지를 검토하여야 한다. 이를 위해서 회계기준에 따라 기업이 작성하는 주석사항을 검토할 필요가 있다. 아울러 이러한 원인이 앞으로도 계속될 것인지 또는 그 효과가 어떤 것인지를 파악하여야 할 것이다. 또한 만일 유효세율이 급격히 변한 경우라면 기업의 영업력 파악을 위해서 세후순이익보다는 세전순이익의 움직임을 보는 것이 바람직하다. 셋째, 정상적인 상황을 전제로 하여 예상 손익계산서를 작성하거나 예상 현금흐름을 산출하려면 법인세의 기간간 배분 및 기간내 배분에 관한 구체적인 정보를 재무제표의 주석에서 얻거나 기업으로부터 추가로 얻어야 할 것이다. 넷째, 현행 회계기준에 따르면 결손금 이월공제로 인한 이연법인세자산은 미래 연도의 이익에 대한 실현가능성 판단과 미래 세율을 적용하여 인식하도록 되어있다. 신용분석가들은 이러한 실현가능성 판단과 미래 세율의 추정에 신뢰성이 있는지를 파악하기 위하여 세심한 주의를 기울여야 한다. 이와 관련하여 주석사항을 충분히 검토할 필요가 있다. 다섯째, 이연법인세자산이나 이연법인세부채로 인하여 현금의 유입이나 유출이 수반될 때까지는 오랜 시간이 걸린다. 이러한 이유 때문에 일부 학자는 이연법인세자산과 이연법인세부채를 현재가치로 할인하여야 한다고 주장한다. 그러나 현행 재무제표상에 표시되어 있는 이연법인세자산과 이연법인세부채는 현재가치를 반영하여 측정하지 않고 있다. 신용분석가는 장기적인 이연법인세자산과 이연법인세부채가 미래의 현금흐름에 관한 것임에도 현재가치로 할인된 금액이 아님을 인식하여 신용분석 시 필요하다면 이를 반영할 필요가 있다. 여섯째, 최근 다국적기업에 적용되는 글로벌 최저한세(필라2)의 시행으로 복잡해진 세법을 고려한 법인세회계[7]는 2가지 예외규정을 마련하였다. 일반적인 이연법인세항목과 달리 필라2 법인세에 대한 이연법인세항목은 인식 및 정보공시를 하지 않게 하고, 복잡한 산출과정으로 신뢰성 있는 세액산출이 어려운 경우에는 발생기간이 아닌 신고·납부해야 하는 회계연도에 법인세비용으로 인식할 수 있게 한 것이다. 또한 이러한 예외규정들이 적용된 기업은 해당 예외규정이 적용되었다는 사실과 필라2 법인세 관련 당기법인세비용(수익) 등을 주석으로 공시해야 한다. 따라서 신용분석가는 예외규정의 적용 사실과 관련 정보를 명확히 알고 재무정보를 파악하여야 한다.

7) 자세한 내용은 일반기업회계기준 제22장 법인세회계 문단 22.2의3, 22.46의1, 22.62, 결22.14, 결22.15, 결22.16를 참고한다.

[보론] K-IFRS 제1012호 법인세

IAS 12 Income Taxes에 대응되는 K-IFRS 제1012호 법인세와 일반기업회계기준 제22장 법인세회계는 재무제표상 표시의 차이와 세부적인 공시사항을 제외하면 재무상태표 중심의 자산부채법에 따라 이연법인세를 인식하는 회계처리는 거의 동일하다. 다만, 관련 항목의 회계기준에 근거하여 법인세회계가 행하여지는 경우에는 법인세 회계기준 간 회계처리의 차이는 불가피하다. 이러한 세부적인 사항을 제외하면, K-IFRS 제1012호 법인세는 특히 이연법인세자산의 실현가능성 검토와 관련하여 일반기업회계기준과 달리 보다 명확한 규정을 두고 있다. 이러한 내용은 신용분석 시 이연법인세자산의 실현가능성 판단에 대한 신뢰성을 파악하는 데 도움이 될 것으로 판단된다. 따라서 K-IFRS에 언급된 이연법인세자산의 실현가능성 검토 시 고려사항을 간략히 소개하면 다음과 같다.

첫째, 차감할 일시적차이를 사용할 수 있는 과세소득이 발생할지를 평가할 때에는 그 차감할 일시적차이가 소멸될 때 공제할 수 있는 과세소득의 원천을 세법에서 제한하는지를 고려해야 한다. 세법에서 그러한 제한을 두지 않는다면 개별차감할 일시적차이를 다른 모든 차감할 일시적차이와 통합하여 평가한다. 그러나 세법에서 손실을 특정유형의 이익에서 공제하는 데에만 사용하도록 제한한다면 개별차감할 일시적차이는 그러한 적절한 유형의 다른 차감할 일시적차이와만 통합하여 평가한다.

둘째, 미래 회계기간에 충분한 과세소득이 있을지를 평가할 때 즉, 차감할 일시적차이와 그 차감할 일시적차이의 소멸에서 생기는 과세소득을 결정할 때 차감할 금액(이하 '세무상 공제'라고 한다)을 제외한 미래 과세소득을 비교한다. 이 비교로 그 차감할 일시적차이의 소멸에서 생기는 금액을 공제하기에 미래 과세소득이 충분한지를 알 수 있다.

셋째, 2014년 8월에 IASB는 공정가치로 측정하는 채무상품의 미실현손실에 대한 이연법인세자산의 인식에 대한 요구사항을 명확히 하기 위하여 IAS 12 Income Taxes 개정 공개초안을 발표하고, 2016년 1월에 '미실현손실에 대한 이연법인세자산 인식(IAS 12 개정)'을 공표하였다. 이에 K-IFRS 제1012호 법인세는 본 개정 사항을

2016년 11월 15일에 의결하고, 12월 28일에 발표하여 2017년 1월 1일부터 적용하도록 하였다. 미실현손실에 대한 이연법인세자산에 대한 인식 여부는 해당 채무상품의 유형은 무엇이며, 채무상품의 보유자가 채무상품의 장부금액을 매각이나 보유 중 어떤 방법으로 회수할 것인지, 발행자가 계약상 현금흐름을 모두 지급할 가능성이 높은지 등 매우 복잡한 많은 요인들을 고려하여 판단하도록 하였다. 이와 관련된 자세한 내용은 해당 기준서 또는 다른 회계학 교재를 참고하길 바란다.

연습문제 객관식

01 다음 중 이연법인세항목의 측정에 관한 설명으로 옳은 것은?

① 수익비용대응의 원칙　　② 기간비용계산의 원칙

③ 자산과 부채의 적절한 평가　　④ 기간비용계산의 보수성

02 다음 중 법인세회계에 관한 설명으로 옳지 않은 것은?

① 재무상태표에는 과세소득에 기초하여 계산한 법인세부담액과 세무조정액에 기초하여 계산한 이연법인세항목을 구분하여 표시한다.

② 법인세비용은 당기법인세부담액에 이연법인세자산·부채의 변동액을 가감하여 산정한다.

③ 이연법인세자산·부채는 해당하는 일시적차이의 소멸연도에 적용될 세율로 측정한다.

④ 이연법인세자산과 이연법인세부채는 유동 및 비유동항목으로 구분하여 표시하고, 모든 이연법인세자산과 이연법인세부채는 상계처리하여 계상한다.

03 다음 중 2X16년에 설립된 ㈜삼청의 2X16년도 세무조정항목이 다음과 같을 때 이연법인세부채로 인식될 항목은 모두 몇 개인가?

재고자산평가손실, 감가상각비한도초과액, 선수수익, 미수수익

① 0개　　② 1개

③ 3개　　④ 4개

04 다음 중 2X16년에 설립된 ㈜삼청의 2X16년도 세무조정항목은 선수수익 1,000,000원 뿐이다. 당기 법인세율은 20%이며 이후 법인세율은 세법개정으로 22%일 때 2X16년 말 재무상태표에 표시될 이연법인세항목은 무엇인가? 단, 향후 충분한 과세소득의 발생가능성이 매우 높은 것으로 가정하자.

① 이연법인세자산 200,000원　　② 이연법인세자산 220,000원

③ 이연법인세부채 200,000원　　④ 이연법인세부채 220,000원

05 다음 중 법인세 기간간 배분의 대상으로 옳은 것은?

① 벌금　　② 인정이자

③ 미수수익　　④ 접대비한도초과액

연습문제 객관식

06 다음 중 법인세회계에 관한 설명으로 옳지 않은 것은?

① 이월결손금에서 기인하는 법인세 감세효과는 결손금 발생시점에 무조건 인식한다.
② 법인세 기간간 배분은 자산부채법에 따라 미래 세율을 적용하여 측정한다.
③ 법인세비용은 당기법인세에 이연법인세를 반영하여 산정한다.
④ 이연법인세자산과 이연법인세부채는 유동·비유동의 구분표시를 적용한다.

07 다음 중 법인세 기간간 배분의 대상으로 옳지 않은 것은?

① 비과세소득　② 품질보증비용
③ 미수수익　④ 선수수익

08 ㈜한국의 지난 2년간 법인세차감전 회계이익 및 과세표준액은 다음과 같다. 법인세율은 30%이며 세전이익과 과세표준액의 차이는 모두 일시적차이라고 가정할 때 ㈜한국의 2X17년도 당기순이익으로 옳은 것은?

	법인세차감전 회계이익	과세표준액
2X16년	330,000	270,000
2X17년	380,000	480,000

① 186,000원　② 266,000원
③ 236,000원　④ 299,000원

09 다음 중 법인세율이 단일세율로서 변하지 않는 경우라도 법인세차감전순이익과 법인세차감후순이익의 비례관계가 깨어지는 요인으로 옳은 것은?

① 차감할 일시적차이　② 이월결손금
③ 일시적차이 이외의 차이　④ 가산할 일시적차이

10 다음 중 일시적차이에 대한 법인세효과가 나머지와 다른 항목으로 옳은 것은?

① 품질보증비　② 감가상각비한도초과액
③ 미수수익　④ 재고자산평가손실

연습문제 객관식

[11~13] 다음은 ㈜바다의 7년간에 걸친 회계이익(손실) 내용이다. 2X10년부터 2X16년까지 ㈜바다의 회계이익과 이월결손금 공제전 과세표준액은 모두 같으며, 법인세율도 모두 30%로 동일하다. 또한 2X13년도와 2X14년도에는 각각 이후 회계연도에 충분한 과세소득으로 이연법인세의 실현이 확실할 것으로 예상하고, 이월결손금의 공제한도는 없다고 가정하자(단위는 원이다).

11 위에 주어진 상황에서 ㈜바다의 2X14년도 당기순손익으로 옳은 것은?

연도	회계이익(손실)
2X10	100,000
2X11	60,000
2X12	30,000
2X13	(50,000)
2X14	(100,000)
2X15	60,000
2X16	140,000

① △150,000 ② △100,000
③ △70,000 ④ 0

12 다음 중 위에 주어진 상황에서 ㈜바다의 2X15년도 당기순이익으로 옳은 것은?

① 7,000원 ② 42,000원
③ 10,000원 ④ 60,000원

13 다음 중 위에 주어진 상황에서 ㈜바다의 2X15년 말 재무상태표에 표시될 이연법인세자산으로 옳은 것은?

① 0원 ② 27,000원
③ 30,000원 ④ 45,000원

14 정상적인 영업활동에서 조달된 현금흐름을 세공제 후 기준으로 파악하기 위하여 흔히 '( ) + 감가상각비 × 세율'의 공식을 사용한다. ( ) 안에 들어갈 항목은?

① 영업이익 ② 법인세차감후계속사업이익
③ 법인세차감전계속사업이익 ④ 당기순이익

연습문제 객관식

15 다음 중 법인세 기간내 배분에 대한 설명으로 옳지 않은 것은?

① 기타포괄손익항목을 세공제 후 수치로 보고하기 위한 제도이다.

② 중단사업과 관련된 손익항목도 법인세 기간내 배분은 필요하다.

③ 신용분석 시 미래 현금흐름을 예측하는 경우에 법인세 기간내 배분의 필요성은 크다.

④ 법인세 기간내 배분을 행하면 세전이익과 세후이익 간에 비례관계는 잘 유지된다.

16 다음 중 자산부채법에 따라 계상되는 총법인세비용에 대한 설명으로 옳은 것은?

① 법인세부담액에 이연법인세자산이나 이연법인세부채의 변동액을 가감하여 계산한다.

② 법인세부담액에 이연법인세자산이나 이연법인세부채 잔액을 가감하여 계산한다.

③ 이연법인세자산이나 이연법인세부채는 법인세부담액과 동일한 세율을 적용하여 측정한다.

④ 계속사업손익에 해당하는 법인세효과만을 의미한다.

17 다음 중 서로 관련 있는 것끼리 짝지은 것으로 옳지 않은 것은?

① 일시적차이 - 법인세 기간내 배분의 대상

② 자기주식처분손익 - 법인세 기간내 배분의 대상

③ 이연법인세부채 - 미래 법인세부담액을 증가시켜주는 부채

④ 이연법인세자산 - 미래 법인세부담액을 감소시켜주는 자산

18 다음 중 법인세회계에 관한 설명으로 옳지 않은 것은?

① 세법상 인정되는 각종 준비금은 일시적차이를 유발하지 않는다.

② 미수수익으로 인식되는 이익은 일시적차이에 해당되므로 법인세 기간간 배분을 요한다.

③ 이연법인세자산은 실현가능성을 검토한 후 인식해야 한다.

④ 세후이익을 쉽게 파악하려면 법인세의 기간내 배분이 필요하다.

연습문제 객관식

19 **다음 중 법인세 기간내 배분에 관한 설명으로 옳지 않은 것은?**

① 수익비용대응의 원칙에 따라 관련 항목에 대응하여 법인세효과를 보고하는 방법이다.

② 자본거래에서 발생한 법인세효과를 해당 항목에서 직접 차감하여 표시하는 형식이다.

③ 중단사업손익에 기인한 법인세효과를 직접 중단사업손익에서 직접 차감하여 표시한다.

④ 기타포괄손익항목에서 발생한 법인세효과는 손익계산서에 법인세비용으로 표시한다.

20 **다음 중 법인세 기간내 배분을 위한 회계처리가 필요한 항목으로 옳은 것은?**

① 단기매매증권평가이익　　② 이자비용

③ 감가상각비　　④ 자기주식처분이익

연습문제 주관식

01 다음의 자료는 ㈜삼청의 회계기록에서 입수한 것이다.

연 도	회계이익	세무조정 : 감가상각비 차이	과세표준액	법인세부담액 (30%)
2X16	20,000	-20,000	0	0
2X17	60,000	-20,000	40,000	12,000
2X18	120,000	-100,000	20,000	6,000
2X19	180,000	-120,000	60,000	18,000
2X20	80,000	60,000	140,000	42,000
2X21	20,000	200,000	220,000	66,000
합 계	480,000	0	480,000	144,000

요구사항

1) 2X16년부터 2X21년까지 6년간의 법인세비용, 당기법인세부담액, 이연법인세의 증감액, 이연법인세 계정잔액을 다음의 형식에 의하여 산출하시오.

연 도	법인세비용	당기법인세 부담액	이연법인세 증(감)액	이연법인세 계정잔액

2) 위 1)에서 산출된 내용에 근거하여 각 연도 말에 필요한 회계처리를 행하시오.

풀이1 :

연도	법인세비용	당기법인세 부담액	이연법인세 증(감)액	이연법인세 계정잔액
2X16	₩ 6,000	₩ 0	₩ 6,000	₩ 6,000
2X17	18,000	12,000	6,000	12,000
2X18	36,000	6,000	30,000	42,000
2X19	54,000	18,000	36,000	78,000
2X20	24,000	42,000	(18,000)	60,000
2X21	6,000	66,000	(60,000)	0

연습문제 주관식

풀이2 :

① 2X16. 12. 31. 회계처리

(차) 법 인 세 비 용	6,000	(대) 이연법인세부채	6,000

② 2X17. 12. 31. 회계처리

(차) 법 인 세 비 용	18,000	(대) 당기법인세부채	12,000
		이연법인세부채	6,000

③ 2X18. 12. 31. 회계처리

(차) 법 인 세 비 용	36,000	(대) 당기법인세부채	6,000
		이연법인세부채	30,000

④ 2X19. 12. 31. 회계처리

(차) 법 인 세 비 용	54,000	(대) 당기법인세부채	18,000
		이연법인세부채	36,000

⑤ 2X20. 12. 31. 회계처리

(차) 법 인 세 비 용	24,000	(대) 당기법인세부채	42,000
이연법인세부채	18,000		

⑥ 2X21. 12. 31. 회계처리

(차) 법 인 세 비 용	6,000	(대) 당기법인세부채	66,000
이연법인세부채	60,000		

연습문제 주관식

02 2X16년 초에 설립된 ㈜삼청의 당해 연도 세무조정 관련 자료는 다음과 같다. 당기 세율은 30%이며, 당기 말 세법개정으로 인하여 차기부터 25%의 세율이 적용될 예정이다. 이러한 경우 당기 손익계산서에 계상될 (1)법인세비용을 계산하고, (2)관련된 회계처리를 행하시오.

회계이익		₩11,000,000	
세무조정	감가상각비한도초과액	2,000,000	(2X17년에 소멸됨)
	접대비한도초과액	700,000	
	비과세이자수익	200,000	

풀이1 :

세무조정 내역을 일시적차이와 그 이외의 차이로 구분하여 아래의 단계에 따라 법인세비용을 계산한다.

① 당기법인세부채 = 과세표준 × 당기 세율
= (₩11,000,000 + ₩2,000,000 + ₩700,000 - ₩200,000) × 30%
= ₩13,500,000 × 30% = ₩4,050,000

② 일시적차이에 대한 법인세효과를 이연법인세항목으로 인식
: 이연법인세자산 = ₩2,000,000 × 25% = ₩500,000(유동항목)

③ 법인세비용 = ₩4,050,000 - ₩500,000 = ₩3,550,000

풀이2 :

2X16. 12. 31. 회계처리

(차) 법 인 세 비 용	3,550,000	(대) 당기법인세부채	4,050,000
이연법인세자산	500,000		

연습문제 주관식

03 다음은 ㈜종로의 2X16년 회계자료 중 일부이다.

당기순손실(법인세비용전)	(1,400,000)
이자수익 미수분	(600,000)
과세소득(결손금)	(2,000,000)
세율	30%
법인세부담액	0

당사는 2X16년 이전에 발생한 일시적차이는 없다. 당기에 발생한 일시적차이인 이자수익 미수분은 비유동항목으로 2X18년에 ₩300,000이 추인될 것이며, 나머지는 2X19년에 추인될 것이다. 2X17년 이후 법인세율은 25%(입법완료)가 될 것으로 보인다. 또한 당사는 동일한 유동 및 비유동 구분 내의 이연법인세자산과 이연법인세부채를 상계하여 표시한다. 이월결손금에 대한 법인세효과의 실현이 확실한 경우, (1) 2X16년 말에 필요한 회계처리 내용을 제시하고, (2) 법인세비용이 표시된 부분 손익계산서를 제시하시오. 단, 결손금 이월공제는 2X17년에 1,500,000원이 실현될 것이며, 나머지는 2X18년이면 실현이 완료될 것으로 가정한다.

풀이1 :

2X16. 12. 31. 회계처리

(차) 이연법인세자산(유동)	375,000	(대) 법 인 세 수 익	350,000
		이연법인세부채(비유동)	25,000

-일시적차이에 대한 이연법인세

: 이연법인세부채 = ₩600,000 × 25% = ₩150,000(비유동)

-이월결손금에 대한 이연법인세

: 이연법인세자산(2X17년분) ₩1,500,000 × 25% = ₩375,000(유동)

이연법인세자산(2X18년분) ₩500,000 × 25% = ₩125,000(비유동)

풀이2 :

부분 손익계산서

2X16. 1. 1. ~ 2X16. 12. 31.	(단위 : ₩)
법인세비용차감전 당기순손실	(1,400,000)
법인세수익	350,000
당기순손실	(1,050,000)

04 ㈜종로는 2X15년과 2X16년에 각각 ₩700,000과 ₩1,500,00의 법인세차감전계속사업이익을 보고하였다. 당사의 중단사업은 존재하지 않았다. 2X15년과 2X16년의 법인세율은 30%로 ₩210,000과 ₩450,000의 법인세를 부담하였다. 그러나 2X15년에는 세액공제의 대상이 되는 투자를 많이 한 결과 조세특례제한법에 의한 세액공제금액이 ₩300,000이 발생하였다. 2X15년과 2X16년에 일시적차이나 그 이외의 차이는 없다고 가정한다.

요구사항

1) 2X16년에 이월세액공제를 통하여 법인세혜택의 실현이 확실하다고 가정하고, 2X15년과 2X16년에 필요한 회계처리를 행하시오.
2) 이월세액공제를 통하여 법인세혜택의 실현이 불가능하다고 가정하고, 2X15년과 2X16년에 필요한 회계처리를 행하시오.

풀이1 :

세액공제의 이월공제에 따른 법인세효과는 본문에서 다루지 않은 내용이지만 이월결손금의 회계처리와 동일하므로 아래의 설명을 참조하여 이해한다.

① 2X15. 12. 31. 회계처리

(차) 이연법인세자산	90,000	(대) 법 인 세 수 익	90,000

- 법인세부담액 = 산출세액 - 세액공제 = ₩210,000(= ₩700,000 × 30%) - ₩210,000 = ₩0
- 이연법인세자산 변동액 = ₩90,000(₩300,000 - ₩210,000) - ₩0 = ₩90,000(증가)
- 법인세비용 = ₩0 - ₩90,000 = ₩90,000(법인세수익)

연습문제 주관식

② 2X16. 12. 31. 회계처리

(차) 법 인 세 비 용	450,000	(대) 당기법인세부채	360,000
		이연법인세자산	90,000

- 법인세부담액 = 산출세액 - 세액공제이월액 = ₩450,000(= ₩1,500,000 × 30%) - ₩90,000 = ₩360,000
- 이연법인세자산변동액 = ₩0 - ₩90,000 = ₩90,000(감소)
- 법인세비용 = ₩360,000 + ₩90,000 = ₩450,000

풀이2 :

① 2X15. 12. 31. 회계처리 없음.

-법인세부담액 = ₩210,000(산출세액) - ₩210,000(세액공제) = ₩0

-이연법인세자산 = ₩0

-법인세비용 = ₩0

② 2X16. 12. 31. 회계처리

(차) 법 인 세 비 용	360,000	(대) 당기법인세부채	360,000

-법인세부담액 = ₩450,000(산출세액) - ₩90,000(세액공제이월액) = ₩360,000

-이연법인세자산변동액 = ₩0

-법인세비용 = ₩360,000

연습문제 주관식

05 ㈜갑은 2X16년 중에 토지를 10,000,000원에 취득하여 재평가모형을 적용한다. ㈜갑이 당기 및 차기 이후에 적용할 법인세율은 20%라고 가정할 때, 아래의 각 독립적인 요구사항에 답하시오.

요구사항

1) 2X16년 기말 토지의 공정가치가 9,500,000원일 때, 필요한 회계처리를 행하시오. 단, 이연법인세자산의 인식조건이 충족한다고 가정하고, 재평가손익의 법인세효과를 고려한 회계처리를 포함한다.

2) 2X16년 기말 토지의 공정가치가 10,500,000원일 때, 재평가손익의 법인세효과를 포함하여 필요한 회계처리를 행하시오.

풀이1 :

2X16. 12. 31. 회계처리

① 평가손익 회계처리

(차) 재 평 가 손 실 (당 기 손 익)	500,000*	(대) 토 지	500,000

* ₩9,500,000 - ₩10,000,000 = ₩500,000(손실)

② 당기법인세효과 회계처리

(차) 법 인 세 비 용	100,000*	(대) 당기법인세부채	100,000

* 재평가손실은 가산되는 세무조정항목이므로 ₩100,000(=₩500,000×20%)만큼 당기법인세부채를 증가시킨다.

③ 이연법인세효과 회계처리

(차) 이연법인세자산	100,000*	(대) 법 인 세 비 용	100,000

* 재평가손실 ₩500,000은 당기 세무조정 중 가산항목이며 미래에는 차감할 일시적차이가 된다. 따라서 미래 세율변동은 없으므로 ₩500,000 × 20% = ₩100,000을 이연법인세자산으로 인식한다.

연습문제 주관식

풀이2 :

2X16. 12. 31 회계처리

① 평가손익 회계처리

(차) 토지	500,000*	(대) 재평가잉여금 (기타포괄손익)	500,000

* ₩10,500,000 - ₩10,000,000 = ₩500,000

② 당기법인세효과 회계처리 없음*

* 재평가잉여금은 일시적차이로 가산되는 세무조정항목이지만 기타포괄손익항목이므로 세전이익에는 미 포함되어 있다. 따라서 다시 기타의 차감되는 세무조정항목이 되어 당기법인세효과는 없다.

③ 이연법인세효과 회계처리

(차) 법인세비용	100,000*	(대) 이연법인세부채	100,000

* 재평가잉여금 ₩500,000은 당기 세무조정 중 차감항목이며 미래에는 가산할 일시적차이가 된다. 따라서 미래 세율변동은 없으므로 ₩500,000 × 20% = ₩100,000을 이연법인세부채로 인식한다.

④ 법인세 기간내 배분 회계처리

(차) 재평가잉여금	100,000*	(대) 법인세비용	100,000

* 재평가잉여금 ₩500,000은 기타포괄손익항목이므로 해당 법인세효과 ₩100,000을 총법인세효과에서 제거하고 재평가잉여금에 직접 대응시킨다. 따라서 재평가잉여금은 이연법인세가 차감된 후의 순액으로 보고된다.

정답 및 해설

01 ③

≫ 이연법인세항목의 측정은 자산부채법에 따라 자산과 부채의 적절한 평가를 우선하는 개념이다.

02 ④

≫ 이연법인세자산과 부채는 유동 및 비유동항목으로 구분하여 표시해야 하며, 동일한 유동 및 비유동의 각 구분 내에서는 이연법인세자산과 이연법인세부채가 동일한 과세당국에 의하여 관리되는 경우에 각각 상계한다.

03 ②

≫ 이연법인세부채는 세무조정이 발생하는 첫해 연도에는 차감조정항목이지만 미래 연도에는 가산할 일시적차이에 해당되므로 미래의 과세소득을 증가시킨다. 따라서 상기 세무조정항목 중 차감항목인 미수수익만 이연법인세부채로 인식한다.

04 ②

≫ 당해 연도 가산조정항목인 선수수익은 미래 연도에는 차감할 일시적차이에 해당되며, 미래 과세소득의 발생가능성은 매우 높다. 따라서 ₩1,000,000에 대한 법인세효과는 미래 세율 22%를 적용하여 이연법인세자산 ₩220,000으로 인식한다.

05 ③

≫ 미수수익을 제외하고 나머지는 모두 일시적차이 이외의 차이에 해당된다.

06 ①

≫ 결손금이 발생한 이후 연도의 충분한 과세소득으로 감세효과의 실현가능성이 거의 확실한 경우에 한하여 결손금 발생시점에 이연법인세자산을 인식할 수 있다.

정답 및 해설

07 ①

≫ 국가, 지방정부 및 특수기관이 발행하는 채권 등의 이자와 같은 비과세소득은 일시적차이 이외의 차이에 해당되므로 이연법인세 회계처리의 대상이 아니다.

08 ②

≫ 가산조정이므로 이연법인세자산 = ₩100,000원 × 30% = ₩30,000, 법인세부담액 = ₩480,000 × 30% = ₩144,000, 법인세비용 = ₩144,000 - ₩30,000 = ₩114,000
∴ 당기순이익 = ₩380,000 - ₩114,000 = ₩266,000

09 ③

≫ 세전순이익과 세후순이익 간에 비례관계를 갖도록 법인세비용을 계상하고 손익계산서에 표시하자는 것이 법인세배분회계의 목적이다. 그러나 일시적차이 이외의 차이는 발생기준으로 법인세비용에 반영하지 못하므로 비례관계를 유지하기 어렵다.

10 ③

≫ 품질보증비, 감가상각비한도초과액, 재고자산평가손실은 모두 손금불산입항목이므로 미래에 차감할 일시적차이에 해당된다. 따라서 이에 대한 법인세효과는 이연법인세자산으로 인식해야 한다. 반면 미수수익은 익금불산입항목이므로 미래에 가산할 일시적차이에 해당된다. 따라서 이에 대한 법인세효과는 이연법인세부채로 인식해야 한다.

11 ③

≫ 2X14년도에는 과세표준이 0이 되므로 법인세부담액은 없다. 하지만 차기 연도에 이익실현이 예상되므로 이연법인세자산과 법인세수익으로 30,000원(= 100,000 × 30%)을 인식해야 한다. 따라서 당기순손익은 △70,000원(= △100,000 + 30,000)이 된다.

정답 및 해설

12 ②

≫ 2X15년도 과세표준은 이월결손금공제전 과세표준액 60,000원에서 이월결손금 60,000을 공제하여 0이다. 따라서 법인세부담액은 없지만 이연법인세자산은 18,000원이 소멸되면서 법인세비용 18,000원이 인식된다. 따라서 2X15년도 당기순이익은 42,000원(= 60,000 - 18,000)이다.

13 ②

≫ 2X15년 초에 이연법인세자산은 45,000원(= 150,000 × 30%)이지만 과세표준에서 이월결손금 60,000원을 공제하므로 이연법인세자산 18,000원(= 60,000 × 30%)이 소멸된다. 따라서 2X15년 말에 보고될 이연법인세자산은 27,000원(= 90,000 × 30%)이다.

14 ②

≫ '법인세차감후계속사업이익 + 감가상각비 × 세율'은 정상적인 영업활동에서 조달된 현금흐름에 대한 세공제후기준을 의미한다.

15 ④

≫ 법인세 기간내 배분을 행하여도 세율의 변동과 발생기준으로 반영되지 않은 일시적차이 이외의 차이로 인하여 세전이익과 세후이익 간의 비례관계는 유지가 어렵다.

16 ①

≫ 회계기준에서는 자산부채법에 따라 법인세부담액에 이연법인세자산이나 부채의 변동액을 가감하여 법인세비용을 계산한다.

17 ①

≫ 일시적차이는 법인세 기간간 배분의 대상을 의미한다.

정답 및 해설

18 ①

≫ 세법상 인정되는 각종 준비금은 일시적차이에 해당된다.

19 ④

≫ 기타포괄손익항목에서 발생한 법인세효과는 해당 항목에서 직접 차감하여 주석에 공시한다.

20 ④

≫ 자기주식처분이익은 자본거래이기 때문에 손익계산서상 법인세비용이 아닌 자기주식처분이익에서 직접 차감하는 형식으로 법인세효과를 회계처리한다.

제V장

건설형 공사계약

학습목표

- 건설형 공사계약의 주요 특징을 통하여 공사수익의 인식기준을 이해할 수 있다.
- 공사원가의 구성요소와 공사진행률의 계산방법을 이해하여 기간별 공사손익을 구할 수 있다.
- 건설회사의 신용분석 시 진행기준과 경제여건의 한계점을 이해하고 이를 극복하기 위한 유의사항을 이해할 수 있다.

학습개요

본 장에서는 건설형 공사계약의 주요 특징에 따라 진행기준에 의한 기간별 공사손익이 계산되는 과정을 설명하고, 건설회사의 신용분석 시 진행기준과 경제여건의 한계점을 극복하기 위한 유의사항을 소개한다. 이를 위해

첫째, 건설형 공사계약의 의의와 종류를 제시하고 공사원가의 구성요소와 공사진행률 계산방법을 설명한다.

둘째, 공사손실충당부채와 하자보수충당부채의 회계처리를 제시하여 기간별 공사손익의 정확한 계산방법을 설명한다.

셋째, 건설회사의 신용분석 시 진행기준과 경제여건의 한계점을 극복하기 위한 유의사항을 소개한다.

제1절 건설형 공사계약의 기초개념

건설계약은 일반 제조업처럼 동일한 제품을 반복적으로 생산하는 것이 아니라 하나의 특정자산을 장기간에 걸쳐 건설하는 과정을 통하여 수익을 창출한다는 특징을 가진다. 특히 원재료 구입에서부터 제품완성에 이르기까지 소요되는 기간이 일반 제조업에 비하여 상대적으로 길다. 이렇게 건설계약은 용역 수행이 여러 회계기간에 걸쳐 진행되므로 통상 1년 기준인 회계처리에서 각 기간별로 수익과 비용을 대응시키는 것은 어려운 일이다. 즉, 제조업과 같이 제품을 완성하여 판매하는 기간이 1년 이내인 경우에는 수익과 비용의 대응이 비교적 용이하지만, 건설계약의 경우는 그렇지 못한 경우가 자주 발생한다. 그 결과 회계기간별 경영성과의 측정이 어려워지는데 이러한 어려움을 해결하기 위하여 나타난 것이 진행기준을 적용하는 건설형 공사계약 회계기준[1]이다.

상기된 특징 이외에도 건설형 공사계약은 대부분이 도급계약의 형태로 유형자산을 건설하거나 개량하는 제반 작업을 수행한다는 특징을 가진다. 도급계약서에는 구체적인 작업범위와 도급가격 또는 그 결정기준 및 지급방법이 명시되어 있기 때문에 공사기간 중에 수익금액의 합리적인 측정을 가능하게 한다는 것을 의미한다. 예를 들면, 청약을 받아 분양하는 아파트와 같이 예약매출에 의한 건설공사계약의 경우 공사기간 중에 수익금액의 합리적 측정이 가능하여 후술하는 진행기준의 적용이 가능하다. 그러나 진행기준을 적용하여 수익을 인식하기 위해서는 공사결과를 신뢰성 있게 추정할 수 있어야 하는데 이러한 추정은 계약과 관련된 경제적 효익의 유입가능성이 매우 높고, 그와 관련된 금액을 합리적으로 측정할 수 있어야 한다는 조건이 모두 충족될 때 가능하다.

1) K-IFRS 제1011호 '건설계약'은 일반기업회계기준 제16장 '수익' 제2절 '건설형 공사계약'의 회계처리와 많은 차이를 보인다. 또한 현행 수익기준 적용의 실무적 다양성에 따른 문제점을 제거하고, 비교가능성을 제고시키기 위하여 K-IFRS 제1015호 '고객과의 계약에서 생기는 수익'이 새로 제정되었다. 이 새로운 기준서로 2018년 1월 1일부터 의무 적용되면 기존 K-IFRS 제1011호 건설계약, 제1018호 수익은 폐기된다. 따라서 본 서는 새로 제정된 K-IFRS 제1015호에 대한 내용만 보론에 간단히 소개한다.

1.1 건설형 공사계약의 적용범위

건설형 공사계약이란 단일자산의 건설공사를 위해서 체결되거나 또는 설계나 기술, 기능 또는 그 최종적 목적이나 용도에 있어서 밀접하게 상호 연관되어 있는 복수자산의 건설공사를 위해 합의된, 법적으로 구속력 있는 계약을 말한다. 여기에는 일반적으로 건물이나 교량, 댐, 파이프라인, 도로, 터널 등의 건설공사계약을 의미하지만, 이외에도 선박이나 항공기, 레이더·무기·우주장비 등의 복잡한 전자장비의 제작과 같은 특별한 주문생산형 공사계약도 포함한다. 예를 들면, 제련소, 기타 복잡한 생산설비나 기계장치의 건설형 공사계약이 여기에 해당된다.

이처럼 건설형 공사계약은 일반 제조업처럼 동일한 제품을 반복적으로 생산하는 것이 아니라 특정한 자산을 장기간에 걸쳐 건설하는 과정을 통하여 수익을 창출한다. 따라서 본 장의 주요 내용은 공사수익과 공사원가를 공사가 수행되는 회계기간에 적절하게 배분하여 인식하는 회계처리라 할 수 있다. 여러 기간에 걸친 공사기간 중에 이러한 인식이 가능한 이유는 사전에 확정된 계약에 따라 총공사수익과 총공사원가의 추정이 가능하기 때문이다. 공사진행 정도에 따라 이익을 인식할 수 있는 건설형 공사계약의 유형에는 건설업뿐만 아니라 공사계약의 형태가 이와 유사한 기타 산업도 포함될 수 있다. 회계기준에서 제시한 건설형 공사계약에 포함되는 계약과 이에 적용하지 아니하는 계약의 예를 요약하면 〈표 5-1〉과 같다.

표 5-1 건설형 공사계약의 유형 여부

적용하는 계약	적용하지 아니하는 계약
• 건물이나 교량, 댐, 파이프 라인, 도로, 터널 등의 건설공사계약 • 선박이나 항공기, 레이더, 무기, 우주장비 등의 특별한 주문생산형 건설공사계약 • 설계, 기술, 기능 또는 그 최종 목적이나 용도에 있어서 밀접하게 상호 관련된 복수자산의 건설공사계약 • 공사감리나 설계용역의 계약과 같이 자산의 건설공사와 직접적으로 관련된 용역제공계약 • 자산의 철거나 원상회복, 그리고 자산의 철거에 따르는 환경의 복구에 관한 계약 • 청약을 받아 분양하는 아파트 등 예약매출에 의한 건설공사계약	• 구매자가 규격을 정하여 주문한 제품이지만 표준화된 제조공정에서 생산한 후 통상적인 영업망을 통해 판매하고, 수익을 판매기준에 따라 인식할 수 있으며 매출원가가 재고자산의 평가를 통하여 산출될 수 있는 제품의 공급계약 • 규격화된 제품을 일정기간 동안의 반복생산을 통하여 공급하거나 보유 재고를 공급하는 계약

1.2 공사계약의 병합과 분할

건설형 공사계약에 대한 회계처리는 공사계약별로 적용함을 원칙으로 한다. 그러나 계약내용의 경제적 실질을 올바로 반영하고 기간손익의 왜곡을 방지하기 위하여 동일계약 내에서도 일정한 조건을 충족하는 경우에는 구분 가능한 부분별로 적용하거나 여러 계약을 하나의 계약으로 보아 적용해야 한다. 즉, 건설형 공사계약에 대한 회계처리는 공사계약별로 회계처리하는 것이 원칙이지만 경우에 따라서는 공사계약을 분할하거나 병합하여 적용해야 한다. 이러한 경우를 자세히 살펴보면 다음과 같다.

첫째, 여러 자산의 건설공사에 대하여 단일의 계약을 체결하였더라도 아래에 제시된 조건을 모두 충족하는 경우에는 여러 자산의 건설공사를 각각 독립된 건설공사로 본다. 따라서 조건을 모두 충족하면 단일계약이라 하더라도 복수계약으로 분할하여 회계처리하고, 조건이 모두 충족되지 않으면 단일계약 그대로 하나의 공사계약으로 회계처리한다.

- 각 자산에 대하여 별개의 공사제안서가 제출되고,
- 각 자산에 대해 독립된 협상이 이루어졌으며, 발주자와 건설사업자는 각 자산별로 계약조건의 수락 또는 거부가 가능하며,
- 각 자산별로 원가와 수익의 인식이 가능한 경우

둘째, 아래에 제시된 조건을 모두 충족시키는 경우에는 복수계약 전체를 단일건설형 공사계약으로 본다. 따라서 조건을 모두 충족하는 복수계약은 단일계약으로 가정하여 하나의 공사계약으로 병합하여 회계처리하고, 조건이 모두 충족되지 않으면 복수계약을 각각의 공사계약으로 회계처리한다.

- 복수의 계약이 일괄적으로 협상되고,
- 설계, 기술, 기능 또는 최종 용도에서 복수의 계약이 상호 밀접하게 연관되어 사실상 단일목표이윤을 추구하는 하나의 프로젝트이며,
- 복수의 계약이 동시에 진행되거나 연쇄적으로 이행된 경우

셋째, 아래에 제시된 경우에는 발주자의 요구나 계약의 수정에 따라 추가되는 자산의 건설공사를 독립된 건설공사로 본다. 따라서 이러한 경우에는 별도의 건설계약으로 보고 분할하여 회계처리한다.

- 추가되는 자산이 설계, 기술, 기능에 있어서 원래의 계약에 포함된 자산과 유의적으로 차이가 있는 경우
- 추가공사의 공사계약금액이 원래 계약상의 공사계약금액과 별도로 협상되는 경우

1.3 공사계약의 분류

건설형 공사계약은 다양한 형태로 이루어질 수 있다. 다만, 회계기준에서는 정액계약과 원가보상계약으로 분류하고 있다. 정액계약이란 계약금액을 정액으로 하거나 산출물단위당 가격을 정액으로 하는 건설형 공사계약으로 경우에 따라서는 물가연동

조항이 포함되는 경우가 있다. 반면, 원가보상계약이란 원가의 일정비율이나 정액의 수수료를 원가에 가산하여 보상받는 건설형 공사계약으로 이 경우 원가는 당사자 간에 인정되거나 계약서에 원가의 범위를 정한다. 이 중 정액계약에 해당하는 건설형 공사계약의 수익과 비용 인식방법을 다음 절에 상세히 다룬다. 이에 대한 이해를 돕고자 관련 용어들을 제시하면 〈표 5-2〉와 같다.

표 5-2 건설형 공사계약 용어의 정의

용어	정의
건설형 공사계약	단일자산의 건설공사 또는 설계나 기술, 기능 또는 그 최종적 목적이나 용도에 있어서 밀접하게 상호 연관되어 있는 복수자산의 건설공사를 위해 합의된, 법적으로 구속력 있는 계약
도급공사	건설사업자가 건설공사의 완성을 약정하고, 발주자가 그 결과에 대하여 대가의 지급을 약정한 건설형 공사계약에 따라 수행하는 공사
하도급공사	건설사업자(원도급자)가 도급공사의 전부 또는 일부를 다른 건설사업자(하도급자)로 하여금 수행하도록 하는 공사
건설사업자	발주자의 주문에 따라 건설형 공사계약을 체결하고 공사를 수행하는 개인 또는 기업
공사계약금액	확정된 계약조건에 따라 건설사업자가 수행한 도급공사에 대하여 발주자 또는 원도급자 등이 지급하기로 한 대가의 총액
정액공사계약	전체 공사계약금액을 정액으로 하거나 산출물단위당 가격을 정액으로 하는 공사계약(물가연동조항이 있는 경우 포함)
원가보상공사계약	공사원가의 일정비율이나 고정된 이윤을 공사원가에 가산한 금액을 건설사업자가 보상받는 공사계약
총공사예정원가	확정된 도급공사 계약조건에 따라 공사를 수행함에 있어 보고기간종료일 현재 이미 발생된 공사원가와 향후 발생할 공사원가를 합한 금액
진행기준[2]	도급금액에 공사진행률을 곱하여 공사수익을 인식하고 동 공사수익에 대응하여 실제로 발생한 비용을 공사원가로 계상하는 방법
가설재	도급공사의 시공과정상 공사를 위하여 보조적 또는 임시적으로 설치, 사용되고 당해 공사 완료 후 해체 또는 철거되는 모든 자재

2) 본 용어는 일반기업회계기준 제16장 '수익'의 제2절 '건설형 공사계약'상의 진행기준을 의미한다. 참고로, 일반기업회계기준 제16장 '수익'의 제1절 '수익인식'상 진행기준은 거래의 완성 정도에 따라 용역이 제공되는 회계기간에 걸쳐 수익을 인식하는 방법으로 정의한다.

제2절 건설형 공사계약의 수익과 비용

2.1 공사수익의 구성요소

건설형 공사계약에서 공사수익은 다음과 같은 2가지 항목으로 구성된다.

- 최초에 합의된 계약금액
- 건설공사 내용의 변경으로 인한 조정액, 보상금 또는 장려금의 지급에 따라 추가될 수익 중 발생가능성이 매우 높고 신뢰성 있는 측정이 가능한 금액

이러한 공사수익은 수취하였거나 수취할 대가의 공정가치로 측정하는데 미래 사건의 결과와 관련된 다양한 불확실성에 의해 영향을 받는다. 따라서 공사수익의 측정치는 후속 사건이 발생하거나 측정 당시의 불확실성이 해소되면 수정되어 증감이 발생한다. 이러한 사건에는 ① 원래의 계약이 합의된 회계연도 후에 발생한 공사 내용의 변경이나 보상 합의, ② 물가연동조항에 따른 공사계약금액의 변경, ③ 건설사업자의 귀책사유로 완공시기가 지연됨에 따라 위약금을 부담한 결과 계약수익금액이 감소되는 경우, ④ 정액계약이 산출물단위당 고정가격에 기초하여 정해진 경우, 산출량이 증가함에 따라 계약수익이 증가하는 경우가 해당된다. 이처럼 건설형 공사계약은 공사변경이나 보상금, 장려금 지급조건 등에 의하여 공사수익이 변동될 수 있다. 이러한 상황별로 공사수익이 변동될 수 있는 인식조건을 살펴보면 다음과 같다.

첫째, 공사의 설계변경이나 공사기간의 변경과 같이 계약상 정해진 공사 내용의 변경이 이루어질 수 있다. 이러한 공사 내용의 변경에 따른 수익은 발주자가 공사변경을 승인하고 그 변경에 따른 추가공사금액을 승인할 가능성이 매우 높으며, 금액을 신뢰성 있게 측정할 수 있을 때 인식한다. 둘째, 보상금은 건설사업자가 공사계약금액에 포함되어 있지 않은 비용을 발주자나 다른 당사자로부터 보전받는 금액이다. 예를 들면, 발주자에 의한 보상금은 발주자에 의하여 공사가 지체되거나 제시한 설계

에 오류가 있을 때, 또는 공사 내용의 변경과 관련하여 분쟁이 있을 때 발생할 수 있다. 보상금의 측정은 불확실성이 높으며 협상결과에 따라 달라질 수 있다. 따라서 보상금은 발주자가 지급 요청을 수락하였거나 수락할 가능성이 매우 높고, 그 금액을 신뢰성 있게 측정할 수 있는 경우에 한하여 공사수익에 포함한다. 셋째, 장려금은 특정 수행기준을 충족하거나 초과할 때 건설사업자가 발주자로부터 수취하는 추가금액이다. 예를 들면, 공사의 조기완료에 대해 건설사업자에게 계약상 정해진 장려금이 지급될 수 있다. 장려금은 특정수행기준이 충족되거나 초과될 가능성이 매우 높은 정도로 공사가 충분히 진행되었으며, 그 금액을 신뢰성 있게 측정할 수 있는 경우에 한하여 공사수익에 포함한다.

2.2 공사원가의 구성요소와 공사진행률

1) 공사원가의 구성요소

건설형 공사계약에서 인식하는 공사원가는 다음의 항목으로 구성된다.

- 특정공사에 관련된 공사직접원가
- 특정공사에 개별적으로 관련되지는 않으나 여러 공사활동에 배분될 수 있는 공사공통원가
- 계약조건에 따라 발주자에게 청구할 수 있는 기타 특정공사원가

건설형 공사계약에서는 상기된 공사원가에 포함될 구체적인 항목도 예시하고 있는데 우선, 특정공사에 관련된 공사직접원가의 예는 다음과 같다.

- 건설공사에 사용된 재료원가
- 현장감독을 포함한 현장인력의 노무원가
- 생산설비와 건설장비의 감가상각비
- 생산설비, 건설장비 및 재료의 건설현장으로의 또는 건설현장으로부터의 운반비
- 생산설비와 건설장비의 임차료
- 공사와 직접 관련된 설계와 기술지원비

- 외주비
- 공사종료시점에서 추정한 하자보수와 보증비용
- 제3자에 대한 보상
- 이주대여비 관련 순이자비용
- 창고보관료, 보험료 등 특정공사 진행과정에서 직접적으로 발생한 기타 비용

특정공사에 배분될 수 있는 공사공통원가에는 보험료, 특정공사에 직접 관련되지 않은 설계와 기술지원비, 기타 공사간접원가 및 자본화될 금융비용 등이 있다. 이러한 공통원가는 체계적이고 합리적인 방법에 따라 손익계산단위에 배분되며, 배분방법은 비슷한 성격의 모든 원가에 동일하게 적용한다. 손익계산단위는 수익을 인식하고 원가를 계상하며 손익을 측정하기 위해 구분한 공사손익의 계산단위를 말한다. 일반적으로는 각각의 계약이 손익계산단위가 된다. 그러나 계약의 병합이나 분할의 조건을 충족시키는 계약의 경우에는 여러 개의 계약이 하나의 손익계산단위가 될 수 있으며, 하나의 계약에 여러 개의 손익계산단위가 있을 수도 있다.

계약조건에 따라 발주자에게 청구할 수 있는 기타 특정공사원가에는 계약에 규정되어 있는 일부 일반관리원가와 연구개발비 등이 있다. 그러나 공사활동과 관련이 없거나 특정공사에 귀속시킬 수 없는 원가는 공사원가에서 제외한다. 구체적으로, 계약상 청구할 수 없는 일반관리원가, 공사원가에 포함되지 않는 공사계약 체결 전에 지출한 판매원가, 계약상 청구할 수 없는 연구개발원가, 일시적이 아닌 장기적인 유휴 생산설비나 건설장비의 감가상각비가 여기에 속한다.

2) 공사계약 체결 전 지출(수주비 등)

공사원가는 일반적으로 계약 체결일로부터 계약의 최종적 완료일까지의 기간 동안에 당해 공사에 귀속될 수 있는 원가를 포함한다. 그러나 계약에 직접 관련이 되며 계약을 획득하기 위해 공사계약 체결 전에 부담한 지출 즉, 주로 수주와 관련된 지출도 개별적으로 식별이 가능하며 신뢰성 있게 측정될 수 있고 계약의 체결

가능성이 매우 높은 경우에 공사원가의 일부로 포함된다. 이러한 공사계약 체결 전 지출에는 수주와 관련된 지출만이 아니라, 체결될 가능성이 매우 높은 공사계약에 공사원가로 포함될 사전적 지출이 포함될 수도 있다.

다시 말해 수주비 등 공사계약 체결 전 지출은 계약 체결가능성이 매우 높고, 그 금액이 회수가능하며, 신뢰성 있게 측정할 수 있는 경우에는 선급공사원가로 자산을 인식한 후 공사개시 후에 공사원가로 대체할 수 있다. 즉, 선급공사원가로 자산처리한 수주비는 공사개시 후 적절한 방법으로 공사원가에 포함시킨다. 또한 예약매출계약에 해당하는 아파트분양계약도 건설형 공사계약에 포함되므로 분양계약 전의 모델하우스 건립 관련비용(특정분양계약과 직접 관련된 경우에 한하며 회사홍보목적 등으로 상설로 운영되는 경우는 제외됨)도 공사계약 전 지출로서 계약 체결가능성이 매우 높고, 그 금액이 회수가능하며, 신뢰성 있게 측정할 수 있는 경우에는 선급공사원가로 회계처리한다. 다만, 계약을 체결하는 과정에서 발생한 원가를 발생한 기간의 비용으로 이미 인식한 경우에는 건설계약이 후속기간에 체결되더라도 공사원가에 포함시키지 않는다.

한편 미국회계기준은 수주비와 같은 공사계약 전 지출의 이연회계처리를 의무화하지 않고 단지 대체적 회계처리방법으로서 허용하고 있다. 또한 미국회계기준은 공사계약 체결 전 지출에 대해 보다 포괄적이고 상세한 규정을 두고 있다.

3) 공사진행률

공사진행률은 실제 공사원가 발생액을 토지의 취득원가와 자본화대상 금융비용 등을 제외한 총공사예정원가로 나눈 비율(원가기준법)로 계산함을 원칙으로 한다. 다만, 공사수익의 실현이 작업시간이나 작업일수 또는 기성공사의 면적이나 물량 등과 보다 밀접한 비례관계에 있고, 전체공사에서 이미 투입되었거나 완성된 부분이 차지하는 비율을 객관적으로 산정할 수 있는 경우에는 그 비율(투하노력법, 완성단위법)로 할 수 있다. 이들 3가지 방법을 간단히 살펴보면 〈표 5-3〉과 같다.

표 5-3 공사진행률 계산방법

구분	계산방법
원가기준법 (cost-to-cost method)	당기까지 누적된 실제 공사원가 발생액을 가장 최근에 추정한 총공사예정원가(토지의 취득원가와 자본화대상 금융비용 등을 제외)로 나누어 산출한다.
투하노력법 (efforts expended method)	회계기간 동안 투입된 작업시간이나 작업일수 또는 기성공사의 면적이나 물량 등과 같은 실제 투하노력량을 공사를 완성하기까지 투입될 총투하노력량으로 나누어서 산출한다.
완성단위법 (unit of work performed method)	실제 완성된 작업량으로 진행률을 산정하는 방법으로 실제 완성작업량을 총계약작업량으로 나누어 산출한다. 예를 들면, 도로건설공사 시 총계약한 거리에 대한 완성거리의 비율로 산출한 진행률이 바로 산출량기준법이라 할 수 있다.

공사진행률을 발생원가기준으로 결정할 경우에는 실제 수행된 작업에 대한 공사원가만 발생원가에 포함한다. 따라서 공사원가에는 포함되나 공사진행에 따라 직접 발생한 지출이 아니라면, 공사진행률 계산 시 발생원가에서 제외하는데 이러한 공사원가는 다음과 같다.

- 공사현장에 투입되었으나 아직 공사수행을 위해 이용 또는 설치되지 않은 재료 또는 부품의 원가(단, 당해 공사를 위해 특별히 제작되거나 조립된 경우는 발생원가에 포함)
- 아직 수행되지 않은 하도급공사에 대하여 하도급자에게 선급한 금액
- 토지의 취득원가
- 자본화대상 금융비용
- 재개발 등의 이주대여비 관련 순이자비용
- 공사손실충당부채전입액

토지의 취득원가를 공사진행률 계산에 불포함시키는 이유는 건설공사기간에 걸쳐 계속적으로 사용되기 때문이다. 따라서 토지 구입시점에서 전액을 공사원가로 산입하는 것은 타당하지 않으므로 공사진행률에 의하여 공사원가에 안분하여 산입한다. 이는 공사에 사용하기 위해 매입한 장비의 원가를 예상사용기간에 걸쳐 배분하는 것과 동일한 논리이다. 한편 건설공사에 소요되는 값비싼 부품(컴퓨터, 엔진, 레이더 등)은 건설공사의 일정시점에 필요한 것이지 건설공사기간에 걸쳐 계속 사용되는 것은 아니므로 그 부품이 설치된 시점에서 공사원가에 포함시킨다.

진행률을 계산할 때 제외되는 또 다른 공사원가로 이주대여비 관련 이자비용을 들고 있다. 건설회사가 재개발 또는 재건축 아파트공사를 수주하여 공사하는 경우 원활한 공사진행을 위하여 재개발·재건축조합원 또는 세입자들에게 공사완료 시까지의 이주비를 대여하며 이에 소요되는 자금은 자기자금 또는 금융기관 차입금으로 조달하게 된다. 이때 이주비 대여 목적으로 차입하는 자금에 대한 이자비용과 이주비 대여로 인하여 발생하는 이자수익의 차액 중 공사개시 전까지 발생하는 부분은 발생 시에 선급공사원가로 계상한다. 선급공사원가로 계상된 금액은 공사개시 후 공사진행률에 따라 공사원가로 계상한다. 그러나 선급공사원가 및 매기진행률에 따라 공사원가에 배분된 선급공사원가는 공사진행률 계산에 포함하지 아니한다. 한편 이주대여비 관련 이자비용 금액산정은 차입원가자본화에 관한 회계처리기준을 준용한다.

공사손실충당부채전입액(추정공사손실)는 공사진행률 계산의 기준이 되는 발생원가에서 제외되는 공사원가의 예에 해당된다. 공사손실충당부채전입액(추정공사손실)은 진행률 계산에 사용되는 당기발생공사원가는 아니나 당기발생원가에 부가하여 기재하므로 당기공사원가에는 포함되며, 예상하지 못했던 공사원가의 추가적인 발생을 의미하므로 총공사예정원가의 증가를 초래한다. 즉, 공사손실충당부채전입액(추정공사손실)은 공사진행률 계산 시 총공사예정원가에는 포함되나 실제발생공사원가에는 포함되지 아니한다. 또한 기타 공사원가에는 포함되나 실제 공사수행에 따라 발생한 지출은 아니므로 진행률 계산 시에는 포함되지 않는 공사계약 전 지출의 예로는 수주비와 분양촉진을 목적으로 설립된 모델하우스 건립비 등을 들 수 있다.

2.3 공사수익과 공사원가의 인식

도급금액과 발주처가 미리 정해져 있는 건설형 공사계약의 경우에는 생산 자체를 수익을 얻기 위한 결정적인 사건(가득요건)으로 볼 수 있으므로 공사진행률을 신뢰성있게 측정할 수 있다면 진행 정도에 따라 수익을 인식(실현요건)하는 것이 합리적이다. 진행기준(percentage of completion method)은 공사진행 정도에 따라 총계약금액(도급금액)을 공사기간별로 배분하여 생산기간 중에 수익으로 인식하고 이에 따라 공사원가를 대응시키는 방법이다. 이처럼 진행기준은 수익의 인식에 발생주의를 적용하는 대표적인 사례이다. 진행기준은 공사진행 정도에 따라 수익과 비용을 인식한다. 따라서 공사가 완성되기 전이라도 공사기간 중 발생한 영업활동에 관한 성과를 기간별로 적절하게 나타내어 적시성 있는 회계정보를 제공할 수 있다는 장점이 있다. 그러나 진행기준을 적용하기 위해서는 합리적인 공사진행률을 추정해야 하는데 공사진행률을 추정하는 과정은 불확실성이 높고 주관적인 요소가 개입될 여지가 있어 신뢰성 있는 회계정보를 제공하기가 어렵다는 단점이 있다.[3)]

1) 공사수익의 인식

건설형 공사계약은 계약금액의 결정방식에 따라 정액공사계약과 원가보상공사계약으로 구분되며 이에 따라 공사수익을 인식하는 진행기준의 적용조건에 차이를 두고 있다.

정액공사계약은 일정한 금액으로 공사를 수주한 계약으로 대부분의 도급공사가 이러한 형태이다. 따라서 정액공사계약의 경우에는 일반적으로 도급금액에 공사진행률을 곱하여 수익을 인식할 수 있다. 다만, 이렇게 진행기준으로 수익을 인식하기 위하여는 계약금액과 진행률 등을 신뢰성 있게 측정할 수 있어야 하며, 경제적 효익의 유입가능성이 매우 높아야 한다. 한편 원가보상공사계약은 공사원가에 일정률의 이윤을 가산한 금액을 공사금액으로 책정하는 계약의 형태를 말한다. 따라서 원가보상공사계약의 경우에는 대부분 총공사예정원가를 정확히 추정하기 어려운 상황일 때 이루어지므로 당기공사수익은 당기발생공사원가에 일정율의 이윤액을 가산한 금액으로 측정한다. 그러나 이러한 경우에도 경제적 효익의 유입가능성이 매우 높고, 공사원가를 명확히 식별할 수 있고, 신뢰성 있게 측정할 수 있다면 진행기준으로 수익을 인식할 수 있다.

3) 이러한 문제점을 보완할 수 있는 완성기준 회계처리는 보론에 제시하였으므로 참고하길 바란다.

결과적으로 전술한 내용을 정리해보면, 건설형 공사계약은 공사결과를 신뢰성 있게 추정할 수 있을 때 진행기준을 적용하여 공사수익을 인식할 수 있다. 따라서 공사계약별로 이러한 추정이 가능한 조건을 제시하면 〈표 5-4〉와 같다. 〈표 5-4〉에 제시된 조건을 모두 충족하여 공사결과를 신뢰성 있게 추정할 수 있을 때에 진행기준을 적용하여 공사수익을 인식한다. 이때 공사수익은 건설사업자가 발주자로부터 지급받을 공사계약금액에 근거하여 계상함을 원칙으로 한다. 다만, 건설사업자가 실질적으로는 단순한 관리자로서 용역보수 또는 수수료만을 받는 경우에는 공사계약금액 중 건설사업자에게 실제로 귀속될 금액만을 공사수익으로 계상해야 한다.

표 5-4 공사계약별 진행기준 적용조건

정액공사계약	원가보상공사계약
• 총공사수익금액을 신뢰성 있게 측정할 수 있다. • 계약과 관련된 경제적 효익이 건설사업자에게 유입될 가능성이 매우 높다. • 계약을 완료하는 데 필요한 공사원가와 공사진행률을 모두 신뢰성 있게 측정할 수 있다. • 공사원가를 명확히 식별할 수 있고 신뢰성 있게 측정할 수 있어서 실제 발생된 공사원가를 총공사예정원가의 예상치와 비교할 수 있다.	• 계약과 관련된 경제적 효익이 건설사업자에게 유입될 가능성이 매우 높다. • 계약에 귀속될 수 있는 공사원가를 명확히 식별할 수 있고 신뢰성 있게 측정할 수 있다.

당해 연도 말에 공사진행률을 계산하고 이에 따라 공사수익과 공사원가를 인식하면 그 해에 보고할 공사이익이 결정된다. 이때 아래와 같이 당기공사수익은 공사계약금액에 보고기간종료일 현재의 공사진행률을 적용하여 인식한 누적공사수익에서 전기 말까지 계상한 누적공사수익을 차감하여 산출한다.

- 당기공사수익 = (공사계약금액 × 공사진행률) - 전기 말까지 누적공사수익
- 당기공사원가 = 당기에 실제 발생한 공사비용[4)]
- 당기공사이익 = 당기공사수익 - 당기공사원가

4) 본 서는 공사진행률에 따라 배분하여 인식하는 공사원가는 고려하지 않으므로 이에 대한 회계처리 내용은 해당 기준서나 다른 회계학교재를 참고하길 바란다.

공사수익(결과)은 그 공사와 관련한 경제적 효익이 기업에 유입될 가능성이 매우 높은 경우에만 신뢰성 있게 측정할 수 있다. 그러나 〈표 5-5〉의 경우와 같이 계약과 관련된 경제적 효익이 기업에 유입될 가능성이 낮은 경우에는 현금의 수입이 있을 때까지 공사수익은 인식하지 아니한다. 이미 공사수익으로 손익계산서에 인식된 금액의 회수가능성에 불확실성이 발생하는 경우에는 공사수익을 수정하지 않는다. 공사수익으로 인식된 공사미수금이 추후 회수불가능하게 되면 기존의 공사수익을 수정하는 것이 아니라 대손비용으로 처리한다.

표 5-5 공사원가의 회수가능성이 낮은 계약

- 충분한 구속력이 없어서 그 이행가능성이 상당히 의심되는 공사계약
- 공사의 완료가 계류 중인 소송이나 입법결과에 좌우되는 공사계약
- 수용되거나 몰수당하기 쉬운 자산에 대한 공사계약
- 발주자가 그 의무를 이행할 수 없는 공사계약
- 건설사업자가 공사를 완료할 수 없거나 계약상의 의무를 이행할 수 없는 공사계약

또한 공사결과를 신뢰성 있게 추정하기 위해 제시된 〈표 5-4〉와 같은 조건을 충족시키지 못하여 진행기준을 적용할 수 없는 예외적인 경우에 공사수익은 회수가능성이 매우 높은 발생원가의 범위 내에서만 인식한다. 건설형 공사계약의 당사자들이 공사수익과 공사원가를 신뢰성 있게 추정하기 위해서는 건설형 공사계약대상자산에 대한 각 당사자의 구속력 있는 권리, 교환되는 대가, 결제의 방법과 조건 등이 명시된 계약이 있어야 하며, 건설사업자는 효율적인 재무예산 및 보고체제를 갖추어야 한다. 또한 건설사업자는 공사의 진행에 따라 공사수익과 공사원가의 추정치를 재검토하고 필요한 경우에는 추정치를 수정한다. 공사진행 중에 추정치를 수정한다고 해서 그것이 계약의 결과를 신뢰성 있게 추정할 수 없다는 것을 의미하는 것은 아니다.

2) 공사원가의 인식

진행기준 하에서는 공사원가도 일반적으로 공사가 수행된 회계기간의 비용으로 인식한다. 또한 계약상의 미래 활동과 관련된 공사원가가 미리 발생하고 그 금액에 대한 회수가능성이 높은 경우에는 자산으로 인식하였다가 공사개시 후 공사원가에 산입한다. 그러나 잔여공사기간 중에 발생이 예상되는 공사원가의 합계액이 동 기간 중 인식될 공사수익의 합계액을 초과할 경우에는 당해 초과액을 당기의 비용으로 인식하고 공사원가에 포함하여 보고한다. 즉, 공사와 관련하여 향후에 공사손실이 예상되는 경우에는 공사손실충당부채전입액이라는 추가비용을 인식하여 당해 연도의 공사원가에 포함시킨다. 또한 이러한 예상손실을 즉시 공사손실충당부채로 인식하고 중요 세부 내용을 주석으로 기재한다. 추정공사손실과 관련된 회계처리는 절을 달리하여 상세히 설명한다.

한편 공사결과를 신뢰성 있게 추정하기 위한 〈표 5-4〉에 제시된 조건을 충족시키지 못하여 진행기준을 적용할 수 없는 예외적인 경우에는 공사원가는 발생된 회계기간의 비용으로 인식한다. 이러한 경우 공사원가가 공사수익을 초과할 가능성이 매우 높은 경우라면 추정공사손실을 공사손실충당부채전입액으로 하여 즉시 비용으로 인식해야 한다. 그리고 〈표 5-5〉에 제시된 계약의 경우에도 공사원가의 회수가능성이 낮으므로 관련 공사원가는 즉시 비용으로 인식한다.

3) 진행기준에 의한 회계처리

진행기준을 적용한 건설형 공사계약의 기본적인 회계처리 내용은 〈표 5-6〉과 같고, 이에 대한 구체적인 방법을 제시하면 〈사례 V-1〉과 같다.

표 5-6 진행기준에 의한 회계처리

적 요	회계처리			
〈매 회계기간 중〉 공사원가 발생 시	(차) 미 성 공 사	×××	(대) 현 금	×××
공사원가 청구 시	분개 없음			
공사대금 회수 시	(차) 현 금	×××	(대) 공사선수금 (공사미수금)	×××
〈매 회계기간 말〉 공사수익 및 원가인식	(차) 공사선수금 공사미수금 (차) 공 사 원 가	××× ××× ×××	(대) 공 사 수 익 (대) 미 성 공 사[1]	××× ×××
〈공사완료 시〉	(차) 하자보수비[2] (공사원가)	×××	(대) 하자보수충당부채	×××

1) 회계연도 말 미성공사계정 잔액은 공사원가로 대체되므로 차기이월금액은 없음.
2) 완공연도에 예상하자보수원가를 전액 공사원가에 포함. 이에 대한 상세한 설명은 절을 달리하여 후술함.

사례 V-1 건설형 공사계약의 회계처리

2X16년 초에 ㈜신용건설은 삼청상사로부터 건물 신축공사를 수주하였다. 총공사계약금액은 4,000,000원이다. 공사가 완성된 2X18년 말까지 건설 활동과 관련된 자료는 다음과 같다.

(단위: ₩)

	2X16년	2X17년	2X18년
발생한 누적공사원가	800,000	1,980,000	3,500,000
추가로 소요될 원가추정액	2,400,000	1,320,000	-
총공사원가추정액	3,200,000	3,300,000	3,500,000
당기의 공사대금청구액	750,000	1,773,000	1,477,000
당기의 공사대금수취액	660,000	1,448,000	1,872,000

요구사항

1) 진행기준에 따라 매년 인식해야 할 공사수익, 공사원가, 공사이익을 계산하는 표를 작성하시오.
2) 진행기준을 적용하여 각 연도에 필요한 회계처리를 행하시오.
3) 각 연도별 부분 재무상태표와 부분 손익계산서를 작성하시오.

(풀이1) 진행기준에 따른 연도별 공사수익, 공사원가, 공사이익 계산표

	2X16년	2X17년	2X18년
총공사계약금	4,000,000	4,000,000	4,000,000
공사진행률	25%[1]	60%[2]	100%
(a)당기까지의 누적공사수익	1,000,000	2,400,000	4,000,000
(b)전기까지의 누적공사수익	-	(1,000,000)	(2,400,000)
(c)당기공사수익(= (a) - (b))	1,000,000	1,400,000	1,600,000
(d)당기까지의 누적공사원가	800,000	1,980,000	3,500,000
(e)전기까지의 누적공사원가	-	800,000	1,980,000
(f)당기공사원가(= (d) - (e))	800,000	1,180,000	1,520,000
당기공사이익(= (c) - (f))	200,000	220,000	80,000

1) 800,000 ÷ 3,200,000 = 25%
2) 1,980,000 ÷ 3,300,000 = 60%

(풀이2) 연도별 회계처리 내용

적요 및 계정과목	2X16년	2X17년	2X18년
① 공사투입원가의 기록			
미성공사	800,000	1,180,000	1,520,000
현금	800,000	1,180,000	1,520,000
② 공사대금 청구의 기록[1]	분개 없음	분개 없음	분개 없음
③ 공사대금 수취의 기록			
현금	660,000	1,448,000	1,872,000
공사선수금	660,000	1,108,000	1,580,000
공사미수금		340,000	292,000
④ 회계연도 말 공사수익 및 공사원가 계상			
공사선수금	660,000	1,108,000	1,580,000
공사미수금	340,000	292,000	20,000
공사수익	1,000,000	1,400,000	1,600,000
공사원가	800,000	1,180,000	1,520,000
미성공사	800,000	1,180,000	1,520,000

1) 참고로 실무에서는 공사대금 청구 시 세금계산서가 발급되기 때문에 (차) 매출채권(공사미수금) (대) 공사수익으로 계상하고, 회계연도 말에는 미청구된 공사금액에 대해서만 추가로 계상한다.

(풀이3) 연도별 부분 재무제표

(단위: ₩)

〈부분 재무상태표〉	2X16년	2X17년	2X18년
유동자산 :			
공사미수금	340,000	292,000	20,000

〈부분 손익계산서〉	2X16년	2X17년	2X18년
공사수익	1,000,000	1,400,000	1,600,000
공사원가	800,000	1,180,000	1,520,000
공사이익	200,000	220,000	80,000

제3절 공사손실충당부채 및 하자보수충당부채

3.1 공사손실충당부채

공사손실에는 특정연도의 공사손실과 전체적인 공사손실로 구분할 수 있다. 특정연도의 공사손실이란 전체적으로는 이익이 발생하지만 특정연도에는 손실이 발생하는 경우를 말한다. 이러한 경우는 단순히 공사예정원가(추정치)의 변경으로 과거 연도에 인식한 공사이익을 누적적으로 조정하는 과정에서 발생하는 특정연도의 손실에 불과한 것이므로 엄격하게는 공사손실로 볼 수 없다. 반면, 전체적 공사손실이란 총공사예정원가가 공사계약금액을 초과하여 전체적으로 공사손실이 발생하는 경우를 말한다. 이렇게 공사와 관련하여 향후 공사손실이 예상되는 경우 보수주의에 입각하여 예상 손실을 당기에 즉시 공사손실충당부채로 인식하고 중요 세부 내용을 주석으로 기재해야 한다.

당기에 계상하는 추정공사손실 즉, 공사손실충당부채전입액은 잔여공사기간 중에 발생이 예상되는 공사원가의 합계액이 동 기간 중 인식될 공사수익의 합계액을 초과하는 금액이 된다. 결국 추정공사손실을 계상한 당기에 손익계산서에 보고될 공사손실은 공사 전 기간에 걸쳐 예상되는 총공사손실액에 과거 기간 중에 인식한 공사이익이 있을 경우 이를 합산한 금액과 같다. 공사손실충당부채전입액은 당기의 비용으로 실제 발생공사원가에 가산하여 공사원가로 보고한다. 또한 차기 이후의 공사에서 실제로 손실이 발생한 경우에는 동 손실에 상당하는 금액을 공사손실충당부채 잔액의 범위 내에서 환입하고, 동 환입액은 해당 회계연도의 공사원가에서 차감하여 보고한다. 따라서 당기분 최종공사원가는 당기에 실제로 발생한 총공사비용에 공사손실충당부채전입액(추정공사손실)을 가산하거나 공사손실충당부채환입액을 차감하고 다른 공사와 관련된 타계정대체액을 가감하여 산출된다.

공사 전체에 손실이 예상되는 경우 추정공사손실의 인식에 대한 회계처리와 실제로 손실이 발행하여 공사손실충당부채 잔액에서 환입하는 경우의 회계처리는 다음과 같고, 이에 대한 구체적인 방법을 살펴보면 〈사례 V-2〉, 〈사례 V-3〉, 〈사례 V-4〉와 같다.

• 공사손실이 예상되는 시점:

(차) 공사손실충당부채전입액	×××	(대) 공 사 손 실 충 당 부 채	×××

• 실제 공사손실이 발생되는 시점:

(차) 공 사 손 실 충 당 부 채	×××	(대) 공사손실충당부채환입액	×××

사례 V-2 추정공사손실의 인식 I

㈜삼청건설은 2X16년에 신축공사를 200,000원에 수주하였다. 공사기간별 누적공사원가 및 총공사예정원가는 다음과 같다. 공사대금 청구 및 수취는 없다고 가정하자.

(단위: ₩)

	2X16년	2X17년	2X18년
누적공사원가	60,000	147,000	200,000
총공사예정원가	150,000	210,000	200,000

요구사항

1) 연도별로 인식할 공사손익을 계산하시오.
2) 연도별 공사손익 인식과 관련된 회계처리를 행하시오.

(풀이1) 진행기준에 따른 연도별 공사수익, 공사원가, 공사손익

	2X16년	2X17년	2X18년
총공사계약금액	200,000	200,000	200,000
공사진행률	40%1)	70%2)	100%
(a)당기까지의 누적공사수익	80,000	140,000	200,000
(b)전기까지의 누적공사수익	-	(80,000)	(140,000)
(c)당기공사수익(= (a) - (b))	80,000	60,000	60,000
(d)당기까지의 누적공사원가	60,000	147,000	200,000
(e)전기까지의 누적공사원가	-	60,000	147,000
(f)당기 실제공사원가(= (d) - (e))	60,000	87,000	53,000
(g)공사손실충당부채전입액(환입액)		3,000	(3,000)
(h)당기 총공사원가(= (f) + (g))	60,000	90,000	50,000
당기공사이익(손실) = (c) - (h)	20,000	(30,000)	10,000

1) 60,000 ÷ 150,000 = 40%
2) 147,000 ÷ 210,000 = 70%

(풀이2) 연도별 회계처리 내용

계정과목	2X16년	2X17년	2X18년
공사미수금	80,000	60,000	60,000
공사수익	80,000	60,000	60,000
공사원가	60,000	87,000	53,000
미성공사	60,000	87,000	53,000
공사손실충당부채전입액 (공사원가)		3,000	
공사손실충당부채		3,000	
공사손실충당부채			3,000
공사손실충당부채환입액 (공사원가)			3,000

사례 V-3 추정공사손실의 인식 II

공사기간이 2X16년 초부터 2X18년 말까지이며, 총건설계약금액이 4,000,000원인 건설계약과 관련된 자료는 아래와 같다. 공사대금 청구 및 수취는 없다고 가정하고 진행기준을 적용하여 각 회계연도에 공사수익과 공사원가를 인식하는 회계처리를 행하시오.

(단위: ₩)

	2X16년	2X17년	2X18년
실제 발생한 누적공사원가	800,000	3,078,000	4,050,000
추가로 소요될 원가추정액	2,400,000	972,000	-
총공사원가추정액	3,200,000	4,050,000	4,050,000

(풀이)

① 진행기준에 따른 연도별 공사수익, 공사원가, 공사손익

	2X16년	2X17년	2X18년
총공사계약금액	4,000,000	4,000,000	4,000,000
공사진행률	25%[1]	76%[2]	100%
(a)당기까지의 누적공사수익	1,000,000	3,040,000	4,000,000
(b)전기까지의 누적공사수익	-	(1,000,000)	(3,040,000)
(c)당기공사수익(= (a) - (b))	1,000,000	2,040,000	960,000
(d)당기 실제공사원가	800,000	2,278,000	972,000
(e)공사손실충당부채전입액(환입액)	-	12,000[3]	(12,000)
(f)당기 총공사원가(= (d) + (e))	800,000	2,290,000	960,000
당기공사이익(손실) = (c) - (f)	200,000	(250,000)	-

1) 800,000 ÷ 3,200,000 = 25%
2) 3,078,000 ÷ 4,050,000 = 76%
3) 예상손실액 = 총공사손실 × (1 - 당기누적진행률) = 50,000 × (1 - 0.76) = 12,000원이다.

② 연도별 회계처리 내용

계정과목	2X16년 (차변)	2X16년 (대변)	2X17년 (차변)	2X17년 (대변)	2X18년 (차변)	2X18년 (대변)
공사미수금	1,000,000		2,040,000		960,000	
공사수익		1,000,000		2,040,000		960,000
공사원가	800,000		2,278,000		972,000	
미성공사		800,000		2,278,000		972,000
공사손실충당부채전입액(공사원가)			12,000[1]			
공사손실충당부채				12,000		
공사손실충당부채					12,000	
공사손실충당부채환입액(공사원가)						12,000[2]

1) 손익계산서상의 최종공사원가는 공사손실예상액인 12,000원을 합산한 2,290,000원이 된다. 따라서 2X17년도에는 공사손실 250,000원이 보고된다.
2) 손익계산서상의 최종공사원가는 공사손실예상액 환입액인 12,000원을 차감한 960,000원이 된다. 따라 2X18년도에는 공사손익 0원이 보고된다.

사례 V-4	추정공사손실의 인식 III

〈사례 V-3〉의 자료에서 2X18년도의 실제 발생원가가 2X17년도에 예상했던 972,000원을 초과하여 985,000원일 때를 가정하여 각 회계연도 말에 필요한 회계처리를 행하시오.

(풀이)

2X16년도 말과 2X17년도 말의 회계처리는 〈사례 V-3〉의 풀이와 동일하며, 공사완공 시인 2X18년도 회계처리는 다음과 같다.

(차) 공 사 미 수 금	960,000	(대) 공 사 수 익	960,000
(차) 공 사 원 가	985,000*	(대) 미 성 공 사	985,000
(차) 공사손실충당부채	12,000	(대) 공사손실충당부채환입액	12,000

* 손익계산서상 최종공사원가는 985,000원에서 공사손실충당부채환입액 12,000원을 차감한 973,000원이다. 따라서 2X18년도에는 공사손실 13,000원이 보고된다.

한편 공사손실충당부채전입액은 공사착수 여부, 공사의 진행도 또는 단일공사계약으로 취급되지 않는 다른 계약에서 발생할 것으로 기대되는 이익의 금액에 관계없이 결정된다. 여러 개의 공사계약이 단일공사계약으로 병합된 경우에는 병합된 공사 전체를 하나의 단위로 하여 공사손실충당부채를 계산한다. 만약 공사계약이 분할된 경우에는 분할된 계약 각각에 대해 공사손실충당부채를 설정한다. 공사손실충당부채를 계산하기 위해 총공사예정원가를 추정할 때에는 발주자로부터 지급 받을 것으로 예상되는 위약금이나 보상금, 원가보상공사계약에 있어서 청구불능지출, 계약 내용 또는 공사계약금액의 변경가능성 등을 고려해야 한다.

3.2 하자보수충당부채

건설회사는 시공한 공사에 대하여 완공 후에도 일정기간 동안 하자보수의무를 가진다. 공사종료 후에 하자보수의무가 있는 경우에는 합리적이고 객관적인 기준에 따라 추정된 금액을 하자보수비로 하여 그 전액을 공사가 종료되는 회계연도의 공사원가에 포함하고, 동액을 하자보수충당부채로 계상해야 한다. 만약에 하자보수충당부채를 공사기간에 걸쳐 배분한다고 가정하여 보자. 이러한 경우는 공사개시시점부터 중요한 액수의 하자보수가 예상된다는 것을 의미하므로 상당히 예외적이라 할 수 있다. 일반적으로는 중요한 하자보수가 발생하지 않도록 사전에 미리 공사의 완벽을 기하게 될 것이기 때문이다. 따라서 하자보수충당부채는 공사기간 말에 과거의 경험과 공사기간 중의 모든 상황을 복합적으로 검토한 후 책정하는 것이 개념적으로 타당하다고 볼 수 있다.[5)]

따라서 하자보수가 예상되는 경우에는 추정하자보수비를 공사진행률 계산의 기준이 되는 총공사예정원가에 포함하여 공사가 종료되는 회계기간에 추정하자보수비(하자보수충당부채전입액)를 공사진행률 계산 시 누적발생원가에 포함시키고 동 회계기간의 공사원가로 인식한다. 공사완공 이후에는 하자보수충당부채를 실제로 발생한 하자보수비와 상계시키고, 잔액은 실질적으로 하자보수의 의무가 종료한 회계연도에 환입한다. 만약 실제 하자보수비가 하자보수충당부채를 초과하여 발생하면 그 초과분은 발생연도의 당기비용으로 처리한다.

한편 하자보수충당부채 잔액의 환입시기결정은 하자보수의 의무가 종료되는 경우로 그 관련된 규정을 살펴보면, 당해 건설업체가 종전의 동일 또는 유사한 건설공사의 하자보수 경험 등을 기준으로 신뢰성 있게 측정한 결과 하자 발생가능성이 매우 희박하거나, 당해 시설에 대한 발주자의 추가공사 등으로 당해 업체의 하자보수의무가 사실상 소멸한 경우 등이 제시되고 있다.

상기된 하자보수충당부채의 회계처리 내용을 제시하면 〈표 5-7〉과 같으며, 이에 대한 구체적인 방법을 살펴보면 〈사례 V-5〉와 같다.

5) 그러나 공사완성연도에 일괄하여 공사원가를 인식하면 공사진행 중 공사원가의 과소계상으로 공사이익을 조기에 인식하는 문제가 발생하게 된다. 따라서 현행 K-IFRS는 매 회계기간마다 공사진행 정도만큼 예상하자보수원가를 공사원가에 반영하는 것이 바람직하다고 보아 과거 하자보수 경험률 등 합리적인 방법에 기초하여 공사진행기간 동안 예상 하자보수원가를 추정하고 있다.

표 5-7 하자보수충당부채의 회계처리

적 요	회계처리
공사완공 시	(차) 하 자 보 수 비 ××× (대) 하 자 보 수 충 당 부 채 ×××
회계연도 말	(차) 공 사 원 가 ××× (대) 하 자 보 수 비 ×××
실제 하자보수 발생 시 : 잔액 이내(초과분)	(차) 하자보수충당부채 (하 자 보 수 비) ××× (대) 현 금 ×××
하자보수의무 종료 시 : 잔액 환입	(차) 하자보수충당부채 ××× (대) 하자보수충당부채환입액 ×××

사례 V-5 하자보수충당부채의 인식

㈜신용건설은 총공사계약금액 40,000,000원의 공사를 2X17년 중에 완공하여 인도하였으며, 향후 2년간 발생하는 하자에 대하여 보수책임을 지고 있다. 당사는 공사계약금액의 2%를 예상 하자보수원가로 추정하고 있다. 2X18년 중에 하자가 발생하여 300,000원을 지출하였고, 2X19년 중에는 400,000원의 하자보수비가 지출되었다고 가정할 때 필요한 회계처리를 모두 행하시오.

(풀이)

① 2X17년 완공 시 회계처리

(차) 하 자 보 수 비 800,000* (대) 하 자 보 수 충 당 부 채 800,000

* ₩40,000,000 × 2% = ₩800,000

② 2X18년 하자보수 발생 시 회계처리

(차) 하자보수충당부채 300,000 (대) 현 금 , 원 재 료 등 300,000

③ 2X19년 하자보수 발생 시 회계처리

(차) 하자보수충당부채 400,000 (대) 현 금 , 원 재 료 등 400,000

③ 2X19년 하자보수의무 종료 시 회계처리

(차) 하자보수충당부채 100,000 (대) 하자보수충당부채환입액 100,000

제4절 기타 고려사항

4.1 공사의 완성시기

공사의 완성시기는 도급공사와 관련하여 건설사업자가 이행하기로 한 계약상 주된 의무를 완료한 때로서, 일반적으로 공사의 목적물이 준공된 때로 한다. 다만, 동 공사와 관련된 추가공사비 또는 하자보수비 등을 합리적으로 예측하여 충당부채를 설정한 경우에는 동 공사의 목적물을 실질적으로 사용할 수 있는 때로 할 수 있다. 다만, 공사가 완공되지 않았어도 공사의 목적물을 실질적으로 사용할 수 있는 가사용승인일 등이 있는 경우에는 이때를 공사완공시점으로 볼 수 있다.

4.2 생산설비와 건설장비의 회계처리

건설사업자는 일반적으로 생산설비와 건설장비를 건설계약 전에 취득한다. 따라서 생산설비와 건설장비는 유형자산으로 계상한 후 그 용도에 따라 다음과 같은 회계처리를 행한다. 첫째, 당해 장비를 특정공사에서만 사용 가능한 경우에는 공사기간과 동 장비의 경제적 내용연수 중 짧은 기간 동안 감가상각하고 해당 감가상각비를 공사원가에 산입한다. 둘째, 당해 장비를 여러 공사를 위하여 사용하는 경우에는 동 장비의 경제적 내용연수 동안 감가상각하고 해당 감가상각비를 각각의 공사원가에 배분한다. 셋째, 처분예정인 유형자산은 장부금액을 투자자산으로 회계처리하고 감가상각을 하지 아니하며 손상차손 발생 여부를 매 보고기간말에 검토한다.

4.3 가설재의 회계처리

가설재란 도급공사의 시공과정상 공사를 위하여 보조적 또는 임시적으로 설치, 사용되고 당해 공사완료 후 해체 또는 철거되는 모든 자재를 말한다. 가설재 중 내용연수가 장기인 철재 또는 이와 유사한 내구재는 유형자산으로 계상하여 상기된 생산설비와 건설장비의 회계처리를 따르고, 그 이외의 가설재는 재고자산으로 계상한 후 다음과 같이 회계처리한다.

- 당해 가설재가 특정공사에만 사용가능한 경우에는 사용기간 동안 합리적인 방법으로 배분된 금액을 공사원가에 산입한다.
- 당해 가설재가 여러 공사에 사용가능한 경우에는 당해 연도에 감모된 가액을 합리적으로 계상하여 공사원가에 산입한다.
- 처분예정인 가설재는 유형자산으로 회계처리되어 온 경우에는 장부금액을 투자자산으로 회계처리하고 감가상각을 인식하지 아니하며, 손상차손 발생 여부를 매 보고기간말에 검토한다. 재고자산으로 회계처리되어 온 가설재는 저가기준으로 평가한다.

4.4 주석사항

건설사업자는 기본적으로 건설형 공사계약과 관련된 아래 사항을 주석으로 기재한다. 이는 건설계약이 장기에 걸쳐 이루어지므로 건설회사의 장·단기 재무상태나 경영성과를 파악하는 데 도움이 될 수 있는 자료들을 추가적으로 공시하도록 한 것이다.

- 중요한 회계처리방법
  - (가) 공사손익의 인식방법
  - (나) 공사진행률의 계산방법
- 당기 중 공사수익으로 인식된 금액
- 보고기간종료일 현재 진행 중인 공사와 관련된 다음의 내용
  - (가) 누적공사원가와 누적손익
  - (나) 공사대금 선수금
  - (다) 공사대금 미수금 및 공사대금 미수금 중 발주자에게 청구된 부분과 청구되지 않은 부분
  - (라) 회수보류액 (공사대금 청구액 중에서 계약에서 정해진 조건이 모두 충족되거나 공사내용상의 문제가 해결될 때까지 지급이 보류되고 있는 금액)

(마) 진행 중인 모든 공사들로부터 공사 전 기간에 걸쳐 실현이 예상되는 총공사손실예상액

- 공사계약 이행과 관련하여 예치한 보증금 또는 지급보증 등이 있는 경우에는 그 내용
- 하자보수비용, 발주자에 의한 보상금, 위약금이나 손실가능액 등과 관련하여 우발적인 사항이 있는 경우 그 내용

또한 조선·건설 등 수주산업에 대한 회계정보의 신뢰성을 제고시키기 위하여 2016년도 재무제표부터 상기에 제시된 공시사항 이외에도 진행률과 미청구공사금액 등의 계약별[6]·부문별[7] 정보에 대한 충분한 정보가 공시되도록 주석에 다음 사항을 포함시켰다. 다만, 「자본시장과 금융투자업에 관한 법률」에 따른 사업보고서 제출대상법인이 아닌 경우에는 아래 사항들에 대한 공시를 하지 않을 수 있다.

첫째, 원가기준법에 따른 공사진행률을 사용하는 경우에는 보고기간말 현재 공사수익금액이 직전 회계연도 매출액의 5% 이상인 계약별로 아래 사항을 해당 계약의 건설공사가 완료된 보고기간까지 주석으로 공시한다. 이렇게 공시대상에 포함된 계약은 이후에 공시대상 조건을 충족하지 못하더라도 해당 계약의 건설공사가 완료된 보고기간까지 계속 공시해야 한다.

- 계약을 구별할 수 있는 명칭
- 계약일
- 계약상 완성기한 또는 납품기한
- 진행률
- 공사미수금 금액과 대손충당금(청구분과 미청구분으로 나누어 공시한다)

6) 이 경우에 계약이란 공사계약의 병합과 분할 개념이 적용된 회계단위를 말한다. 이하 같다.
7) 회계기준에서 규정하는 부문이란 수익을 창출하고 비용을 생기게 하는 사업활동을 영위하고, 여기에 배분될 자원에 대한 의사결정을 하고 그 성과를 평가하기 위하여 최고영업의사결정자가 영업성과를 정기적으로 검토하며, 구분된 재무정보를 사용할 수 있는 기업의 구성단위를 말한다. 보다 상세한 내용은 관련 기준서나 다른 회계학 교재를 참고하길 바란다.

둘째, 관련 법령에서 비밀이나 비공개사항으로 규정하는 경우이거나, 계약에서 비밀이나 비공개사항으로 규정하고 계약 당사자가 상기된 계약별 공시를 동의하지 않아 공시항목의 일부나 전부를 공시하면 기업에 현저한 손실을 초래할 가능성이 높은 경우에는 상기된 사항 중 해당 사항은 공시하지 않을 수 있다. 다만, 이러한 계약별 정보를 생략하는 경우에는 아래 사항을 추가로 공시한다.

- 계약별 공시를 생략한 사실과 사유(객관적인 근거를 제시하여야 함)
- 다른 방법으로 공시하거나 공개하지 않았다는 사실
- 생략한 사실을 「상법」에 따른 감사위원회(감사위원회가 없는 경우에는 감사)에 보고 여부

셋째, 원가기준법에 따른 진행률을 사용하는 경우에는 아래 사항을 부문별로 구분하여 주석으로 공시한다.

- 공사손실충당부채
- 회계추정 변경에 따른 공사손익 변동금액, 오류 수정에 따른 공사손익 변동금액
- 회계추정 변경에 따른 추정총공사원가의 변동금액, 오류 수정에 따른 추정총공사원가의 변동금액

진행기준을 적용하는 방법은 크게 투입법(공사투입량을 기준으로 공사수익 인식)과 산출법(공사산출량을 기준으로 공사수익 인식)으로 구분할 수 있으며, 이 경우 개념적으로는 산출법이 투입법에 비해 공사의 진행 정도를 더 잘 반영하는 수익인식방법이라고 알려져 있다. 따라서 산출법을 사용하는 경우에는 상기된 추가 공시를 요구하지 않았는데 이는 이 방법이 개념적으로 공사진행 정도를 잘 반영하고 경영진의 판단과 추정의 영향이 비교적 적게 반영되기 때문이다. 그러나 우리나라 기업의 대부분은 원가기준 투입법을 사용하고 있다. 원가기준 투입법은 미래 발생할 총계약원가항목, 발생원가 중 공사진행과 관련 없는 항목, 계약변경이나 설계변경에 따른 원가변동항목 등에서 추정과 판단이 많이 필요하다. 즉, 추정과 판단의 문제 때문에 특히 영업환경이 급격히 변동되거나, 설계변경이나 건설계약에 변경이 생기는 경우에도

원가기준 투입법이 공사진행 정도를 수익에 잘 반영하기 어려울 수 있다. 또한 경영진의 판단과 추정에 따라 회계처리 결과가 크게 영향을 받을 수 있으므로 경영진의 전문성과 기업의 내부회계관리제도의 건전성, 감사인의 전문성이 더욱 요구되기도 한다. 따라서 투자자 등 자본시장에서는 재무보고정보에 대한 신뢰성에 많은 의혹을 제기하였고, 이러한 상황에서 기존의 재무제표 주석공시만으로는 투자자가 합리적인 판단을 할 수 있는 데 충분하지 않다는 의견이 많았다. 이에 원가기준 투입법에 따른 진행기준 수익정보의 유용성과 신뢰성을 시장에서 받아들일 수 있도록 상기된 추가 보완적인 정보를 공시하도록 하였다.

제5절 건설회사 신용조사 시 유의사항

금융기관의 각 지점에서 취급하는 신용대출의 주요 대상은 중소기업이며, 이러한 중소기업 중에는 건설회사가 상당수 존재한다. 건설업체는 여러 가지 특수성으로 인하여 실제와 거리가 있는 분식기장의 소지가 타 업종에 비하여 높으며, 그 결과 금융기관에서는 건설회사에 신용대출 자체를 꺼리는 신용분석 담당자들도 많은 것이 현실이다. 신용분석은 업종의 특성을 고려해야 하지만 그보다 더 중요한 것은 객관적이고 합리적인 자료나 정보에 근거해서 신용분석이 이루어져야 하고, 분석 결과에 기초하여 신용대출이 이루어져야 한다는 점이다. 따라서 신용분석 담당자들이 건설회사에 대한 신용분석을 실시하는 경우에는 다음과 같은 몇 가지 사항을 추가적으로 검토할 필요가 있다.

첫째, 건설계약의 수익창출활동은 장기간에 걸쳐 이루어진다는 특징이 있다. 이는 수익과 비용의 대응이 어렵다는 의미이고 이러한 문제점을 해결하기 위하여 등장한 것이 진행기준에 의한 수익의 인식이다. 그러나 진행기준을 적용하여 수익을 인식하기 위해서는 합리적인 공사진행률을 추정해야 하지만 공사진행률을 추정하는 과정은 불확실성이 높고 주관적인 요소가 개입될 여지가 있다. 특히 건설계약의 총공사예정원가를 정확히 예측하는 것은 현실적인 어려움이 많기 때문에 신뢰성 있는 재무정보를 제공하기가 상대적으로 어렵다. 또한 수익·비용의 대응이 적절히 이루어지지 않아 연도별 경영성과를 정확히 파악하는 데 어려움이 있을 수 있다. 특히 수주건수가 많지 않은 중소 건설회사의 경우 이러한 문제는 더욱 심각할 수 있다는 점을 인지할 필요가 있다. 따라서 신용분석가는 공사진행률 추정에 어려움이 있는 경우라면 완성기준을 적용한 경영성과를 고려하여 재해석할 필요가 있으며, 건설업체의 실상과 회계처리원칙을 충분히 숙지하여 분식기장의 소지가 많은 항목을 중점적으로 검토하여야 한다.

둘째, 공사인력은 전형적으로 일용근로자로서 인건비 측면에서 분식이 용이하다. 건설자재도 품질이나 사용량의 검증에 어려움이 있어 일반 제조업에 비하여 분식의 소지가 크다. 즉, 건설업체는 공사를 여러 가지 전문적인 세부공정으로 나누어 하도급업체에 하도급을 주어 진행하므로 하도급업체와 담합하여 공사원가를 조작할 가능성도 늘 존재한다. 이러한 점이 제조업과 비교하여 상대적으로 회계정보의 신뢰성을 약화시킬 수 있는 요인들이다. 또한 일용근로자들의 인건비는 해당 연도의 경제여건에 따라 변동성이 매우 큰 항목이며, 건설회사는 외주가공을 많이 활용하는 업종이다. 은유적인 표현으로 “전화기 한 대만 있으면 건설회사 창업이 가능하다”는 말이 있다. 외주가공(outsourcing)의 비중이 제조업에 비하여 대단히 높은 현실은 건설회사의 신용조사 시 미래 현금흐름을 예측하는 데 시사점을 제시해 준다. 즉, 외주가공비는 일용직 인건비와 마찬가지로 경제여건에 따라 변동성이 매우 큰 항목이다. 따라서 과거 몇 년간의 공사원가, 경영성과 또는 재무상태를 사용하여 미래의 공사원가나 현금흐름을 예측할 때는 미래의 경제여건에 따라 인건비나 외주가공비를 포함한 비용구조의 변동성이 크다는 사실을 인지하고 주의할 필요성이 있다.

셋째, 제조업의 경우에는 수익창출활동이 통제가 가능한 특정지역에서 이루어지는 반면, 건설회사의 경우에는 수익창출활동이 대부분 공사현장에서 이루어진다는 점에 주의할 필요가 있다. 이는 내부통제시스템을 갖추기 어렵다는 의미를 가지며, 또한 회계정보의 신뢰성이 약화될 수밖에 없는 환경적 요인을 가지고 있음을 의미한다. 특히 건설현장이 여러 곳에 분산되어 있고 현장은 영구적이 아니고 몇 년간의 공사 후에는 폐쇄된다는 점도 이러한 내부통제시스템이 제대로 작동하기 어려운 환경요인 중 하나이다.

전술한 다양한 환경요인 때문에 건설업체를 감사하는 외부감사인은 확인해야 할 여러 가지 사항들이 존재한다. 그러나 신용분석가가 외부감사인들이 확인하는 사항을 일일이 살펴보고 점검하기란 쉽지 않으므로 간접적인 방법으로 건설업체의 건전성을 파악하는 작업도 병행하여야 할 것으로 보인다. 간접적인 방법으로는 해당 건설업체가 공사한 건축물에 대한 소비자나 관련업계 종사자들의 평판, 사후관리, 또는 브랜드 인지도 등을 조사하는 것이다. 건축물의 평판이 좋은 업체는 장기적으로 재무적인 평가도 건전한 것이 일반적이기 때문이다. 끝으로 신용분석가가 신용분석 시 유의해야 할 공사수익, 공사원가, 자산 및 부채 계산에 관한 사항을 항목별로 요약하여 제시하면 〈표 5-8〉과 같다. 신용분석가들은 이들 항목을 세심히 검토한 후 신용대출이나 투자에 관한 의사결정을 행할 필요가 있다.

표 5-8 신용분석 시 항목별 유의사항

항목		유의사항
공사수익	미완성공사의 수익금액 계산	• 기성비율계상이 기업회계기준서 제1011호 및 「법인세법 시행령」에 따라 적절히 계상되었는지 여부 • 공사중도금 영수 시 청구한 공사진행 진도와 부합 여부
	소액공사 수입계산	• 작업일지에 의한 수입계상 정당 여부 • 재료 수불계산에 의한 공사수입 정당 여부 • 기술제공만을 한 공사수입의 계산 여부 • 도급대장 또는 주문일람표에 의한 수입계상의 정당 여부
	하청공사 수입계산	• 재료의 일부 또는 전부를 받은 하청공사의 재료수불 및 수입계산의 정당 여부 • 재료를 공급하여 하청시킨 공사 등의 재료수불 및 수입계산의 정당 여부
	계약기간의 단축 또는 지연 등의 경우 배상조건에 따른 수입계산	계약조건에 따른 기간 또는 배상액계산의 정당 여부
	잡수입의 계산	• 공사에서 자연발생하는 작업폐기물의 계상 여부 • 잔토, 작업장 철거, 목재물 등의 계상 여부 • 재료 실제 사용량과 매입량의 대사, 잔량 계산 여부
공사원가	재료매입 및 매입부대비용 계산	• 설계 및 표준시공서에 의한 규격별 재료매입의 정당 여부 • 재료운반비와 대사하여 매입처와 수량 부합 여부 • 표준시공서에 의한 사용량의 정당 여부 및 매입처별 확인 • 재료비의 가공계산 및 과대계산 여부
	노무비의 계산	• 출근표, 임금대장과 증빙서류의 정비 및 내용의 정당 여부 • 원천납부 관계자료 대사 • 복리후생비, 보험료, 교통비 등 관계자료 대사 • 채용 관계자료 대사 • 근로자의 주민등록증 유무 • 임금계산에 있어서 「근로기준법」의 저촉 여부 • 용도분명금을 노무비로 가공계산했는지 여부 • 노무비의 현물지급이 없는가 또는 그 지급가액의 정당 여부 • 노무비가 공사단위당 공사별로 공사시간에 투하된 노동력에 상당한지 여부

<table>
<tr><th colspan="2">항목</th><th>유의사항</th></tr>
<tr><td rowspan="5">공사원가</td><td>하청공사비의 계산</td><td>• 하청금액과 공동경비를 중복으로 계산하였는지의 여부
• 하청공사의 재료 제공조건 등의 내용 정당 여부
• 공사담합비 또는 기부금의 처리 내용 분석 검토</td></tr>
<tr><td>부실경비의 처리 내용</td><td>• 노무비의 가공지출
• 재료비의 가공지출
• 접대비 성질 금액의 용도불분명금
• 지출증빙이 불비한 경비</td></tr>
<tr><td>외주가공비의 계산</td><td>• 공사견적 및 시공표준과 외주가공비의 적정 여부
• 외주품의 재료 제공계약이 되어있는지의 여부
• 외주가공비가 당해 공사액과 상응한 가액인지의 여부</td></tr>
<tr><td>공사단위별 종합비용 검토</td><td>표준시방서 설계 및 견적서에 의한 공사별 제 비용의 대사 분석결과 적정 여부</td></tr>
<tr><td>미완성공사의 원가 계산</td><td>• 비용과 수익의 대응 여부
• 공사진도에 따라 실제 비용으로 계산하였는지 여부
• 공사간접비 배부의 정당 여부</td></tr>
<tr><td rowspan="5">자산</td><td>가지급금, 선급금 등 용도별·공사별 계산</td><td>주주, 임원, 종업원 및 거래처에 대한 가지급금, 선급금 내용 확인</td></tr>
<tr><td>현장사무소, 창고 등의 가설비</td><td>• 금속조, 목조, 기타 조의 구분계산 여부
• 내용연수의 적정 여부</td></tr>
<tr><td>계약보증금 또는 하자보증금의 처리</td><td>• 현금, 예금과 유가증권 등의 종류별 내용과 적기 회수 여부
• 임차한 유가증권의 유무 여부</td></tr>
<tr><td>부외자산 계산</td><td>• 소급 재고조사로 재료, 부분품 등의 누락분 계산 유무 확인
• 현장비치 재산목록과 원장과의 대사로 정당 여부 확인 및 차입처 확인
• 면허대여 여부 조사</td></tr>
<tr><td>가지급금(외주비 및 재료비)의 공사별·거래처별 계산</td><td>• 가지급금(외주비 및 재료비)의 상대처별 거래명세서
• 공사별 사용량과 입출고 재료대장의 대비조사에 의한 가공 유무 확인
• 가지급금 중 계속 이월되는 금액의 유무</td></tr>
<tr><td rowspan="4">부채</td><td>신규발생 차입금의 용도 규명</td><td>• 필요한 차입금인지의 여부
• 이자지급의 정당 여부 및 관련 차입금 대조 확인</td></tr>
<tr><td>도급자로부터 받은 차입금의 처리</td><td>차입조건에 따른 용도 및 반제의 정당 여부</td></tr>
<tr><td>장기차입금의 처리</td><td>계약별 이자, 담보물 등의 내용과 상대방의 능력 확인</td></tr>
<tr><td>선수금 처리의 적정 여부</td><td>선수금이 공사별로 처리되어 있는지 여부와 공사수입의 변칙 계상 여부</td></tr>
</table>

[보론 A] 완성기준

미국회계기준(US-GAAP)은 공사진행률 추정에 어려움이 있는 경우 완성기준(completed contract method)을 적용하고 있다. 완성기준이란 공사기간 중에는 발생한 공사원가와 공사대금청구액만 인식하다가 공사완료 시 도급금액에서 총공사원가를 차감한 금액을 공사손익으로 인식하는 방법이다. 따라서 완성기준은 추정이 아닌 최종적인 실제 결과에 근거하여 공사손익을 보고하므로 신뢰성이 높다는 장점은 있지만, 한 회계기간을 초과하는 장기 건설형 공사계약의 경우에는 적절한 수익비용대응의 원칙이 달성되지 못하는 단점을 가진다. 또한 전체공사손실이 예상되는 경우에는 완성기준도 진행기준과 동일하게 추정공사손실을 즉시 인식한다.

완성기준에 대한 구체적인 회계처리방법은 K-IFRS 회계처리에 대한 이해가 필요하므로 본 서에서는 이를 생략하고, 각 공사기간 중에 보고될 공사손익 도출과정만 진행기준과 완성기준을 비교하여 제시하면 〈사례 A-1〉과 같다.

사례 A-1 진행기준과 완성기준 간 비교

총공사계약금액 4,000,000원에 총공사기간 4년인 건설계약을 체결한 관련 자료는 아래와 같다. 진행기준과 완성기준을 적용하여 각 회계연도에 보고될 공사손익을 비교하시오.

(단위: ₩)

	1차년도	2차년도	3차년도	4차년도
실제 발생한 누적공사원가	1,500,000	2,400,000	3,600,000	4,300,000
총공사원가추정액	3,000,000	3,200,000	4,200,000	4,300,000

(풀이)

① 진행기준

	1차년도	2차년도	3차년도	4차년도
총건설계약금액	4,000,000	4,000,000	4,000,000	4,000,000
총공사예정원가	3,000,000	3,200,000	4,200,000	4,300,000
총공사손익	1,000,000	800,000	(200,000)	(300,000)
공사진행률	1,500 ÷ 3,000 = 50%	2,400 ÷ 3,200 = 75%	3,600 ÷ 4,200 = 86%	4,300 ÷ 4,300 = 100%
당기누적공사손익	1,000,000 × 0.5 = 500,000	800,000 × 0.75 = 600,000	(200,000) × 1* = (200,000)	(300,000) × 1 = (300,000)
전기누적공사손익	0	500,000	600,000	(200,000)
당기공사손익	500,000	100,000	(800,000)*	(100,000)*

② 완성기준

당기공사손익	0	0	(200,000)*	(100,000)*

* 전체공사손실이 예상되면 진행기준과 완성기준은 손실이 예상되는 회계연도에 전체공사손실을 모두 인식한다. 단, 이전 회계연도에 인식된 공사손익을 고려해야 한다.

[보론 B] K-IFRS 제1115호 고객과의 계약에서 생기는 수익

IFRS 15 Revenue from Contracts with Customers는 2014년 5월에 공표되어 2018년 1월 1일에 시행 예정이며 조기 적용도 가능하다. 이에 대응하는 K-IFRS 제1115호 고객과의 계약에서 생기는 수익은 2015년 12월에 제정된 이후, 2016년 11월에 개정하고 12월에 공표하여, 2018년 1월 1일 이후 최초로 시작되는 회계연도부터 적용하도록 하되 조기 적용할 수도 있게 하였다. 기존의 K-IFRS 수익기준서는 2개의 기준서(제1011호 건설계약, 제1018호 수익)와 4개의 해석서(제2113호 고객충성제도, 제2115호 부동산 건설약정, 제2118호 고객자산이전, 제2031호 광고용역교환거래)로 구성되어 있어 이용자와 작성자로부터 복잡하고 일관성이 떨어진다는 비판을 받아왔다. 특히, 외부 이해관계자들은 수익과 관련한 여러 기준서가 존재하지만 다양한 경제현상에서 일어날 수 있는 거래를 회계처리하기 위한 지침과 사례는 상당히 부족하다고 비판하면서 이에 대한 개선을 요구하였다. 따라서 이러한 6개의 기준은 새로운 수익기준서 K-IFRS 제1115호 고객과의 계약에서 생기는 수익으로 대체된 것이다. 단일의 수익기준서인 이 기준서는 수익인식을 위한 견고한 체계를 구축하여 다양하고 명확한 지침의 사례를 제공하고, 강화된 공시를 통해 산업 간 비교가능성도 제고할 것으로 예상되어 정보이용자, 작성자 등 이해관계자들의 불만을 해소하고 회계정보의 유용성을 높일 것이라 기대되고 있다. 이에 본 서는 건설기업에 대한 신용분석 시 재무정보의 신뢰성을 평가하는 데 도움을 주고자 KAI에서 제공하는 'K-IFRS 제1115호 고객과의 계약에서 생기는 수익' 교육 자료를 근거로 수익인식 및 측정에 대한 새로운 지침을 간단히 소개한다.

먼저, 새로운 수익기준서는 과거 기준서와 비교하여 어떠한 차이와 장점이 있는지 살펴보면 다음과 같다. 과거 기준서는 위험과 보상(risk & rewards), 통제(control) 등을 수익인식 요건으로 제시하고, 재화나 용역의 판매(제1018호)와 건설계약(제1011호) 등에 대해 각각 별도의 기준을 두어 수익을 인식하도록 하였다. 그리고 수익인식의 여러 가지 상황과 관련한 지침제공이 상당히 부족한 편이었다. 특히 하나의 계약에서 여러 요소가 있을 경우, 즉 다양한 재화의 공급계약, 재화와 용역의 일괄계약에 대한 지침이 부족하였다. 반면 새로운 기준서는 고객이 이전된 자산을 통제(control)할 때 또는 통제하는 대로 수익을 인식하는 단일의 통제모형을 두고 있다. 그리고 의무이행과 고객의 효익을 소비하는 방식에 따라 한 시점에 또는 기간에 걸쳐 수익을 인식하도록 규정하고 있다. 또한 계약의 수행의무를 구분하는 지침과 거래가격의 배분, 변동대가, 라이선스, 금융요소, 공시규정 등에 보다 명확하고 충분한 지침과 풍부한 사례를 제공하고 있다.

이러한 새로운 수익기준서의 목적은 고객과의 계약에서 생기는 수익과 현금흐름의 특성, 금액, 시기, 불확실성에 대한 유용한 정보를 재무제표이용자들에게 제공하기 위하여 기업이 적용할 원칙을 정하는 것이다. 이 기준서의 핵심원칙은 기업이 고객에게 약속한 재화나 용역이 이전되는 것을 나타내도록 재화나 용역과 교환하여 권리를 갖게 될 것으로 예상되는 대가를 수익으로 인식하는 것이다. 이 기준서에서 규정한 수익의 인식 및 측정방법을 살펴보면 다음과 같은 5단계로 요약할 수 있다.

수익은 고객과의 계약에 따라 발생한다. 이에 따라 수익을 인식하기 위한 제1단계는 고객과의 계약 식별이다. 계약은 두 당사자 사이에 집행 가능한 권리와 의무를 생기게 하는 약정이다. 보통 서면이나 구두로 이루어지며 이 안에서 당사자 간 의무이행, 권리, 대가, 지급조건 등을 식별할 수 있어야 하고 대가의 회수가능성도 높아야 이 기준서를 적용하여 회계처리할 수 있다.

제2단계는 기업의 계약상 수행의무(performance obligation) 식별이다. 수행의무는 고객에게 이전하기로 한 재화나 용역을 의미한다. 계약상 수행의무는 하나일 수도 있고 여러 수행의무가 하나의 계약에 포함되어 있을 수도 있다. 따라서 고객과의 계약이 있다고 1단계에서 판단하였다면 계약에서 고객에게 이전하기로 약속한 재화나 용역이 어떤 것인지를 분석해보고 각각 수행의무를 구분해야 한다.

제3단계는 거래가격의 산정이다. 거래가격은 약속한 재화나 용역을 이전하고 기업이 권리를 갖게 될 것으로 예상하는 대가금액을 의미한다. 거래가격을 산정하기 위해서는 계약조건과 기업의 사업관행을 참고해야 한다. 대가금액은 계약에 명시되어 있는 고정된 금액만 의미하는 것은 아니므로 상황에 따라 변동금액이 거래가격에 포함될 수 있다.

제4단계는 3단계에서 산정한 거래가격을 2단계에서 식별한 수행의무들에 배분하는 것이다. 만일 2단계에서 식별된 수행의무가 하나라면 배분할 필요가 없지만 식별된 수행의무가 2개 이상이라면 3단계에서 산정한 거래가격을 각각의 수행의무별로 배분해야 한다. 일반적으로는 독립 판매가격비율로 배분하는데 독립 판매가격은 재화나 용역을 별도로 판매할 때의 가격을 의미한다.

제5단계는 의무이행에 따라 수익을 인식하는 단계이다. 수행의무는 한 시점에 이행될 수 있다. 예를 들면, 상품의 판매인 경우 상품의 인도시점에 의무가 이행되므로 상품인도시점에 수익을 인식한다. 한편 기간에 걸쳐 이행되는 의무도 있다. 이 경우에는 그 수행의무의 진행률 또는 진척도를 측정하여 의무이행이 진행되는 기간에 걸쳐 수익을 인식한다. 따라서 수익은 수행의무가 기간에 걸쳐 이행되는지 한 시점에 이행되는지에 따라 그 인식시기가 결정되는데, 아래 3가지 중 하나 이상을 충족하면 기간에 걸쳐 수익을 인식한다. 만약 이 중 하나도 충족하지 않는다면 통제가 이전되는 시점을 판단하여 그 시점에 수익을 인식한다.

- 고객은 기업이 수행하는 대로 기업의 수행에서 제공하는 효익을 동시에 얻고 소비한다(예: 청소용역, 케이블 TV 용역).
- 기업이 수행하여 만들거나 가치를 높이는 대로 고객이 통제하는 자산을 기업이 수행하여 만들거나 가치를 높인다(예: 고객의 소유지에서 제작하는 자산).
- 기업이 수행하여 만든 자산이 기업 자체에는 대체 용도가 없고, 지금까지 수행을 완료한 부분에 대해 집행 가능한 지급청구권이 기업에 있다.

상기된 5단계법을 건설계약에 적용하여 살펴보면 〈사례 B-1〉과 같다. 다만, 계약의 조건이나 거래상황 등을 단순화하였으므로 사례와 유사한 거래일지라도 거래의 사실과 상황, 조건 등에 따라 수익인식 결과는 달라질 수 있음에 유의해야 한다.

사례 B-1 아파트 건설 및 분양계약

A기업은 아파트 500세대를 선분양 완료하였으며, 총분양금액은 600억원이고 총공사예정기간은 3년이며, 건설기간에 걸쳐 수익을 인식할 수 있는 조건을 충족한다. 이 계약의 수익인식시기에 관하여 논하시오.

(풀이)

1단계에서 이 사례의 거래는 아파트 건설과 아파트 인도에 대한 고객과의 계약으로 식별할 수 있다. 2단계 수행의무의 식별에서는 고민이 필요하다. 엄격하게 나눈다면 아파트 건설용역과 아파트 인도라는 2개의 수행의무가 있는 것처럼 보이나, 이 둘은 불가분적인 상호관련성이 매우 높고 서로 유의적인 영향을 미치므로 별도의 수행의무로 구별하지 않는다. 따라서 아파트 건설이라는 단일의 수행의무로 식별하여 거래가격 600억원을 아파트 건설에 배분한다. 기업에 아파트 건설 진행률에 따른 수행의무대가를 수취할 권리가 있다면 건설기간에 걸쳐 합리적인 방법으로 수익을 인식한다. 진행률을 측정하는 목적은 고객에게 약속한 재화나 용역의 통제를 이전, 즉 기업이 수행의무를 수행하는 과정에서 기업의 성과를 나타내기 위해서이다. 따라서 5단계를 요약하면 아래와 같다.

Step 1 **계약의 식별**	Step 2 **수행의무 식별**	Step 3 **거래가격 산정**	Step 4 **거래가격 배분**	Step 5 **수행의무 수행**
APT 건설 및 APT 인도계약	APT 건설	600억원	600억원	기간에 걸쳐 건설용역 제공

이 기준서에서 제시한 다양한 지침과 사례를 통해 수익인식 및 측정의 단계별 추가 고려사항을 제시하면 〈표 A-1〉과 같다.

표 A-1 단계별 추가 고려사항

Step 1 계약의 식별	Step 2 수행의무 식별	Step 3 거래가격 산정	Step 4 거래가격 배분	Step 5 수행의무 수행
• 계약승인 • 계약변경 • 권리 식별 • 지급조건 식별 • 상업적 실질 • 회수가능성	수행의무 식별가능성	• 변동대가 • 변동대가 추정치의 제약 • 금융요소 • 비현금대가 • 고객에게 지급하는 대가	• 독립 판매가격 기초 배분 • 할인액 배분 • 변동대가 배분 • 독립 판매가격이 없을 때	• 통제 • 한 시점에 이행 • 기간에 걸쳐 이행 (진행률 산정방법)

한편 의무이행 이전에 채권의 인식 가능 여부는 계약의 취소 가능 여부에 따라 차이가 있다는 점에 유의하며, 또한 이 수익기준서는 고객과의 모든 계약에 적용하지만 일부 계약이나 거래에는 적용하지 않음에 주의해야 한다. 즉, 리스계약은 K-IFRS 제1017호 리스를 적용하고, 보험계약은 K-IFRS 제1104호 보험계약을 적용한다. 특정 비화폐성 교환의 경우에도 K-IFRS 제1115호를 적용하지 않는다. 지분증권 취득이나 채무증권 취득으로 생기는 계약상 권리와 의무도 각각 해당 기준서(K-IFRS 제1109호, 제1110호, 제1111호, 제1027호, 제1028호 등)를 적용한다. 그리고 고객과의 계약이 아닌 거래라면 당연히 이 기준서를 적용하지 않는데 예를 들면, 정부보조금이 여기에 해당된다.

연습문제 객관식

01 다음 중 건설형 공사계약의 특징으로 옳지 않은 것은?

① 유형자산의 건설 또는 개량하는 제반 작업을 수행하는 도급용역계약이 많다.
② 일정한 제품을 반복적으로 생산하는 것이 아니라 특정자산을 건설하는 것에 국한된다.
③ 용역 수행이 여러 회계기간에 걸쳐 진행되므로 수익·비용대응이 어렵다.
④ 공사기간 중에는 수익금액의 합리적인 측정이 불가능하여 수익·비용대응이 불가능하다.

02 다음 중 건설형 공사계약의 적용범위에 대한 설명으로 옳지 않은 것은?

① 건설형 공사계약은 건설업뿐만 아니라 공사계약 형태가 유사한 다른 산업도 적용 가능하다.
② 규격화된 제품이나 반복생산을 통하여 공급하는 공사계약에도 진행기준을 적용할 수 있다.
③ 청약을 받아 분양하는 아파트 등 예약매출에 의한 건설공사도 진행기준을 적용할 수 있다.
④ 일정한 요건을 갖추면 단일공사를 여러 공사계약으로 구분하거나, 여러 공사계약을 단일계약으로 가정하여 진행기준을 적용할 수 있다.

03 다음 중 정액공사계약이 진행기준을 적용하여 공사수익을 인식하기 위한 조건으로 옳지 않은 것은?

① 총공사수익금액을 신뢰성 있게 측정할 수 있어야 한다.
② 계약을 완료하는데 필요한 공사원가와 진행률을 모두 신뢰성 있게 측정할 수 있어야 한다.
③ 계약과 관련된 경제적 효익이 건설사업자에게 유입될 가능성이 있어야 한다.
④ 실제 발생된 공사원가를 총공사예정원가의 예상치와 비교할 수 있어야 한다.

04 다음 중 건설형 공사계약의 공사수익에 대한 설명으로 옳지 않은 것은?

① 공사수익금액은 공사 내용의 변경이나 불확실성이 존재해도 금액을 변경해서는 안 된다.
② 공사수익에 포함되는 모든 금액은 발생가능성이 매우 높고, 측정의 신뢰성이 존재해야 한다.
③ 공사수익은 수취하였거나 수취할 대가의 공정가치로 측정한다.
④ 공사수익은 최초에 합의된 금액에 보상금 및 장려금을 합한 금액이다.

연습문제 객관식

05 다음 중 건설형 공사계약에 대한 회계처리 설명으로 옳지 않은 것은?

① 진행기준을 적용할 수 없는 경우에는 완성기준을 적용한다.

② 계약과 관련된 경제적 효익의 유입가능성이 낮은 경우 공사수익은 현금기준으로 인식한다.

③ 이미 인식된 공사수익에 대한 대금의 회수가 불가능하게 되면 대손비용으로 처리한다.

④ 공사결과를 신뢰성 있게 추정할 수 없는 경우에는 회수가능성이 매우 높은 발생원가의 범위 내에서만 공사수익을 인식할 수 있다.

06 다음 중 건설형 공사계약에 대한 설명으로 옳지 않은 것은?

① 건설계약은 자산의 철거나 원상회복, 그리고 자산의 철거에 따르는 환경 복구에 관한 계약을 포함한다.

② 공사수익은 수령하였거나 수령할 대가의 공정가치로 측정한다.

③ 계약을 체결하는 과정에서 발생한 원가를 발생한 기간에 비용으로 인식한 경우라도 공사계약이 후속기간에 체결되면 공사원가에 포함한다.

④ 공사계약 체결 전에 발생한 원가는 개별적으로 식별이 가능하고 신뢰성 있게 측정할 수 있으며 계약의 체결가능성이 매우 높은 경우라면 공사착수한 이후 공사원가에 포함한다.

07 다음 중 건설형 공사계약에 따른 공사원가의 구성항목으로 옳지 않은 것은?

① 계약상 청구할 수 없는 연구개발원가

② 생산설비와 건설장비의 임차료

③ 이주대여비 관련 순이자비용

④ 공사종료시점에서 추정한 하자보수와 보증비용

08 다음 중 건설형 공사계약에 대한 공사원가로 옳은 것은?

① 현장감독을 포함한 현장인력의 노무원가

② 장기적인 유휴 생산설비나 건설장비의 감가상각비

③ 공사원가에 포함되지 않는 공사계약 체결 전에 지출한 판매원가

④ 계약상 청구할 수 없는 일반관리원가

연습문제 객관식

09 다음 중 공사계약 전에 지출한 수주비에 대한 설명으로 옳지 않은 것은?

① 수주비란 입찰, 견적서 작성 및 중개수수료 등 수주 및 기타 판매활동에 수반하여 발생한 경비를 말한다.

② 수주비는 판촉활동과 관련된 비용이므로 일반적으로 발생 시 판매비로 처리한다.

③ 수주비는 선급공사원가로 계상하였다가, 공사완료 후 공사원가로 대체한다.

④ 수주비가 개별적으로 식별가능하고, 신뢰성 있게 측정할 수 있고, 건설계약의 체결가능성이 매우 높은 경우는 공사원가에 포함된다.

10 다음 중 공사원가의 구분이 다른 것으로 옳은 것은?

① 이주대여비 관련 순이자비용

② 건설공사에 사용된 재료원가

③ 공사와 직접 관련된 설계와 기술지원비

④ 자본화될 금융비용

11 2X16년에 신축공사를 수주한 ㈜삼청건설의 공사기간별 공사원가 자료는 아래와 같다. 2X17년에 발생한 원가에는 별도로 특별히 제작된 방열자재 300,000원이 포함되어 있으나 동 재료는 2X18년도 공사에 사용되었다. 다음 중 ㈜삼청건설의 2X17년도 공사진행률로 옳은 것은?

	2X16년	2X17년	2X18년
실제 발생한 누적공사원가	₩1,500,000	₩2,400,000	₩3,300,000
총공사원가추정액	3,000,000	3,000,000	-

① 50% ② 70%

③ 73% ④ 80%

12 다음 중 건설형 공사계약의 진행기준에 대한 설명으로 옳지 않은 것은?

① 공사기간 중에 수익을 인식할 수 있다.

② 완성기준에 비해 회계정보의 신뢰성을 높여준다.

③ 기간별 영업활동의 성과를 측정한다.

④ 공사진행률 계산에 불확실성이나 주관적인 요소의 개입이 있다.

연습문제 객관식

13 다음 중 진행기준을 적용하여 공사수익을 인식할 수 있는 계약으로 옳은 것은?

① 공사의 완료가 계류 중인 소송이나 입법결과에 좌우되는 공사계약

② 수용되거나 몰수당하기 쉬운 자산에 대한 공사계약

③ 발주자가 그 의무를 이행할 수 없는 공사계약

④ 공사결과를 신뢰성 있게 추정할 수 있는 계약

14 다음 중 공사진행률 산정 시 포함되는 원가로 옳은 것은?

① 외주가공비

② 차입원가(건설자금이자)

③ 공사손실충당부채전입액

④ 이주대여비 관련 순이자비용

15 다음 중 건설형 공사계약에 대한 설명으로 옳지 않은 것은?

① 총공사예정원가가 총공사수익보다 많은 것으로 예상되는 경우 추정손실을 즉시 인식한다.

② 공사결과를 신뢰성 있게 추정할 수 없는 경우에는 건설완료시점에 수익과 비용을 인식한다.

③ 하도급자에게 선급한 금액은 진행률 산정 시 누적발생원가에 포함하지 않는다.

④ 공사수익은 수령하였거나 수령할 대가의 공정가치로 측정한다.

16 다음 중 추정공사손실에 대한 내용으로 옳지 않은 것은?

① 추정공사손실을 즉시 인식하는 것은 공사수익과 공사원가를 즉시 인식한다는 것을 의미한다.

② 추정공사손실의 조기인식은 공사손실충당부채를 인식한다는 의미이다.

③ 공사손실충당부채전입액은 향후 공사수익에서 향후 공사원가를 차감한 금액이다.

④ 공사손실충당부채환입액은 실제 발생원가에서 차감하는 형식으로 기재하여 건설계약원가를 감소시킨다.

17 다음 중 건설형 공사계약에 대한 각종 공식으로 옳지 않은 것?

① 당기공사수익 = (총공사계약금액 × 공사진행률) - 전기까지 인식한 누적공사수익

② 공사손실충당부채 = 총공사손실 × (1 - 공사진행률)

③ 공사진행률 = 실제 당기공사원가 ÷ 총공사예정원가

④ 당기공사이익 = 당기공사수익 - 당기공사원가

연습문제 객관식

18 ㈜한국건설은 2X16년에 벤처빌딩 신축공사를 850,000원에 수주하였다. 공사기간은 3년이며 공사기간별 공사원가 관련 자료가 다음과 같을 때, 2X17년에 보고될 공사손실로 옳은 것은?

	2X16년	2X17년	2X18년
누적발생원가	₩100,000	₩550,000	₩1,000,000
추가공사원가	700,000	450,000	-

① ₩56,250
② ₩61,429
③ ₩106,250
④ ₩156,250

19 ㈜삼청건설은 2X16년초에 총계약금액 30,000,000원의 신축공사를 수주하여 2X18년 말에 완공할 예정이다. ㈜삼청건설은 공사완공 후 2년간 하자보수이행의무를 부담하기로 하였으며, 완공 시 하자보수에 3,000,000원이 소요될 것으로 추정하였다. 공사기간별로 실제 발생한 공사원가와 예상 하자보수비를 제외한 총공사예정원가 자료가 아래와 같을 때 2X18년도 공사이익으로 옳은 것은?

	2X16년	2X17년	2X18년
실제 발생한 누적공사원가	₩10,000,000	₩13,200,000	₩22,000,000
총공사예정원가	22,000,000	22,000,000	-

① ₩0
② ₩200,000
③ ₩3,200,000
④ ₩5,000,000

20 다음 중 건설사업자의 유형자산에 대한 감가상각 회계처리로 옳지 않은 것은?

① 생산설비와 건설장비는 유형자산으로 계상한 후 감가상각을 통해 공사기간 동안 공사원가로 대체한다.
② 당해 장비가 특정공사에만 사용가능한 경우에는 공사기간과 동 장비의 경제적 내용연수 중 긴 기간 동안 감가상각하여 상각비를 공사원가에 산입한다.
③ 당해 장비를 여러 공사에 사용하는 경우에는 동 장비의 경제적 내용연수 동안 감가상각하고 이를 각각의 공사원가에 배분한다.
④ 매각처리대상으로 대기 중인 유형자산의 경우에는 예상처분가액을 투자자산으로 회계처리하고 감가상각비는 계상하지 않는다.

연습문제 주관식

01 ㈜대한건설은 2X16년에 신축공사를 500,000원에 수주하였다. 공사기간별 실제 공사원가발생액 및 추가공사예정원가는 다음과 같다. 당사가 2X17년에 보고할 공사손익은 얼마인가?

	2X16년	2X17년	2X18년
누적발생원가	₩135,000	₩343,000	₩490,000
추가공사예정원가	315,000	147,000	-

풀이 :

2X17년 공사손익 = 2X17년 누적공사이익 - 2X16년 누적공사이익

= ₩7,000 - ₩15,000 = ₩8,000(손실)

02 ㈜민국건설은 2X16년 8월 인천대교의 일부구간을 건설하기로 하고, 도로공사로부터 도급금액 2,000억원을 수주하였다. 공사완료예정일은 2X18년 12월 30일이다. 아래 자료에 따라 ㈜민국건설이 2X17년도에 보고할 공사이익은 얼마인가?

구 분	2X16년	2X17년
실제 누적발생원가	595억원	980억원
총공사예정원가	1,700억원	1,750억원

풀이 :

① 2X16년 공사진행률 : 595 ÷ 1,700 = 35%

② 2X17년 공사진행률 : 980 ÷ 1,750 = 56%

③ 2X16년 공사수익 = 2,000억원 × 35% = 700억원

④ 2X17년 공사수익 = (2,000억원 × 56%) - 700억원 = 420억원

⑤ 2X17년 공사원가 = 980억원 - 595억원 = 385억원

⑥ 2X17년 공사손익 = 420억원 - 385억원 = 35억원(이익)

연습문제 주관식

03 ㈜만세건설은 2X16년 초에 정부와 수로공사계약을 체결하였으며 진행기준에 따라 수익을 인식한다. 공사기간은 3년, 총계약금액은 5,000억원, 공사계약 당시의 총공사예정원가는 4,000억원이다. 연도별로 발생한 원가에 대한 정보는 아래와 같다. 당사가 2X17년도에 보고할 공사손익은 얼마인가?

	2X16년	2X17년	2X18년
실제 누적발생원가	1,000억원	2,000억원	5,000억원
추가공사예정원가	3,000억원	3,000억원	-

풀이 :

① 2X16년 공사수익 = 5,000억원 × (1,000 ÷ 4,000) = 1,250억원

② 2X16년 공사원가 = 1,000억원

③ 2X16년 공사이익 = 1,250억원 - 1,000억원 = 250억원

④ 2X17년 공사수익 = 5,000억원 × (2,000 ÷ 5,000) - 1,250억원 = 750억원

⑤ 2X17년 공사원가 = 1,000억원

⑥ 2x17년 공사손익 = 750억원 - 1,000억원 = 250억원(손실)

연습문제 주관식

04 ㈜삼청건설은 2X16년 1월 1일 도로포장건설계약을 체결하였다. 건설계약액은 950,000원, 총추정원가는 700,000원이며 공사기간은 3년이다. 공사진행률의 계산은 원가기준법을 적용한다. 진행기준을 적용하여 각 공사기간에 인식 및 보고할 공사수익, 공사원가, 공사이익을 계산하시오.

	2X16년	2X17년	2X18년
누적발생원가	₩350,000	₩490,000	₩700,000
누적청구금액	300,000	650,000	950,000
누적현금수령액	250,000	600,000	950,000

풀이 :

	2X16년	2X17년	2X18년
총건설계약액	₩950,000	₩950,000	₩950,000
공사진행률 (%)	50[1)]	70[2)]	100
① 당기 누적공사수익	₩475,000	₩665,000	₩950,000
② 전기 누적공사수익	0	475,000	665,000
③ 당기분 공사수익(① - ②)	475,000	190,000	285,000
④ 당기분 공사원가	350,000	140,000	210,000
⑤ 당기분 공사이익(③ - ④)	125,000	50,000	75,000

1) 350,000 ÷ 700,000 = 50%
2) 490,000 ÷ 700,000 = 70%

연습문제 주관식

05 ㈜한국건설은 2X17년 4월 1일 서울-분당간 경전철 건설공사를 계약금액 1,000,000원에 수주하였다. 공사기간은 2X17년 5월 1일부터 2X19년 7월 31일까지이다. 건설계약과 관련하여 각 회계연도에 발생한 공사원가 자료 및 공사대금청구액 등은 다음과 같다.

	2X17년	2X18년	2X19년
누적발생원가	₩240,000	₩500,000	₩750,000
총공사예정원가	600,000	625,000	750,000
공사대금청구액	350,000	230,000	200,000
공사대금수령액	250,000	300,000	220,000

요구사항

1) 각 회계연도에 인식할 공사손익을 계산하시오.

2) 각 회계연도에 필요한 회계처리를 행하시오. 단, 공사원가는 모두 현금결제이다.

풀이1 :

	2X17년	2X18년	2X19년
누적발생공사원가	₩240,000	₩500,000	₩750,000
총공사예정원가	600,000	625,000	750,000
진행률(①÷②)	40%	80%	100%
① 당기 누적공사수익	400,000	800,000	1,000,000
② 전기 누적공사수익	-	(400,000)	(800,000)
③ 당기분 공사수익(①-②)	400,000	400,000	200,000
④ 당기분 공사원가	(240,000)	(260,000)*	(250,000)**
⑤ 당기분 공사이익(손실)(③-④)	160,000	140,000	(50,000)

* ₩500,000 - ₩240,000 = ₩260,000

** ₩750,000 - ₩500,000 = ₩250,000

연습문제 주관식

풀이2 :

구분		회계처리			
2X17년	① 공사대금 수령 시	(차) 현 금	250,000	(대) 공사선수금	250,000
	② 공사원가 발생 시	(차) 미 성 공 사	240,000	(대) 현 금	240,000
	③ 회계연도 말	(차) 공사선수금	250,000	(대) 공 사 수 익	400,000
		공사미수금	150,000		
		(차) 공 사 원 가	240,000	(대) 미 성 공 사	240,000
2X18년	① 공사대금 수령 시	(차) 현 금	300,000	(대) 공사미수금	150,000
				공사선수금	150,000
	② 공사원가 발생 시	(차) 미 성 공 사	260,000	(대) 현 금	260,000
	③ 회계연도 말	(차) 공사선수금	150,000	(대) 공 사 수 익	400,000
		공사미수금	250,000		
		공 사 원 가	260,000	미 성 공 사	260,000
2X19년	① 공사대금 수령 시	(차) 현 금	220,000	(대) 공사미수금	220,000
	② 공사원가 발생 시	(차) 미 성 공 사	250,000	(대) 현 금	250,000
	③ 공사완료 시	(차) 공사미수금	200,000	(대) 공 사 수 익	200,000
		공 사 원 가	250,000	미 성 공 사	250,000

정답 및 해설

01 ④

≫ 공사기간 중에도 수익금액의 합리적 측정이 가능하다. 왜냐하면 구체적인 작업범위와 도급가격 또는 그 결정기준 및 지급방법이 계약서에 명시되기 때문이다. 또한 건설회사가 건물을 지어 분양하는 경우 일반적으로 건물 완성 전에 예약매출을 하는 경우가 많은데, 이러한 경우에도 분양가격 또는 그 지급방법이 계약서에 명시되어 있어 수익금액의 합리적 측정이 가능하기 때문이다.

02 ②

≫ 규격화된 제품이나 반복생산 그리고 표준화된 제조공정에서 생산하여 정상적인 영업망을 통해 판매하는 경우는 회계기준이 제시한 건설형 공사계약에 적용하지 아니하는 계약의 예에 해당한다.

03 ③

≫ 계약과 관련된 경제적 효익이 건설사업자에게 유입될 가능성이 매우 높아야 한다.

04 ①

≫ 공사수익의 측정치는 미래사건의 결과와 관련된 다양한 불확실성에 의하여 영향을 받는다. 즉 공사수익금액은 공사변경이나 불확실성이 해소되면 수정해야 한다.

05 ①

≫ 공사결과를 신뢰성 있게 추정할 수 없는 경우에는 진행기준을 적용할 수 없으므로 회수가능성을 고려하여 공사수익을 인식하도록 하였다.

06 ③

≫ 계약을 체결하는 과정에서 원가를 발생한 기간의 비용으로 인식한 경우에는 공사계약이 후속기간에 체결이 되더라도 공사원가에 포함하지 않고 있다.

정답 및 해설

07 ①

≫ 공사활동과 관련이 없거나 특정공사에 귀속시킬 수 없는 원가는 공사원가에서 제외한다. 구체적으로, 계약상 청구할 수 없는 일반관리원가, 공사원가에 포함되지 않는 공사계약 체결 전에 지출한 판매원가, 계약상 청구할 수 없는 연구개발원가, 일시적이 아닌 장기적인 유휴 생산설비나 건설장비의 감가상각비가 여기에 속한다.

08 ①

≫ 공사활동과 관련이 없거나 특정공사에 귀속시킬 수 없는 원가는 공사원가에서 제외한다. 구체적으로, 계약상 청구할 수 없는 일반관리원가, 공사원가에 포함되지 않는 공사계약 체결 전에 지출한 판매원가, 계약상 청구할 수 없는 연구개발원가, 일시적이 아닌 장기적인 유휴 생산설비나 건설장비의 감가상각비가 여기에 속한다. 따라서 특정공사에 관련된 공사직접원가인 현장감독을 포함한 현장인력의 노무원가만 공사원가에 포함된다.

09 ③

≫ 수주비가 선급공사원가에 산입된 경우에는 공사를 착수한 이후 공사원가로 대체된다.

10 ④

≫ 자본화될 금융비용은 특정공사에 개별적으로 관련되지는 않으나 여러 공사활동에 배분될 수 있는 공사공통원가이나 그 외 나머지 항목은 특정공사에 관련된 공사직접원가에 포함되는 항목이다.

11 ④

≫ 당해 공사를 위해 특별히 제작되거나 조립된 경우는 아직 공사수행을 위해 이용 또는 설치되지 않은 재료 또는 부품의 원가라도 공사진행률 계산에 포함한다. 따라서 동 계약을 위해 별도로 제작된 방열자재 ₩300,000은 2X17년도 실제 발생한 누적공사원가에 포함하여 누적공사진행률은 80%(= ₩2,400,000 ÷ ₩3,000,000)다.

정답 및 해설

12 ②

구 분	진 행 기 준
수익인식시기	공사기간 중
장 점	기간별 영업활동의 성과 측정, 회계정보의 목적적합성(적시성) 강조
단 점	불확실성, 주관적인 요소의 개입, 회계정보의 신뢰성 저하

13 ④

≫ 건설형 공사계약은 공사결과를 신뢰성 있게 추정할 수 있을 때 진행기준을 적용하여 공사수익을 인식한다. 따라서 보기 중 계약과 관련된 경제적 효익이 기업에 유입될 가능성이 낮은 나머지 계약은 현금의 수입이 있을 때까지 공사수익은 인식하지 아니한다.

14 ①

≫ 외주가공비 이외의 항목은 공사진행률 계산에 포함되지 않는 항목이다.

15 ②

≫ 신뢰성 있게 추정할 수 없는 경우라도 비용은 발생 즉시 인식해야 한다.

16 ①

≫ 추정공사손실을 인식한다고 해도 공사수익은 진행률에 따라 인식한다.

17 ③

≫ 공사진행률 = 실제 누적공사원가 ÷ 총공사예정원가

정답 및 해설

18 ④

≫ 2X17년 총공사손실 1,000,000 - 850,000 = ₩150,000
2X16년 공사이익 (850,000 - 800,000) × 100,000 ÷ 800,000 = ₩ 6,250
2X17년 공사손실 ₩156,250

19 ②

≫ 2X17년 누적공사진행률 60% (= 13,200,000 ÷ 22,000,000)
2X17년 누적공사수익 ₩18,000,000 (= ₩30,000,000 × 60%)
2X18년 누적공사수익 ₩30,000,000
2X18년 당기공사수익 ₩12,000,000 (= 30,000,000 - 18,000,000)
2X18년 실제 당기공사원가 ₩8,800,000 (= 22,000,000 - 13,200,000)
2X18년 하자보수예상액 ₩3,000,000
2X18년 당기총공사원가 ₩11,800,000
2X18년 당기공사이익 ₩200,000

20 ②

≫ 당해 장비가 특정공사에만 사용가능한 경우, 공사기간과 동 장비의 경제적 내용연수 중 짧은 기간 동안 감가상각하고 공사원가에 산입한다.

김창수

- 플로리다 주립대학교(FIU) 경영대학원(경영학 석·박사)
- 중앙대학교(경영학 학사)
- (현)중앙대학교 경영학부 명예교수
- (현)삼성꿈장학재단 이사
- (현)임성기재단 이사
- (현)국가교육위원원 대입제도개편 특별위원회 위원장
- 한국대학스포츠협의회 회장
- 국가교육과학기술자문회의 자문의원
- 정부산하기관(공기업)경영평가위원
- 여신담당자를 위한 리스실무 기초 및 해운기업경영론(교재)
- KBI 신용분석 과정 특수회계 담당 (2000-2015)

이현주

- 중앙대학교 대학원(경영학 석·박사)
- 중앙대학교(경영학사)
- (현)인천대학교 경영학부 강사
- 미국공인회계사
- 한국데이터산업진흥원 평가위원
- 국세청 기준경비율심의회 위원
- 동화성세무서 납세자보호위원회 위원
- 수원과학대학교 세무회계학과 조교수
- 한국외국어대학교 경영대학 경영학부 객원교수
- 중앙대학교 경영대학 강사
- 한국능률협회 원격평생교육원 회계원리 주교수
- 삼정·안진·한영 회계법인 재무관리 전임강사
- 기초회계연습, 나우퍼블리셔(2020)
- 여신담당자를 위한 리스실무 기초(교재)
- 스타 전산회계1급, 어울림(2017)

일반기업회계기준에 따른 특수회계

전정 4판 1쇄 발행	2024년 8월 1일
저 자	김창수, 이현주
발 행 인	서 태 종
발 행 처	한국금융연수원 출판미디어사업부 (03053) 서울특별시 종로구 삼청로 118
전 화	(02) 3700-1500
팩 스	(02) 3700-1530
홈 페 이 지	www.kbi.or.kr
등 록	1990년 4월 20일(제1-1040호)
정 가	24,000원
I S B N	978-89-287-8222-2 13320

※ 도서의 오류내용(오탈자 등)을 제보해주시어 채택되신 분께는 소정의 상품을 보내드리오니 독자 여러분들의 많은 참여 바랍니다(상세정보는 www.kbi.or.kr 참조).

※ 본 도서의 내용은 한국금융연수원의 견해와 다를 수 있습니다.

한국금융연수원 자격검정시험 안내

•「국가공인자격」은 자격기본법에서 정한 기준과 절차에 따라 국가가 공인한 자격으로 신용분석사, 여신심사역, 국제금융역, 자산관리사(FP), 신용위험분석사(CRA), 외환전문역 I종, 외환전문역 II종 등 7개의 자격이 있습니다.

•「자체인증자격」은 우리 원이 인정, 수여하는 자격으로 공개시험형 자체자격인 프라이빗 뱅커(CPB), 은행텔러, 영업점 컴플라이언스 오피서(은행)(보험)(증권), KBI 금융DT 테스트, 자금세탁방지 업무능력 검정시험 등 7개 자격이 있습니다.

구분	자 격 명 (공인/등록번호)	응시료	자격소개
국가공인자격	신용분석사 (제2019-1호) (2008-0438)	전과목 : 66,000원 1부 : 28,000원 2부 : 39,000원	금융회사의 여신관련 부서에서 기업에 대한 회계 및 비회계자료 분석을 통하여 종합적인 신용상황을 판단하고 신용등급을 결정하는 등 기업신용 평가업무를 담당하는 금융전문가
	여신심사역 (제2019-2호) (2008-0439)	전과목 : 66,000원 1부 : 28,000원 2부 : 39,000원	금융회사의 여신심사 담당자로서 경제상황과 기업의 재무, 비재무상태 등을 분석, 파악하여 적정한 대출심사 의견서 작성, 대출이율 및 대출기간 결정 등 대출실행 여부를 판단하고 자금의 효율적 운용, 대손 방지를 위한 제반조치, 여신의 법률적 검토, 사후관리업무 등 여신업무와 관련한 종합적인 업무를 수행하는 금융전문가
	국제금융역 (제2021-1호) (2008-0440)	전과목 : 66,000원 1부 : 33,000원 2부 : 33,000원	금융회사의 국제금융 관련 부서에서 국제금융시장의 동향파악, 분석 및 예측 등을 통하여 외화자금의 효율적 조달과 운용업무를 담당하고 이에 따른 리스크관리 등 국제금융 관련 업무를 수행하는 금융전문가
	신용위험분석사(CRA) (제2023-2호) (2008-0442)	1차 : 77,000원 2차 : 88,000원	금융회사 및 기업신용평가기관 등에서 개인과 기업에 대한 신용상태를 조사평가하고 신용위험을 측정 · 관리하는 여신전문가
	자산관리사(FP) (제2020-1호) (2008-0441)	전과목 : 55,000원 1부 : 28,000원 2부 : 28,000원	금융회사 영업부서의 PB(Private Banking) 팀에서 고객의 수입과 지출, 자산 및 부채현황, 가족상황 등 고객에 대한 각종 자료를 수집, 분석하여 고객이 원하는 Life Plan 상의 재무목표를 달성할 수 있도록 종합적인 자산설계에 대한 상담과 실행을 지원하는 금융전문가
	외환전문역 I종 (제2020-1호) (2008-0436)	전과목 : 55,000원	금융회사의 외환업무 중 외국환 거래 법규 및 외환거래실무를 이해하고 고객의 외화 자산에 노출되는 각종 외환 리스크를 최소화시키는 등 주로 개인 외환과 관련된 직무를 담당
	외환전문역II종 (제2020-1호) (2008-0436)	전과목 : 55,000원	금융회사의 외환업무 중 수출입업무 및 이와 관련된 국제무역규칙을 이해하고 외환과 관련된 여신 업무를 수행하는 등 주로 기업 외환과 관련된 직무를 담당
자체인증자격	은행텔러 (2008-0437)	전과목 : 55,000원	창구에서 일어나는 제반업무에 대해 신속하고 친절한 업무수행과 정확한 업무처리로 고객에게 도움을 주고 상담을 통해 문제해결을 하도록 도와주는 금융전문가
	영업점 컴플라이언스 오피서(은행) (2010-0118) (보험, 증권) (2013-0702,0703)	전과목 : 각 44,000원	금융회사의 영업점에서 준법관련 법규와 감독기관의 감독규정이 정한 내용과 취지를 충분히 이해하고 업무 수행과정에서 이를 준수하며, 영업점에서 발생 가능한 금융사고 및 민원사항이 발생하지 않도록 사전적 예방 차원에서 그 준수사항의 이행을 점검하는 금융전문가(은행, 보험, 증권 분야별로 자격이 구분됨)
	프라이빗뱅커 (CPB) (2018-004091)	1차 : 110,000원 2차 : 342,000원 (실무교육)	개인고액자산가의 자산 및 수익증대를 실현하기 위해 금융분야 전반에 걸쳐 종합적인 금융상담과 실행을 지원할 수 있는 최고급 수준의 금융자산설계전문가
	KBI 금융DT 테스트 (2021-001872)	전과목 : 44,000원	금융인 및 예비금융인을 대상으로 디지털금융 전반에 대한 기본지식과 업무활용능력 등 금융DT 관련 기본역량 평가
	자금세탁방지 업무능력 검정시험 (2023-004792)	전과목 : 66,000원	금융시스템을 이용한 자금세탁행위와 공중협박자금조달행위를 적발 및 예방할 수 있는 전문적인 업무역량 평가

소비자 알림사항

•상기 "프라이빗뱅커(CPB)", "영업점컴플라이언스 오피서(은행)(보험)(증권)", "KBI 금융DT 테스트", "은행텔러", "자금세탁방지 업무능력 검정시험" 자격은 자격기본법 규정에 따라 등록한 민간자격으로, 국가로부터 인정받은 공인자격이 아닙니다.

•민간자격 등록 및 공인 제도에 대한 상세내용은 민간자격정보서비스 (www.pqi.or.kr)의 '민간자격 소개'란을 참고하여 주십시오.

기타

•응시료 환불 규정 : 접수기간 중 100%, 접수기간 종료 후 시험일 5일전 18시까지 50% 환불/이후 환불 불가

•자격 공인번호는 재공인시점에 따라 변경될 수 있으며, 응시료, 환불규정 등은 응시 시점에 따라 변경될 수 있으니 자격시험 응시 전 반드시 한국금융연수원 홈페이지에서 응시하고자 하는 자격시험에 관한 최신 정보를 확인하시기 바랍니다. 자격시험에 관한 자세한 사항은 한국금융연수원 홈페이지를 참조하시기 바랍니다.

•주소 : 서울특별시 종로구 삼청로 118 / TEL : 02-3700-1500 / 홈페이지 : www.kbi.or.kr